"法律法规简明实用版系列"丛书

中华人民共和国
劳动法

简明实用版

法律出版社法规中心 编

法律出版社
LAW PRESS·CHINA
北京

图书在版编目（CIP）数据

中华人民共和国劳动法：简明实用版／法律出版社法规中心编. -- 北京：法律出版社，2025. --（法律法规简明实用版系列）. -- ISBN 978 - 7 - 5244 - 0298 - 5

Ⅰ. D922.5

中国国家版本馆CIP数据核字第2025A6Y521号

中华人民共和国劳动法（简明实用版）　　法律出版社法规中心 编　　责任编辑　陈昱希
ZHONGHUA RENMIN GONGHEGUO
LAODONGFA（JIANMING SHIYONGBAN）　　　　　　　　　　　　　装帧设计　苏　慰

出版发行	法律出版社	开本	A5
编辑统筹	法规出版分社	印张	9.75　　字数 340千
责任校对	张红蕊	版本	2025年7月第1版
责任印制	耿润瑜	印次	2025年7月第1次印刷
经　　销	新华书店	印刷	天津嘉恒印务有限公司

地址：北京市丰台区莲花池西里7号（100073）
网址：www.lawpress.com.cn　　　　销售电话：010 - 83938349
投稿邮箱：info@ lawpress.com.cn　　客服电话：010 - 83938350
举报盗版邮箱：jbwq@ lawpress.com.cn　　咨询电话：010 - 63939796
版权所有·侵权必究

书　号：ISBN 978 - 7 - 5244 - 0298 - 5　　　　定价：25.00元

凡购买本社图书，如有印装错误，我社负责退换。电话：010 - 83938349

编辑出版说明

法治社会是构筑法治国家的基础,法治社会建设是实现国家治理体系和治理能力现代化的重要组成部分。法治社会建设以人民群众的切身利益为中心,需通过法律保障公民的权利义务,强调多元主体协同参与,形成共建共治共享的社会治理格局,推动政府、社会组织、市场主体、广大人民群众共同参与法治社会建设,使法律成为解决社会问题的基本工具。

为帮助广大读者便捷、高效、准确地理解和运用法律法规,我们精心策划并组织专业力量编写了"法律法规简明实用版系列"丛书。现将本丛书的编辑理念、主要特色介绍如下:

一、编辑宗旨与目标

1. **立足实用**:本丛书的核心宗旨是服务于法律实践和应用。我们摒弃繁琐的理论阐述和冗长的历史沿革,聚焦法律条文本身的核心内容及其在现实生活中的直接应用。

2. **力求简明**:针对法律文本专业性强、条文众多的特点,本丛书致力于通过精炼的提炼、清晰的编排和通俗的解读,化繁为简,使读者能够迅速把握法规的核心要义和关键条款。

3. **文本准确**:收录的法律、行政法规、部门规章及重要的司法解释均现行有效,与国家正式颁布的版本一致,确保法律文本的权威性和准确性。

4. **突出便捷**:在编排体例和内容呈现上,充分考虑读者查阅的便利性,力求让读者"找得快、看得懂、用得上"。

二、主要特色

1. 精选核心法规：每册围绕一个特定法律领域，精选收录最常用、最核心的法律法规文本。

2. 条文精要解读：在保持法律条文完整性的基础上，以【理解适用】的形式对重点法条进行简明扼要的解读，以【实用问答】的形式对疑难问题进行解答，旨在提示适用要点、阐明核心概念、提示常见实务问题，不做过度的学理探讨。

3. 实用参见索引：设置【条文参见】模块，帮助读者高效地查找相关内容和理解法条之间的关联。

4. 典型案例指引：特设【案例指引】模块，精选与条文密切相关的经典案例，在书中呈现要旨。

5. 附录实用信息：根据需要，附录包含配套核心法规或实用流程图等实用信息，提升书籍的实用价值。

6. 版本及时更新：密切关注立法动态，及时推出修订版或增补版，确保读者掌握最新有效的法律信息。

我们深知法律的生命在于实施。编辑出版"法律法规简明实用版系列"，正是期望能在浩繁的法律条文与具体的实践需求之间架设一座便捷、实用的桥梁。我们力求精益求精，但也深知法律解读与应用之复杂。我们诚挚欢迎广大读者在使用过程中提出宝贵的意见和建议，以便我们不断改进，更好地服务于法治实践。

法律出版社法规中心

2025 年 7 月

《中华人民共和国劳动法》
适用提要

　　劳动关系的和谐稳定是社会稳定的重要基石。《中华人民共和国劳动法》(以下简称《劳动法》)作为调整劳动关系的基本法律,自1995年施行以来,在保障劳动者权益、规范用工行为、促进劳资双方共赢等方面发挥了重要作用。在当前经济形势复杂多变、就业压力较大的背景下,正确理解与适用《劳动法》,既有助于维护劳动者合法权益,又能为企业发展营造稳定的用工环境,实现"稳就业、稳预期、稳大局"的目标。

　　一、稳就业:劳动合同的订立与履行
　　1. 书面劳动合同是劳动关系稳定的基础
　　《劳动法》明确规定,建立劳动关系应当订立书面劳动合同。这一要求不仅明确了双方的权利义务,也为后续可能出现的争议提供了书面依据,避免"口头约定"带来的不确定性。用人单位未依法订立书面合同的,可能面临双倍工资的法律风险。
　　2. 合同期限的合理选择
　　对于固定期限劳动合同,其适用于短期或项目制用工,但频繁续签可能增加用工成本。符合法定条件(如连续工作满10年)的劳动者可要求签订无固定期限劳动合同,增强就业稳定性。用人单位应结合自身经营需求,合理选择合同类型,避免因合同管理不当引发纠纷。
　　3. 依法解除,避免争议
　　为保障企业用工安排的稳定性,劳动合同应依法解除。劳动合同解除分为双方协商一致解除、劳动者单方解除、用人单位单方解除。用人单位解除合同需符合法定情形(如严重违纪、客观情况变化等),并依法支付经济补偿,避免违法解除导致的高额赔偿(二倍经济补偿)。此外,《劳动合同法》在《劳动法》的基础上就劳动合同解除作了进一步的规定。

二、稳预期:工资、工时与社会保障

1. 工资支付保障,稳定劳动者收入预期

获取劳动报酬是劳动者的一项基本权利,工资应当以货币形式按月支付,不得克扣或无故拖欠。《劳动法》规定的最低工资标准保障了劳动者的基本生活需求,各地需动态调整以适应经济发展水平。

2. 合理工时安排,平衡企业与劳动者利益

根据《劳动法》规定,标准工时为每日8小时、每周40小时,加班需协商且受时长限制(每月不超过36小时)。用人单位安排劳动者延长工作时间的,应依法按照标准支付高于劳动者正常工作时间工资的工资报酬。

3. 社会保险全覆盖,筑牢民生保障网

《劳动法》规定了养老、医疗、工伤、失业、生育保险的强制缴纳,为劳动者提供了长期稳定的保障,减少后顾之忧,同时也分散了企业的用工风险。

三、稳大局:劳动争议的预防与化解

1. 预防为先:规范用工管理

企业应建立健全规章制度,确保内容合法、程序民主(经职工讨论),并向劳动者公示。定期开展劳动法培训,提升管理人员的合规意识,减少因操作不当引发的争议。

2. 调解为主:化解矛盾于萌芽

根据《劳动法》,实践中应充分发挥工会、调解组织的作用,通过协商化解简单争议,避免矛盾升级。同时,劳动争议仲裁是诉讼的前置程序,《劳动争议调解仲裁法》对以下制度作出了规定:(1)部分劳动争议实行一裁终局。(2)明确了劳动争议申请仲裁的时效制度。(3)明确了劳动行政部门责任。(4)完善了当事人司法救济渠道。(5)明确了举证责任倒置的规定。(6)作出了与诉讼法衔接性的规定。劳动者可通过仲裁、诉讼等途径维权,但应理性选择,避免过度维权影响就业稳定性。

《劳动法》是我国关于劳动制度的基本法律规定,与之配套的,《劳动合同法》是调整用人单位和劳动者订立、履行、变更、解除和终止劳动合同行为的基本法律规范;《安全生产法》法律法规对生产经营单位的安全生产保障义务、从业人员的权利义务、安全生产事故的应急救援等进行了规范;《社会保险法》《工伤保险条例》《失业保险条例》等对职工的社会保险保障进行了明确;《劳动争议调解仲裁法》《最高人民法院关于审理劳动争议案件适用法律问题的解释(一)》对劳动争议的处理起到程序上的规范作用和审判指导作用。

目　录

中华人民共和国劳动法

第一章　总则 　002
　第一条　立法目的 　002
　第二条　适用范围 　002
　　[劳动争议纠纷] 　002
　第三条　劳动者的权利和义务 　005
　　[劳动报酬的内容] 　005
　第四条　用人单位的义务 　006
　第五条　国家责任 　007
　　[职业教育] 　007
　　[调节社会收入] 　007
　第六条　国家倡导和鼓励 　007
　第七条　参加和组织工会 　008
　　[工会及其建立] 　008
　　[工会的职责] 　008
　第八条　参与民主管理或协商 　009
　第九条　劳动工作主管部门 　010
　　[劳动工作的内容] 　010

第二章　促进就业 　010
　第十条　国家促进就业 　010
　第十一条　发展职业介绍机构 　010
　　[公共就业服务机构提供的服务] 　010
　　[就业服务的内容] 　011
　第十二条　平等就业 　011

第十三条　男女平等就业 012
　　[不适合妇女的工种或者岗位] 012
　　[用人单位招聘时不得有歧视女性] 012
第十四条　特殊人员的就业 012
　　[残疾人就业保护] 013
　　[少数民族人员就业保护] 013
　　[退役军人就业保护] 013
第十五条　禁招未成年人和特殊行业有关规定 014
　　[用人单位招用未成年人的限制] 014

第三章　劳动合同和集体合同 015

第十六条　劳动合同 015
　　[订立书面劳动合同的形式] 015
　　[未订立书面劳动合同的后果] 015
　　[涉外劳动关系的认定] 016
第十七条　劳动合同订立和变更的原则及劳动合同的效力 017
　　[口头变更劳动合同的效力] 017
第十八条　无效劳动合同 018
　　[导致劳动合同无效的原因] 018
　　[劳动合同无效的确认主体] 018
　　[劳动合同无效的后果] 018
第十九条　劳动合同的形式和内容 019
　　[劳动合同应具备的条款] 020
　　[协商约定其他内容] 020
第二十条　劳动合同的期限 020
　　[固定期限劳动合同] 020
　　[无固定期限劳动合同] 021
　　[以完成一定工作任务为期限的劳动合同] 021
第二十一条　试用期 021
　　[试用期仅为约定条款] 021
　　[试用期的期限和次数] 022
　　[不得约定试用期的情形] 022
　　[用人单位与新进员工只签订试用期协议的后果] 022
第二十二条　商业秘密事项 022

第二十三条　劳动合同的终止　023
　　[劳动合同终止的情形]　023
　　[丧失或者部分丧失劳动能力的劳动者的劳动合同的终止]　023
第二十四条　协商解除劳动合同　024
　　[解除劳动合同的经济补偿]　025
第二十五条　用人单位即时解除权　025
　　[用人单位行使即使解除权]　025
第二十六条　用人单位预告解除权　026
　　[预告解除的注意要点]　027
　　[用人单位可以与劳动者解除劳动合同的情形]　028
第二十七条　用人单位经济性裁员　029
　　[经济性裁员的条件]　029
　　[经济性裁员应优先留用的人员]　029
　　[用人单位确需裁减人员时,应该履行的程序]　030
　　[用人单位不得裁减的人员]　030
第二十八条　经济补偿　030
　　[经济补偿的情形]　030
　　[经济补偿的计算]　031
第二十九条　用人单位解除劳动合同的限制情形　033
　　[医疗期及其期限]　033
　　[《劳动合同法》的进一步规定]　033
第三十条　工会对用人单位解除劳动合同的职权　034
第三十一条　劳动者解除劳动合同的提前通知期限　034
　　[劳动者与用人单位解除劳动合同的情形]　035
第三十二条　劳动者随时解除劳动合同的情形　035
　　[《劳动合同法》相关规定]　035
第三十三条　集体合同　036
　　[订立集体合同需要履行的程序]　037
　　[集体合同的内容]　037
第三十四条　集体合同的生效　038
　　[集体合同的审查]　038
第三十五条　集体合同的效力　039
　　[集体合同中关于劳动报酬和劳动条件的约定]　039

第四章　工作时间和休息休假　　　　　　　　　　040
第三十六条　国家工时制度　　　　　　　　　　　040
第三十七条　计件工作的劳动定额和计件报酬标准确定　　041
　[实行计件工资的劳动者的加班费]　　　　　　041
第三十八条　最低休息时间　　　　　　　　　　042
　["劳动者每周至少休息一日"的理解]　　　　　042
第三十九条　非标准工作制度　　　　　　　　　043
　["其他工作和休息办法"的理解]　　　　　　　043
第四十条　法定假日　　　　　　　　　　　　　045
　[全体公民放假的节日]　　　　　　　　　　　045
　[部分公民放假的节日及纪念日]　　　　　　　045
第四十一条　工作时间延长限制　　　　　　　　045
　[用人单位擅自延长劳动者工作时间的处理]　　045
　["延长工作时间"的理解]　　　　　　　　　　046
第四十二条　延长工作时间限制的例外　　　　　046
第四十三条　禁止违法延长工作时间　　　　　　046
第四十四条　延长工时的报酬支付　　　　　　　047
　[休息日或法定休假日加班，用人单位可否不支付加班费而给予
　　补休，补休的标准如何确定]　　　　　　　047
　[加班费的举证责任]　　　　　　　　　　　　047
第四十五条　带薪年休假　　　　　　　　　　　048
　[职工享受带薪年休假的时间条件及安排]　　　048
　[职工带薪年休假的天数]　　　　　　　　　　049
　[职工不享受当年的年休假的情形]　　　　　　049
　[劳动者与用人单位解除劳动合同，但尚有应休未休带薪年休假
　　的，用人单位是否需向劳动者支付未休带薪年休假工资报酬？
　　如何折算]　　　　　　　　　　　　　　　049
　[享受带薪年休假的职工新进用人单位，其当年度年休假天数如
　　何确定]　　　　　　　　　　　　　　　　049

第五章　工资　　　　　　　　　　　　　　　　050
第四十六条　工资分配原则　　　　　　　　　　050
　[工资与同工同酬]　　　　　　　　　　　　　050
　[不属于工资范围的劳动收入]　　　　　　　　050

第四十七条　工资分配方式、水平的确定　050
第四十八条　最低工资保障制度　051
　［最低工资计算要剔除的项目］　051
第四十九条　最低工资标准参考因素　052
　［最低工资标准的确定和调整］　052
第五十条　工资支付形式　053
　［不属于克扣劳动者工资的情形］　053
　［用人单位拖欠或未足额支付劳动报酬的救济］　053
　［用人单位可以代扣劳动者工资的情形］　054
　［不属于无故拖欠劳动者工资的情形］　054
第五十一条　法定休假日和婚丧假期间工资保障　054
　［法定休假日］　054
　［婚丧假］　054
　［依法参加社会活动］　055

第六章　劳动安全卫生　055

第五十二条　用人单位对劳动安全的职责　055
第五十三条　劳动安全卫生设施国家标准及"三同时"原则　055
　［劳动安全卫生设施］　056
第五十四条　劳动者劳动安全防护及健康检查　056
　［劳动防护用品］　056
　［用人单位应采取的职业病防治管理措施］　056
　［职业健康检查］　056
第五十五条　特种作业资格　057
　［特种作业及特种作业资格］　057
　［特种作业的范围］　057
　［特种作业人员应当符合的条件］　057
第五十六条　劳动者遵守安全操作规程的义务　058
　［违章指挥、强令冒险作业］　058
第五十七条　伤亡事故和职业病统计报告、处理制度　059
　［职业病］　059
　［发生生产安全事故的处理］　059
　［发生或者可能发生急性职业病危害事故时的处理］　059

第七章 女职工和未成年工特殊保护 … 060
第五十八条 女职工和未成年工特殊劳动保护 … 060
[对女职工实行特殊劳动保护] … 060
[对未成年工实行特殊劳动保护] … 060
第五十九条 女职工劳动强度限制 … 061
[女职工禁忌从事的劳动范围] … 061
第六十条 经期劳动保护 … 061
[女职工在经期禁忌从事的劳动范围] … 062
第六十一条 孕期劳动保护 … 062
[女职工在孕期禁忌从事的劳动范围] … 062
第六十二条 产假 … 063
[产假期限规定] … 063
第六十三条 哺乳期劳动保护 … 063
[女职工在哺乳期禁忌从事的劳动范围] … 063
[女职工哺乳期的保护] … 064
第六十四条 未成年工劳动保护 … 064
[用人单位不得安排未成年工从事的劳动] … 064
第六十五条 未成年工健康检查 … 065
[对未成年工进行健康检查的要求] … 065
[对不能胜任原劳动岗位的未成年工的调整] … 065

第八章 职业培训 … 065
第六十六条 职业培训的目标 … 065
[职业培训的种类及实施主体] … 065
第六十七条 政府鼓励和支持职业培训 … 066
第六十八条 用人单位职业培训的责任 … 066
第六十九条 职业技能标准和资格证书 … 066

第九章 社会保险和福利 … 066
第七十条 国家建立社会保险的责任 … 066
[社会保险制度] … 066
第七十一条 社会保险水平的确立原则 … 067
[我国社会保险制度的方针] … 067
第七十二条 社会统筹 … 067
[社会统筹] … 067

[社会保险费的缴纳] 067
　第七十三条　享受社会保险的情形 068
　　[享受社会保险待遇的条件] 068
　　[领取基本养老保险的要求] 068
　　[享受基本医疗保险待遇的要求] 069
　　[享受失业保险待遇的情形] 069
　　[领取失业保险金需要符合的条件] 069
　　[生育保险待遇的内容] 069
　第七十四条　社会保险基金 069
　　[审理和执行民事、经济纠纷案件时法院不可以查封、冻结和扣
　　　划社会保险基金] 070
　第七十五条　补充保险和个人储蓄性保险 070
　　[企业年金的定义、缴纳运营与适用] 070
　第七十六条　国家和用人单位发展福利事业的职责 071

第十章　劳动争议 071
　第七十七条　劳动争议处理方式 071
　　[属于劳动争议的纠纷] 071
　　[不属于劳动争议的纠纷] 072
　　[劳动争议案件的管辖] 072
　第七十八条　解决劳动争议的原则 072
　第七十九条　调解和仲裁 072
　　[对于劳动争议案件，当事人可以放弃调解] 073
　　[对于劳动争议案件，当事人不可以直接向人民法院起诉] 073
　第八十条　劳动争议调解委员会 073
　　[劳动者可以向企业劳动争议调解委员会反映的问题] 073
　第八十一条　劳动争议仲裁委员会 074
　　[劳动争议仲裁委员会依法履行的职责] 074
　第八十二条　申请仲裁期限 074
　　[仲裁申请书应当载明的内容] 074
　第八十三条　诉讼和仲裁裁决的执行 075
　　[强制执行] 075
　第八十四条　集体合同争议处理 076

第十一章　监督检查 ... 076
第八十五条　劳动监察 ... 076
　　[劳动保障监察工作的负责部门] ... 077
　　[劳动保障监察的事项] ... 077
　　[向社会公布用人单位重大劳动保障违法行为] ... 077
第八十六条　劳动监察程序 ... 078
　　[劳动保障行政部门实施劳动保障监察,有权采取的调查、检查措施] ... 078
第八十七条　政府监督 ... 078
　　[《劳动法》第87条中的"县级以上各级人民政府有关部门"] ... 078
第八十八条　工会监督和组织、个人检举、控告 ... 079
　　[工会的监督权] ... 079

第十二章　法律责任 ... 079
第八十九条　劳动规章违法的处罚 ... 079
　　[用人单位制定的劳动规章制度违反法律、法规规定的处理] ... 079
　　[用人单位制定的劳动规章制度违反法律、法规规定的,需要承担的法律责任] ... 079
第九十条　违法延长工时的处罚 ... 081
　　[延长劳动者工作时间的情形] ... 081
第九十一条　工资及经济补偿支付违法的处罚 ... 081
第九十二条　用人单位违反劳保规定的处罚 ... 082
第九十三条　违章作业发生重大责任事故的处罚 ... 082
第九十四条　非法招用未成年工的处罚 ... 082
　　[用人单位使用未满16周岁的未成年人的处罚] ... 083
　　[《刑法》对雇用童工从事危重劳动的规定] ... 083
第九十五条　侵害女工和未成年工合法权益的处罚 ... 083
第九十六条　侵害劳动者人身权利的处罚 ... 083
　　[威胁、侮辱、非法搜查] ... 084
　　[用人单位侵害劳动者人身权利,需要承担的法律责任] ... 084
　　[用人单位以暴力、威胁或者非法限制人身自由的手段强迫劳动,迫使劳动者提出解除劳动合同的,是否要向劳动者赔偿] ... 084
第九十七条　劳动合同无效的赔偿责任 ... 084
　　[用人单位对劳动者造成损害应当赔偿的情形] ... 085

[用人单位对劳动者造成损害,应赔偿劳动者的损失] 085
　第九十八条　违法解除和拖延订立合同的处罚 085
　　　[用人单位违法解除劳动合同或者故意拖延不订立劳动合同的
　　　　责任] 085
　第九十九条　招用未解除劳动合同劳动者的赔偿责任 086
　　　[招用未解除劳动合同的劳动者,给原用人单位造成经济损失的
　　　　责任承担] 086
　　　[用人单位招用尚未解除劳动合同的劳动者,如何确定第三人和
　　　　共同被告] 086
　　　[用人单位招用尚未解除劳动合同的劳动者,对原用人单位造成
　　　　经济损失的,如何确定赔偿义务] 086
　第一百条　不缴纳保险费的处罚 087
　第一百零一条　妨碍劳动监察执法的处罚 087
　　　[应认定为《劳动法》第101条中的"无理阻挠"的行为] 087
　第一百零二条　劳动者违法解除合同和违反保密事项的处罚 088
　　　[劳动者违反《劳动法》规定的条件解除劳动合同的情形] 088
　　　[劳动者违法解除劳动合同,给用人单位造成损失的,相关损失
　　　　的确定] 088
　第一百零三条　工作人员渎职的法律责任 088
　　　[滥用职权、玩忽职守、徇私舞弊] 088
　　　[劳动行政部门或者有关部门的工作人员存在滥用职权、玩忽职
　　　　守、徇私舞弊行为的法律责任] 089
　第一百零四条　挪用社保基金的处罚 089
　　　[国家工作人员和社会保险基金经办机构的工作人员挪用社保
　　　　基金的行为构成犯罪及刑事责任的判断] 089
　第一百零五条　处罚竞合处理 090

第十三章　附则 090

　第一百零六条　劳动合同制度实施步骤的制定 090
　第一百零七条　施行日期 090

附录一　实用核心法规　　091
一、劳动合同　　091
＊中华人民共和国劳动合同法(2012.12.28 修正)①　　091
中华人民共和国劳动合同法实施条例(2008.9.18)　　114
集体合同规定(2004.1.20)　　120
劳务派遣暂行规定(2014.1.24)　　128

二、薪酬福利　　132
1. 工资　　132
关于工资总额组成的规定(1990.1.1)　　132
《关于工资总额组成的规定》若干具体范围的解释(1990.1.1)　　135
工资支付暂行规定(1994.12.6)　　137
对《工资支付暂行规定》有关问题的补充规定(1995.5.12)　　140
最低工资规定(2004.1.20)　　141
保障农民工工资支付条例(2019.12.30)　　145
人力资源社会保障部关于职工全年月平均工作时间和工资折算问题的通知(2025.1.1)　　154

2. 工时　　155
国务院关于职工工作时间的规定(1995.3.25 修订)　　155
劳动部贯彻《国务院关于职工工作时间的规定》的实施办法(1995.3.25)　　156
《国务院关于职工工作时间的规定》问题解答(1995.4.22)　　157
关于企业实行不定时工作制和综合计算工时工作制的审批办法(1994.12.14)　　160
劳动部关于职工工作时间有关问题的复函(1997.9.10)　　161

3. 休假、退休　　164
职工带薪年休假条例(2007.12.14)　　164
企业职工带薪年休假实施办法(2008.9.18)　　165
人力资源和社会保障部办公厅关于《企业职工带薪年休假实施办法》有关问题的复函(2009.4.15)　　168

---

① 本书特对附录部分加＊的重要法律法规的重点条文加以简明阐释，便于读者理解把握。

全国年节及纪念日放假办法(2024.11.10 修订)	169
企业职工患病或非因工负伤医疗期规定(1994.12.1)	170
劳动部关于贯彻《企业职工患病或非因工负伤医疗期规定》的通知(1995.5.23)	171
全国人民代表大会常务委员会关于实施渐进式延迟法定退休年龄的决定(2024.9.13)	172

三、劳动保护 　　　　　　　　　　　　　　　　　　　　　184

使用有毒物品作业场所劳动保护条例(2024.12.6 修订)	184
女职工劳动保护特别规定(2012.4.28)	198
禁止使用童工规定(2002.10.1)	201
未成年工特殊保护规定(1994.12.9)	203

四、社会保险 　　　　　　　　　　　　　　　　　　　　　206

中华人民共和国社会保险法(2018.12.29 修正)	206
工伤保险条例(2010.12.20 修订)	221
失业保险条例(1999.1.22)	233

五、劳动争议处理 　　　　　　　　　　　　　　　　　　　237

1. 调解	237
企业劳动争议协商调解规定(2011.11.30)	237
劳动人事争议调解工作程序(2014.3.5)	242
2. 仲裁	243
＊中华人民共和国劳动争议调解仲裁法(2007.12.29)	243
关于劳动人事争议仲裁与诉讼衔接有关问题的意见(一)(2022.2.21)	262
3. 诉讼	266
最高人民法院关于审理劳动争议案件适用法律问题的解释(一)(2020.12.29)	266
最高人民法院关于在民事审判工作中适用《中华人民共和国工会法》若干问题的解释(2020.12.29 修正)	275

附录二　文书范本 　　　　　　　　　　　　　　　　　　277

劳动合同(通用)	277
劳动合同(劳务派遣)	283

附录三　劳动争议处理流程图 　　　　　　　　　　　290

附录四　电子增补法规①
一、综合规定
劳动部关于贯彻执行《中华人民共和国劳动法》若干问题的意见(1995.8.4)
劳动和社会保障部关于非全日制用工若干问题的意见(2003.5.30)
二、就业
中华人民共和国就业促进法(2015.4.24)
残疾人就业条例(2007.2.25)
就业服务与就业管理规定(2022.1.7)
人才市场管理规定(2019.12.31)
三、劳动报酬
国有企业科技人才薪酬分配指引(2022.11.9)
四、劳动安全
中华人民共和国安全生产法(2021.6.10 修正)
中华人民共和国职业病防治法(2018.12.29 修正)
生产安全事故报告和调查处理条例(2007.4.9)
工作场所职业卫生管理规定(2020.12.31)
职业病诊断与鉴定管理办法(2021.1.4)
女职工劳动保护特别规定(2012.4.28)
五、社会保险
住房公积金管理条例(2019.3.24 修订)
社会保险经办条例(2023.8.16)
社会保险费征缴暂行条例(2019.3.24 修订)
城镇职工基本医疗保险业务管理规定(2000.1.5)
企业职工生育保险试行办法(1994.12.14)
六、监督检查
中华人民共和国工会法(2021.12.24 修正)
劳动保障监察条例(2004.11.1)
人力资源社会保障部关于实施《劳动保障监察条例》若干规定(2022.1.7 修订)

---

①② 因篇幅所限,此部分文件请扫描封底二维码,在线阅读。

附录五　典型案例指引[2]
指导案例
最高人民法院指导案例 179 号：聂美兰诉北京林氏兄弟文化有限公司确认劳动关系案

最高人民法院指导案例 180 号：孙贤锋诉淮安西区人力资源开发有限公司劳动合同纠纷案

最高人民法院指导案例 184 号：马筱楠诉北京搜狐新动力信息技术有限公司竞业限制纠纷案

最高人民法院指导案例 190 号：王山诉万得信息技术股份有限公司竞业限制纠纷案

最高人民法院指导案例 237 号：郎溪某服务外包有限公司诉徐某申确认劳动关系纠纷案

最高人民法院指导案例 240 号：秦某丹诉北京某汽车技术开发服务有限公司劳动争议案

公报案例
陈武桂诉南京德通汽车服务有限公司劳动合同纠纷案

彭宇翔诉南京市城市建设开发（集团）有限责任公司追索劳动报酬纠纷案

吴江市佳帆纺织有限公司诉周付坤工伤保险待遇纠纷案

李林霞诉重庆漫咖文化传播有限公司劳动合同纠纷案

戴为军诉台玻长江玻璃有限公司追索劳动报酬纠纷案

刘丹萍与南京仁创物资有限公司劳动争议纠纷案

劳动人事争议典型案例
人力资源社会保障部、最高人民法院关于联合发布第一批劳动人事争议典型案例的通知

人力资源社会保障部、最高人民法院关于联合发布第二批劳动人事争议典型案例的通知

中华人民共和国劳动法

(1994年7月5日第八届全国人民代表大会常务委员会第八次会议通过 根据2009年8月27日第十一届全国人民代表大会常务委员会第十次会议《关于修改部分法律的决定》第一次修正 根据2018年12月29日第十三届全国人民代表大会常务委员会第七次会议《关于修改〈中华人民共和国劳动法〉等七部法律的决定》第二次修正)

目 录

第一章 总 则
第二章 促进就业
第三章 劳动合同和集体合同
第四章 工作时间和休息休假
第五章 工 资
第六章 劳动安全卫生
第七章 女职工和未成年工特殊保护
第八章 职业培训
第九章 社会保险和福利
第十章 劳动争议
第十一章 监督检查
第十二章 法律责任
第十三章 附 则

第一章 总　则

第一条 【立法目的】*

为了保护劳动者的合法权益,调整劳动关系,建立和维护适应社会主义市场经济的劳动制度,促进经济发展和社会进步,根据宪法,制定本法。

第二条 【适用范围】

在中华人民共和国境内的企业、个体经济组织(以下统称用人单位)和与之形成劳动关系的劳动者,适用本法。

国家机关、事业组织、社会团体和与之建立劳动合同关系的劳动者,依照本法执行。

理解适用

[劳动争议纠纷]

根据《最高人民法院关于审理劳动争议案件适用法律问题的解释(一)》(以下简称《劳动争议司法解释(一)》)第1条的规定,劳动者与用人单位之间发生的下列纠纷,属于劳动争议,当事人不服劳动争议仲裁机构作出的裁决,依法提起诉讼的,人民法院应予受理:(1)劳动者与用人单位在履行劳动合同过程中发生的纠纷;(2)劳动者与用人单位之间没有订立书面劳动合同,但已形成劳动关系后发生的纠纷;(3)劳动者与用人单位因劳动关系是否已经解除或者终止,以及应否支付解除或者终止劳动关系经济补偿金发生的纠纷;(4)劳动者与用人单位解除或者终止劳动关系后,请求用人单位返还其收取的劳动合同定金、保证金、抵押金、抵押物发生的纠纷,或者办理劳动者的人事档案、社会保险关系等移转手续发生的纠纷;(5)劳动者以用人单位未为其办理社会保险手续,且社会保险经办机构不能补办导致其无法享受社会保险待遇为由,要求用人单位赔偿损失发生的纠纷;(6)劳动者退休

---

* 条文主旨为编者所加,下同。

后,与尚未参加社会保险统筹的原用人单位因追索养老金、医疗费、工伤保险待遇和其他社会保险待遇而发生的纠纷;(7)劳动者因为工伤、职业病,请求用人单位依法给予工伤保险待遇发生的纠纷;(8)劳动者依据《劳动合同法》第85条规定,要求用人单位支付加付赔偿金发生的纠纷;(9)因企业自主进行改制发生的纠纷。

> 实用问答

1. 哪些人员不适用《劳动法》①?

答:根据劳动部印发的《关于贯彻执行〈中华人民共和国劳动法〉若干问题的意见》第4条的规定,公务员和比照实行公务员制度的事业组织和社会团体的工作人员,以及农村劳动者(乡镇企业职工和进城务工、经商的农民除外)、现役军人和家庭保姆等不适用《劳动法》。

2. 网络主播为公司带货,双方是否存在劳动关系?②

答疑意见:该问题涉及新就业形态下劳动关系的认定问题。根据《劳动合同法》第7条、《关于维护新就业形态劳动者劳动保障权益的指导意见》(人社部发〔2021〕56号)第18条以及《关于确立劳动关系有关事项的通知》(劳社部发〔2005〕12号)的相关规定,劳动关系的核心特征为"劳动管理",包括劳动者与用人单位之间的人格从属性、经济从属性、组织从属性等。《最高人民法院关于为稳定就业提供司法服务和保障的意见》(法发〔2022〕36号)第七条也对依法合理认定新就业形态劳动关系的考量因素作了明确。

劳动者与平台企业或者平台用工合作企业之间是否存在劳动关系,应当根据劳动管理和用工事实,综合考量人格从属性、经济从属性、组织从属性的有无及强弱来判断。从人格从属性看,主要体现为平台企业的工作规则、劳动纪律、奖惩办法等是否适用于劳动者,平台企业是否可通过制定规则、设定算法等对劳动过程进行管理控制;劳动者是否须按照平台指令完成工作任务,能否自主决定工作时间、工作量等。从经济从属性看,主要体现为平台企业是否掌握劳动者从业所必需的数据信息等重要生产资料,是否允许商定服务价格;劳动者通过平台获得的报酬是否构成其重要收入来源等。从组织从属性看,主要体现在劳动者是否被纳入平台企业组织体系,成为企业生产经

---

① 为便于读者阅读,本书中的法律、法规均省略"中华人民共和国"字样。
② 参见《最高人民法院法答网精选答问(第一批)》。

营组织的有机部分,是否以平台名义对外提供服务等。

企业招用网络主播开展"直播带货"业务,如果企业作为经纪人与网络主播平等协商确定双方权利义务,以约定分成方式进行收益分配,双方之间的法律关系体现出平等协商特点,则不符合确立劳动关系的情形。但是,如果主播对个人包装、直播内容、演艺方式、收益分配等没有协商权,双方之间体现出较强人格、经济、组织从属性特征,符合劳动法意义上的劳动管理及从属性特征的,则倾向于认定劳动关系。司法实践中,应当加强对法律关系的个案分析,重点审查企业与网络主播之间权利义务内容及确定方式,查明平台企业是否对网络主播存在劳动管理行为,综合、据实认定法律关系性质。

条文参见

《劳动合同法》第 2 条、第 96 条;《劳动合同法实施条例》第 3 条;《劳动部关于〈中华人民共和国劳动法〉若干条文的说明》第 2 条;《劳动部关于贯彻执行〈中华人民共和国劳动法〉若干问题的意见》第 1~5 条;《劳动争议司法解释(一)》第 1 条

案例指引

1. 李某霞诉重庆漫咖文化传播有限公司劳动合同纠纷案[重庆市第一中级人民法院(2019)渝 01 民终 1910 号民事判决书]

裁判要旨: 网络主播与合作公司签订艺人独家合作协议,通过合作公司包装推荐,自行在第三方直播平台上注册,从事网络直播活动,并按合作协议获取直播收入。因合作公司没有对网络主播实施具有人身隶属性的劳动管理行为,网络主播从事的直播活动并非合作公司的业务组成部分,其基于合作协议获得的直播收入亦不是《劳动法》意义上的具有经济从属性的劳动报酬。因此,二者不符合劳动关系的法律特征,网络主播基于劳动关系提出的各项诉讼请求,不应当予以支持。

2. 某服务外包有限公司诉徐某确认劳动关系纠纷案[上海市第一中级人民法院(2021)沪 01 民终 11591 号民事判决书]

裁判要旨: 外卖骑手与所服务企业之间的法律关系应根据双方之间的实际权利义务内容予以认定。骑手与所服务企业签署了合作、承揽协议,但主张双方存在劳动关系的,应以劳动关系从属性作为内在核心评判基准。可结合平台新经济形态特点,根据个案中所涉企业对骑手的工作管理要求、骑手劳动报酬组成、绩效评估奖惩机制、平台经营模式等具体情况进行综合评判。

骑手与所服务企业均具备劳动关系主体资格,且实际履行的权利义务内容符合劳动关系从属性本质特征的,可认定双方存在劳动关系。

3. 何某诉某商务服务公司、某商务服务公司广州分公司确认劳动关系纠纷案[广东省广州市中级人民法院(2022)粤01民终6300号民事判决书]

裁判要旨: 劳动者人格及经济从属性是认定劳动关系最核心的标准。判断互联网平台用工是否构成劳动关系,应以事实为基础,审查双方是否符合劳动关系核心特征;对于适格主体之间,平台企业的指挥、管理与监督权具有决定作用,从业者无实质自主决定权,从业者获得的报酬为其主要经济来源且具有持续稳定特点,其提供的劳动是平台企业的业务组成部分的,应认定双方存在劳动关系。从业者应平台企业要求注册个体工商户、自备部分生产资料、薪酬由其他主体代发、双方事先对身份关系性质进行约定等均不影响劳动关系的认定。

4. 陈某某诉辽源市某物流有限公司劳动争议案[吉林省辽源市中级人民法院(2021)吉04民终63号民事判决书]

裁判要旨: 新就业形态下,劳动者与工作岗位之间关于工资报酬、工作时间、工作地点等内容的约定更加灵活,该部分人员多数属于依赖于平台、企业的"灵活就业人员"。就劳动关系确定而言,劳动关系是劳动者与用人单位之间为实现劳动过程而发生的劳动力与生产资料相结合的社会关系,具有组织、业务和经济上的从属性,如果具备以上劳动关系属性,应当对劳动关系予以确认。

第三条 【劳动者的权利和义务】

劳动者享有平等就业和选择职业的权利、取得劳动报酬的权利、休息休假的权利、获得劳动安全卫生保护的权利、接受职业技能培训的权利、享受社会保险和福利的权利、提请劳动争议处理的权利以及法律规定的其他劳动权利。

劳动者应当完成劳动任务,提高职业技能,执行劳动安全卫生规程,遵守劳动纪律和职业道德。

理解适用

[劳动报酬的内容]

根据《集体合同规定》第9条的规定,劳动报酬主要包括:(1)用人单位工资水平、工资分配制度、工资标准和工资分配形式;(2)工资支付办法;(3)加班、加点工资及津贴、补贴标准和奖金分配办法;(4)工资调整办法;(5)试用期及病、事假等期间的工资待遇;(6)特殊情况下职工工资(生活费)支付办法;(7)其他劳动报酬分配办法。

> **案例指引**
>
> **闫佳琳诉浙江喜来登度假村有限公司平等就业权纠纷案**(最高人民法院指导案例第185号)
>
> **裁判要旨:** 用人单位在招用人员时,基于地域、性别等与"工作内在要求"无必然联系的因素,对劳动者进行无正当理由的差别对待的,构成就业歧视,劳动者以平等就业权受到侵害,请求用人单位承担相应法律责任的,人民法院应予支持。

第四条 【用人单位的义务】

> 用人单位应当依法建立和完善规章制度,保障劳动者享有劳动权利和履行劳动义务。

> **条文参见**
>
> 《劳动合同法》第4条、第8条、第9条、第60条、第62条;《工会法》第20条;《劳动部关于〈中华人民共和国劳动法〉若干条文的说明》第4条;《劳动争议司法解释(一)》第50条

> **案例指引**
>
> **彭某翔诉南京市城市建设开发(集团)有限责任公司追索劳动报酬纠纷案**[江苏省南京市中级人民法院(2018)苏01民终10066号民事判决书]
>
> **裁判要旨:** 用人单位规定劳动者在完成一定绩效后可以获得奖金,其无正当理由拒绝履行审批义务,符合奖励条件的劳动者主张获奖条件成就,用人单位应当按照规定发放奖金的,人民法院应予支持。

第五条 【国家责任】

国家采取各种措施,促进劳动就业,发展职业教育,制定劳动标准,调节社会收入,完善社会保险,协调劳动关系,逐步提高劳动者的生活水平。

理解适用

[职业教育]

职业教育,是指为了培养高素质技术技能人才,使受教育者具备从事某种职业或者实现职业发展所需要的职业道德、科学文化与专业知识、技术技能等职业综合素质和行动能力而实施的教育。职业教育是与普通教育具有同等重要地位的教育类型,是国民教育体系和人力资源开发的重要组成部分,是培养多样化人才、传承技术技能、促进就业创业的重要途径。

职业教育包括职业学校教育和职业培训。其中,职业学校教育分为中等职业学校教育、高等职业学校教育,中等职业学校教育由高级中等教育层次的中等职业学校(含技工学校)实施,高等职业学校教育由专科、本科及以上教育层次的高等职业学校和普通高等学校实施。职业培训包括就业前培训、在职培训、再就业培训及其他职业性培训。

[调节社会收入]

调节社会收入,是指国家通过宏观调控措施调节全社会收入的总量以及不同地区、不同部门、不同单位、不同人员之间的收入关系。

条文参见

《劳动合同法》第49条;《职业教育法》第3~12条;《就业促进法》第44~51条;《劳动部关于〈中华人民共和国劳动法〉若干条文的说明》第5条

第六条 【国家倡导和鼓励】

国家提倡劳动者参加社会义务劳动,开展劳动竞赛和合理化建议活动,鼓励和保护劳动者进行科学研究、技术革新和发明创造,表彰和奖励劳动模范和先进工作者。

条文参见

《专利法》;《国家科学技术奖励条例》

第七条 【参加和组织工会】

劳动者有权依法参加和组织工会。

工会代表和维护劳动者的合法权益,依法独立自主地开展活动。

理解适用

[工会及其建立]

工会,是中国共产党领导的职工自愿结合的工人阶级群众组织,是中国共产党联系职工群众的桥梁和纽带。中华全国总工会及其各工会组织代表职工的利益,依法维护职工的合法权益。

用人单位有会员25人以上的,应当建立基层工会委员会;不足25人的,可以单独建立基层工会委员会,也可以由两个以上单位的会员联合建立基层工会委员会,也可以选举组织员1人,组织会员开展活动。女职工人数较多的,可以建立工会女职工委员会,在同级工会领导下开展工作;女职工人数较少的,可以在工会委员会中设女职工委员。企业职工较多的乡镇、城市街道,可以建立基层工会的联合会。县级以上地方建立地方各级总工会。同一行业或者性质相近的几个行业,可以根据需要建立全国的或者地方的产业工会。全国建立统一的中华全国总工会。

[工会的职责]

结合《工会法》的相关规定,工会的职责主要包括以下几个方面:(1)企业、事业单位、社会组织违反职工代表大会制度和其他民主管理制度,工会有权要求纠正,保障职工依法行使民主管理的权利。(2)工会帮助、指导职工与企业、实行企业化管理的事业单位、社会组织签订劳动合同。(3)企业、事业单位、社会组织处分职工,工会认为不适当的,有权提出意见。(4)企业、事业单位、社会组织违反劳动法律法规规定,有克扣、拖欠职工工资,不提供劳动安全卫生条件,随意延长劳动时间,侵犯女职工和未成年工特殊权益以及其他严重侵犯职工劳动权益的情形的,工会应当代表职工与企业、事业单位、社会组织交涉,要求企业、事业单位、社会组织采取措施予以改正;企业、事业单位、社会组织应当予以研究处理,并向工会作出答复;企业、事业单位、社会组织拒不改正的,工会可以提请当地人民政府依法作出处理。(5)工会依照国家规定对新建、扩建企业和技术改造工程中的劳动条件和安全卫生设施与主体工程同时设计、同时施工、同时投产使用进行监督。对工会提出的意见,企业或者主管部门应当认真处理,并将处理结果书面通知工会。(6)工会发现企业违章指挥、强令工人冒险作业,或者生产过程中发现明显重大事故隐患和职业危害,有权提出解决的建议,企业应当及时研究答复;发现危及职工生命安全的情况时,工会有权向企业建议组织职工撤离危险现场,企业必须及时作出处理决定。(7)工会有权对企业、事业单位、社会组织侵犯职工合法权益的问题进行调查,有关单位应当予以协助。(8)企业、事业单位、社会组织发生停工、怠工事件,工会应当代表职工同企业、事业单位、社会组织或者有关方面协商,反映职工的意见和要求并提出解决意见。对于职工的合理要求,企业、事业单位、社会组织应当予以解决。(9)工会协助用人单位办好职工集体福利事业,做好工资、劳动安全卫生和社会保险工作。

条文参见

《宪法》第35条;《劳动合同法》第6条、第64条;《工会法》第2条、第3条、第5~7条、第10条、第11条、第22条、第23条;《劳动部关于〈中华人民共和国劳动法〉若干条文的说明》第7条

第八条 【参与民主管理或协商】

劳动者依照法律规定,通过职工大会、职工代表大会或者其他形式,参与民主管理或者就保护劳动者合法权益与用人单位进行平等协商。

条文参见

《宪法》第35条;《劳动合同法》第6条、第64条;《工会法》第2条、第3条、第5~7条、第10条、第11条、第22条、第23条;《劳动部关于〈中华人民共和国劳动法〉若干条文的说明》第7条

第九条 【劳动工作主管部门】

国务院劳动行政部门主管全国劳动工作。

县级以上地方人民政府劳动行政部门主管本行政区域内的劳动工作。

理解适用

[劳动工作的内容]

劳动工作包括劳动就业、劳动合同和集体合同、工作时间和休息休假、工资、劳动安全卫生、女职工和未成年工特殊保护、职业培训、社会保险和福利、劳动争议处理、劳动监督检查以及依照法律责任追究违法后果等。

第二章 促进就业

第十条 【国家促进就业】

国家通过促进经济和社会发展,创造就业条件,扩大就业机会。

国家鼓励企业、事业组织、社会团体在法律、行政法规规定的范围内兴办产业或者拓展经营,增加就业。

国家支持劳动者自愿组织起来就业和从事个体经营实现就业。

第十一条 【发展职业介绍机构】

地方各级人民政府应当采取措施,发展多种类型的职业介绍机构,提供就业服务。

理解适用

[公共就业服务机构提供的服务]

根据《就业服务与就业管理规定》第25条的规定,公共就业服务机构应当免费为劳动者提供以下服务:(1)就业政策法规咨询;(2)职业供求信息、市场工资指导价位信息和职业培训信息发布;(3)职业指导和职业介绍;(4)对就业困难人员实施就业援助;(5)办理就业登记、失业登记等事务;(6)其他公共就业服务。

根据《就业服务与就业管理规定》第 26 条的规定,公共就业服务机构应当积极拓展服务功能,根据用人单位需求提供以下服务:(1)招聘用人指导服务;(2)代理招聘服务;(3)跨地区人员招聘服务;(4)企业人力资源管理咨询等专业性服务;(5)劳动保障事务代理服务;(6)为满足用人单位需求开发的其他就业服务项目。

[就业服务的内容]

根据《劳动部关于〈中华人民共和国劳动法〉若干条文的说明》第 11 条的规定,就业服务主要包括以下内容:(1)为劳动力供求双方相互选择,实现就业而提供的各类职业介绍服务;(2)为提高劳动者职业技术和就业能力的多层次、多形式的就业训练和转业训练服务;(3)为保障失业者基本生活和帮助其再就业的失业保险服务;(4)组织劳动者开展生产自救和创业的劳动就业服务企业。就业服务的四项工作应做到有机结合,发挥整体作用,为劳动者就业提供全面、高效、便捷的服务。

第十二条 【平等就业】

劳动者就业,不因民族、种族、性别、宗教信仰不同而受歧视。

条文参见

《就业促进法》第 25 条、第 26 条、第 28 条、第 30 条、第 31 条

案例指引

梁某某诉广东惠食佳经济发展有限公司、广州市越秀区名豪轩鱼翅海鲜大酒楼人格权纠纷案(《最高人民法院公报》2021 年第 1 期)

裁判要旨:就业平等权不仅属于劳动者的劳动权利范畴,亦属于劳动者作为自然人的人格权范畴。招聘广告并未明确不招女性,对于并非不适宜女性从事的工作岗位,用人单位无不正当理由仅因劳动者的性别而作出不合理的区别、限制以及排斥行为,构成就业性别歧视,侵犯了劳动者的平等就业权。

第十三条 【男女平等就业】

妇女享有与男子平等的就业权利。在录用职工时,除国家规定的不适合妇女的工种或者岗位外,不得以性别为由拒绝录用妇女或者提高对妇女的录用标准。

理解适用

[不适合妇女的工种或者岗位]

本条中的"不适合妇女的工种或者岗位",主要是指2012年4月28日国务院第200次常务会议通过的《女职工劳动保护特别规定》之附录《女职工禁忌从事的劳动范围》中所规定的禁止安排妇女从事的工种或者岗位。同时,用人单位在其他工种和岗位的招工中,不得以性别为由拒绝录用妇女,也不得提高对妇女的录用标准和条件。否则,将构成对妇女的歧视,依法应当承担相应的法律责任。

[用人单位招聘时不得有歧视女性]

国家保障妇女享有与男子平等的劳动权利和社会保障权利。各级人民政府和有关部门应当完善就业保障政策措施,防止和纠正就业性别歧视,为妇女创造公平的就业创业环境,为就业困难的妇女提供必要的扶持和援助。

用人单位在招录(聘)过程中,除国家另有规定外,不得实施下列行为:(1)限定为男性或者规定男性优先;(2)除个人基本信息外,进一步询问或者调查女性求职者的婚育情况;(3)将妊娠测试作为入职体检项目;(4)将限制结婚、生育或者婚姻、生育状况作为录(聘)用条件;(5)其他以性别为由拒绝录(聘)用妇女或者差别化地提高对妇女录(聘)用标准的行为。

条文参见

《妇女权益保障法》

第十四条 【特殊人员的就业】

残疾人、少数民族人员、退出现役的军人的就业,法律、法规有特别规定的,从其规定。

> 理解适用

[残疾人就业保护]

国家对残疾人就业的特殊规定主要体现在《残疾人保障法》中,具体内容包括:(1)政府和社会举办残疾人福利企业、盲人按摩机构和其他福利性单位,集中安排残疾人就业。(2)国家机关、社会团体、企业事业单位、民办非企业单位应当按照规定的比例安排残疾人就业,并为其选择适当的工种和岗位。国家鼓励和扶持残疾人自主择业、自主创业。(3)国家保护残疾人福利性单位的财产所有权和经营自主权,其合法权益不受侵犯。在职工的招用、转正、晋级、职称评定、劳动报酬、生活福利、休息休假、社会保险等方面,不得歧视残疾人。残疾职工所在单位应当根据残疾职工的特点,提供适当的劳动条件和劳动保护,并根据实际需要对劳动场所、劳动设备和生活设施进行改造。国家采取措施,保障盲人保健和医疗按摩人员从业的合法权益。

[少数民族人员就业保护]

国家对少数民族人员就业保护的特殊规定主要体现在《民族区域自治法》中。民族自治地方的企业、事业单位依照国家规定招收人员时,优先招收少数民族人员,并且可以从农村和牧区少数民族人口中招收。上级国家机关隶属的在民族自治地方的企业、事业单位依照国家规定招收人员时,优先招收当地少数民族人员。

[退役军人就业保护]

国家对退役军人就业保护的特殊规定体现在《兵役法》《退役军人安置条例》《军人抚恤优待条例》中。按照《兵役法》的规定,对退出现役的义务兵,国家采取自主就业、安排工作、供养等方式妥善安置:(1)义务兵退出现役自主就业的,按照国家规定发给一次性退役金,由安置地的县级以上地方人民政府接收,根据当地的实际情况,可以发给经济补助。国家根据经济社会发展,适时调整退役金的标准。(2)服现役期间平时获得二等功以上荣誉或者战时获得三等功以上荣誉以及属于烈士子女的义务兵退出现役,由安置地的县级以上地方人民政府安排工作;待安排工作期间由当地人民政府按照国家有关规定发给生活补助费;根据本人自愿,也可以选择自主就业。(3)因战、因公、因病致残的义务兵退出现役,按照国家规定的评定残疾等级采取安排工作、供养等方式予以妥善安置;符合安排工作条件的,根据本人自愿,也可以选择自主就业。

条文参见

《就业促进法》第 29 条;《残疾人保障法》第 2 条、第 27~35 条;《残疾人就业条例》第 8~20 条;《劳动部关于〈中华人民共和国劳动法〉若干条文的说明》第 14 条

第十五条 【禁招未成年人和特殊行业有关规定】

禁止用人单位招用未满十六周岁的未成年人。

文艺、体育和特种工艺单位招用未满十六周岁的未成年人,必须遵守国家有关规定,并保障其接受义务教育的权利。

理解适用

[用人单位招用未成年人的限制]

根据《未成年人保护法》第 61 条的规定,任何组织或者个人不得招用未满 16 周岁未成年人,国家另有规定的除外。营业性娱乐场所、酒吧、互联网上网服务营业场所等不适宜未成年人活动的场所不得招用已满 16 周岁的未成年人。招用已满 16 周岁未成年人的单位和个人应当执行国家在工种、劳动时间、劳动强度和保护措施等方面的规定,不得安排其从事过重、有毒、有害等危害未成年人身心健康的劳动或者危险作业。任何组织或者个人不得组织未成年人进行危害其身心健康的表演等活动。经未成年人的父母或者其他监护人同意,未成年人参与演出、节目制作等活动,活动组织方应当根据国家有关规定,保障未成年人合法权益。

条文参见

《未成年人保护法》第 2 条、第 61 条;《劳动部关于〈中华人民共和国劳动法〉若干条文的说明》第 15 条

第三章　劳动合同和集体合同

第十六条　【劳动合同】

劳动合同是劳动者与用人单位确立劳动关系、明确双方权利和义务的协议。

建立劳动关系应当订立劳动合同。

理解适用

[订立书面劳动合同的形式]

《劳动合同法》第10条第1款进一步规定，建立劳动关系，应当订立书面劳动合同。结合《劳动法》《劳动合同法》及其实施条例的相关规定，应当注意，大多数用人单位与劳动者签订劳动合同使用的是所在地劳动行政部门制作的劳动合同文本，含用人单位名称、住所和法定代表人、劳动者姓名、住址和居民身份证或其他有效身份证件号码、劳动合同期限、工作内容和工作地点、工作时间和休息休假、劳动报酬、社会保险、劳动保护、劳动条件和职业危害防护，以及法律、法规规定的应当纳入劳动合同的事项等条款。应注意的是，实践中，具备劳动合同基本条款、能够确立双方存在劳动关系、明确双方权利义务的入职登记表或录用审批表，可以视为书面劳动合同，劳动者不能据此主张未订立书面劳动合同的2倍工资。

[未订立书面劳动合同的后果]

未订立书面劳动合同的后果，主要分为两个方面：(1)用人单位不履行该项义务的后果。其一，用人单位自用工之日起超过1个月不满1年未与劳动者订立书面劳动合同的，应当向劳动者每月支付2倍的工资，直到双方补订书面劳动合同的前一日为止。其二，如果用人单位自用工之日起满1年未与劳动者订立书面劳动合同的，则自用工之日起满1个月的次日至满1年的前一日向劳动者每月支付2倍的工资，并视为自用工之日起满1年的当日已与劳动者订立了无固定期限劳动合同。用人单位应立即与劳动者补订一份书面的无固定期限劳动合同。

(2)劳动者不履行该项义务的后果。劳动者自用工之日起也应履行订立书面劳动合同的义务。其一，自用工之日起1个月内，用人单位书面通知劳动者订立书面劳动合同；如果劳动者不愿意订立的，用人单位应书面通知劳动者终止劳动关系，且无须向劳动者支付经济补偿，只需按照劳动者在本单位实际工作的时间支付劳动报酬。其二，自用工之日起超过1个月不满1年，劳动者不订立书面劳动合同的，用人单位应当书面通知劳动者终止劳动关系，并按照劳动者在本单位工作的年限，以每满1年支付1个月的工资标准向劳动者支付经济补偿。

[涉外劳动关系的认定]

外国人、无国籍人以及台港澳居民未依法取得就业证件即与中国境内的用人单位签订劳动合同，当事人请求确认与用人单位存在劳动关系的，人民法院不予支持；持有《外国专家证》并取得《外国专家来华工作许可证》的外国人，与中国境内的用人单位建立用工关系的，可以认定为劳动关系。

条文参见

《劳动合同法》第2条、第7条、第10条、第57~59条；《劳动合同法实施条例》第3~8条、第28~32条、第34条、第35条；《劳动保障监察条例》第24条；《劳动部关于〈中华人民共和国劳动法〉若干条文的说明》第16条

案例指引

1. 北京泛太物流有限公司诉单某某劳动争议纠纷案（《最高人民法院公报》2013年第12期）

裁判要旨：《劳动合同法》第82条关于用人单位未与劳动者订立书面劳动合同的，应当向劳动者每月支付2倍工资的规定，是对用人单位违反法律规定的惩戒。如用人单位与劳动者未订立书面劳动合同，但双方之间签署的其他有效书面文件的内容已经具备了劳动合同的各项要件，明确了双方的劳动关系和权利义务，具有了书面劳动合同的性质，则该文件应视为双方的书面劳动合同，对于劳动者提出因未订立书面劳动合同而要求2倍工资的诉讼请求不应予以支持。

2. 聂美兰诉北京林氏兄弟文化有限公司确认劳动关系案（最高人民法院指导案例179号）

裁判要旨：劳动关系适格主体以"合作经营"等为名订立协议，但协议约定的双方权利义务内容、实际履行情况等符合劳动关系认定标准，劳动者主张与用人单位存在劳动关系的，人民法院应予支持。

用人单位与劳动者签订的书面协议中包含工作内容、劳动报酬、劳动合

同期限等符合《劳动合同法》第 17 条规定的劳动合同条款,劳动者以用人单位未订立书面劳动合同为由要求支付第二倍工资的,人民法院不予支持。

第十七条 【劳动合同订立和变更的原则及劳动合同的效力】

订立和变更劳动合同,应当遵循平等自愿、协商一致的原则,不得违反法律、行政法规的规定。

劳动合同依法订立即具有法律约束力,当事人必须履行劳动合同规定的义务。

理解适用

[口头变更劳动合同的效力]

根据《劳动争议司法解释(一)》第 43 条的规定,用人单位与劳动者协商一致变更劳动合同,虽未采用书面形式,但已经实际履行了口头变更的劳动合同超过 1 个月,变更后的劳动合同内容不违反法律、行政法规且不违背公序良俗,当事人以未采用书面形式为由主张劳动合同变更无效的,人民法院不予支持。

案例指引

用人单位未与劳动者协商一致增加工作任务,劳动者是否有权拒绝[最高人民法院劳动人事争议典型案例(第二批)①]

裁判要旨: 本案中,某报刊公司超出合理限度大幅增加张某的工作任务,应视为变更劳动合同约定的内容,违反了关于"协商一致"变更劳动合同的法律规定,已构成变相强迫劳动者加班。因此,张某有权依法拒绝上述安排。某报刊公司以张某不服从工作安排为由与其解除劳动合同不符合法律规定。故劳动人事争议仲裁委员会依法裁决某报刊公司支付张某违法解除劳动合同赔偿金。

允许用人单位与劳动者协商一致变更劳动合同,有利于保障用人单位根据生产经营需要合理调整用工安排的权利。但要注意的是,变更劳动合同要遵循合法、公平、平等自愿、协商一致、诚实信用的原则。工作量、工作时间的

---

① 参见最高人民法院官网 2021 年 8 月 26 日,https://www.court.gov.cn/zixun-xiangqing-319151.html。

变更直接影响劳动者休息权的实现,用人单位对此进行大幅调整,应与劳动者充分协商,而不应采取强迫或者变相强迫的方式,更不得违反相关法律规定。

第十八条 【无效劳动合同】

下列劳动合同无效:
(一)违反法律、行政法规的劳动合同;
(二)采取欺诈、威胁等手段订立的劳动合同。

无效的劳动合同,从订立的时候起,就没有法律约束力。确认劳动合同部分无效的,如果不影响其余部分的效力,其余部分仍然有效。

劳动合同的无效,由劳动争议仲裁委员会或者人民法院确认。

理解适用

[导致劳动合同无效的原因]

根据《劳动合同法》第26条的规定,导致劳动合同无效的原因包括:(1)以欺诈、胁迫的手段或者乘人之危,使对方在违背真实意思的情况下订立或者变更劳动合同。(2)用人单位免除自己的法定责任、排除劳动者权利。(3)违反法律、行政法规强制性规定。

[劳动合同无效的确认主体]

劳动合同的无效,在仲裁阶段由劳动争议仲裁委员会确认;经仲裁引起诉讼的,由人民法院确认。除此之外的其他机构无权确认劳动合同无效,合同双方当事人也无权决定劳动合同无效。

[劳动合同无效的后果]

第一,劳动合同被确认部分无效或全部无效后,只要劳动者为用人单位提供了劳动,无论其对劳动合同的无效是否存在过错,用人单位都必须对其已付出的劳动部分给予劳动报酬。如果劳动合同中关于劳动报酬的条款是有效的,则按照合同约定的向劳动者支付报酬;如果劳动合同中没有约定劳动报酬条款,或者劳动报酬条款无效,或者劳动合同整体无效的,则按照用人单位的同期、同工种、同岗位的工资标准支付劳动报酬;如果用人单位没有可以直接参照的标准,可以参照其他单位同期、相类似工种、相类似岗位的工资标准支付劳动报酬。

第二,关于因劳动者或用人单位过错导致劳动合同无效,劳动者或用人单位是否需要承担赔偿责任的问题,区分情况如下:(1)《劳动法》未规定因劳动者过错导致劳动合同无效,给用人单位造成损害的,劳动者是否承担赔偿责任。《劳动合同法》第86条填补了这一立法空白,即如果因劳动者过错致使劳动合同无效,给用人单位造成损害时,劳动者应承担赔偿责任。(2)《劳动法》第97条规定,由于用人单位的原因导致劳动合同无效或部分无效,对劳动者造成了损害,用人单位除了要向劳动者支付其所应得的劳动报酬外,还应赔偿劳动者的损失。关于计算经济损失的标准,可以参照《违反〈劳动法〉有关劳动合同规定的赔偿办法》中的相关标准来确定。

第三,劳动合同被确认无效后,后续的劳动关系如何处理?根据《劳动合同法》第38条第1款第5项的规定,因用人单位以欺诈、胁迫的手段或乘人之危,使劳动者在违背真实意思的情况下订立或变更劳动合同,致使劳动合同无效的,劳动者可以解除劳动合同(此时可以即时通知用人单位,而无须提前30日通知),但是如果劳动者愿意让劳动关系继续存续的,可以重新订立或者变更劳动合同。同样,根据《劳动合同法》第39条第5项的规定,如果是因劳动者以欺诈、胁迫的手段或乘人之危,使用人单位在违背真实意思的情况下订立或变更劳动合同,致使劳动合同无效的,用人单位可以解除劳动合同,也可以选择重新订立或变更劳动合同。

条文参见

《劳动合同法》第26~28条;《劳动部关于〈中华人民共和国劳动法〉若干条文的说明》第18条

第十九条 【劳动合同的形式和内容】

劳动合同应当以书面形式订立,并具备以下条款:
(一)劳动合同期限;
(二)工作内容;
(三)劳动保护和劳动条件;
(四)劳动报酬;
(五)劳动纪律;
(六)劳动合同终止的条件;
(七)违反劳动合同的责任。

劳动合同除前款规定的必备条款外,当事人可以协商约定其他内容。

理解适用

[劳动合同应具备的条款]

根据《劳动合同法》第17条的规定,劳动合同应当具备以下条款:(1)用人单位的名称、住所和法定代表人或者主要负责人;(2)劳动者的姓名、住址和居民身份证或者其他有效身份证件号码;(3)劳动合同期限;(4)工作内容和工作地点;(5)工作时间和休息休假;(6)劳动报酬;(7)社会保险;(8)劳动保护、劳动条件和职业危害防护;(9)法律、法规规定应当纳入劳动合同的其他事项。劳动合同除前款规定的必备条款外,用人单位与劳动者可以约定试用期、培训、保守秘密、补充保险和福利待遇等其他事项。

[协商约定其他内容]

"协商约定其他内容"是指劳动合同中的约定条款,即劳动合同双方当事人除依据《劳动法》就劳动合同的必备条款达成一致外,如果认为某些方面与劳动合同有关的内容仍需协调,便可将协商一致的内容写进合同,这些内容是合同当事人自愿协商确定的,而不是法定的。

第二十条 【劳动合同的期限】

劳动合同的期限分为有固定期限、无固定期限和以完成一定的工作为期限。

劳动者在同一用人单位连续工作满十年以上,当事人双方同意续延劳动合同的,如果劳动者提出订立无固定期限的劳动合同,应当订立无固定期限的劳动合同。

理解适用

[固定期限劳动合同]

根据《劳动合同法》第13条的规定,固定期限劳动合同,是指用人单位与劳动者约定合同终止时间的劳动合同。用人单位与劳动者协商一致,可以订立固定期限劳动合同。

[无固定期限劳动合同]

根据《劳动合同法》第14条的规定,无固定期限劳动合同,是指用人单位与劳动者约定无确定终止时间的劳动合同。用人单位与劳动者协商一致,可以订立无固定期限劳动合同。有下列情形之一,劳动者提出或者同意续订、订立劳动合同的,除劳动者提出订立固定期限劳动合同外,应当订立无固定期限劳动合同:(1)劳动者在该用人单位连续工作满10年的;(2)用人单位初次实行劳动合同制度或者国有企业改制重新订立劳动合同时,劳动者在该用人单位连续工作满10年且距法定退休年龄不足10年的;(3)连续订立二次固定期限劳动合同,且劳动者没有该法第39条和第40条第1项、第2项规定的情形,续订劳动合同的。用人单位自用工之日起满1年不与劳动者订立书面劳动合同的,视为用人单位与劳动者已订立无固定期限劳动合同。

[以完成一定工作任务为期限的劳动合同]

根据《劳动合同法》第15条的规定,以完成一定工作任务为期限的劳动合同,是指用人单位与劳动者约定以某项工作的完成为合同期限的劳动合同。用人单位与劳动者协商一致,可以订立以完成一定工作任务为期限的劳动合同。

条文参见

《劳动合同法》第12~15条、第58条;《劳动部关于〈中华人民共和国劳动法〉若干条文的说明》第20条

第二十一条 【试用期】

劳动合同可以约定试用期。试用期最长不得超过六个月。

理解适用

[试用期仅为约定条款]

试用期,是指包括在劳动合同期限内的,用人单位与劳动者相互了解、相互考察的期限。在此期间,用人单位可以考察劳动者是否符合录用条件,劳动者也可以考察用人单位是否符合自己的要求。试用期适用于初次就业或再次就业时改变劳动岗位或工种的劳动者。试用期条款只是劳动合同的约定条款,而非法定必备条款。

[试用期的期限和次数]

根据《劳动合同法》第19条第1款的规定,劳动合同期限3个月以上不满1年的,试用期不得超过1个月;劳动合同期限1年以上不满3年的,试用期不得超过2个月;3年以上固定期限和无固定期限的劳动合同,试用期不得超过6个月。根据《劳动合同法》第19条第2款的规定,同一用人单位与同一劳动者只能约定1次试用期。

[不得约定试用期的情形]

根据《劳动合同法》第19条第3款、第70条的规定,用人单位与劳动者不得约定试用期的情形有以下几种:(1)以完成一定工作任务为期限的劳动合同不得约定试用期。(2)劳动合同期限不满3个月的不得约定试用期。(3)非全日制用工双方当事人不得约定试用期。

[用人单位与新进员工只签订试用期协议的后果]

有些用人单位为规避用工风险,与新进员工只签订试用期协议,根据新进员工在试用期阶段的表现再进一步决定是否与其签订劳动合同。按照《劳动合同法》第19条第4款规定,"试用期包含在劳动合同期限内。劳动合同仅约定试用期的,试用期不成立,该期限为劳动合同期限"。也就是说,如果用人单位与劳动者只约定试用期,不仅不能达到用人单位对劳动者进行考察的目的,反而会让劳动者直接"晋级"到正式用工阶段。

案例指引

某教育公司诉王某劳动争议案[北京市第一中级人民法院(2020)京01民终5195号民事判决书]

裁判要旨:用人单位与劳动者协商顺延试用期因违反同一用人单位与同一劳动者只能约定一次试用期的法律规定,属于二次约定试用期,用人单位应当按照《劳动合同法》第83条的规定向劳动者支付违法约定试用期赔偿金。

第二十二条 【商业秘密事项】

劳动合同当事人可以在劳动合同中约定保守用人单位商业秘密的有关事项。

理解适用

　　商业秘密,是指不为公众所知悉、能为用人单位带来经济利益、具有实用性并经用人单位采取保密措施的技术信息和经营信息,如设计、程序、产品配方、制作工艺、制作方法、管理诀窍、客户名单、货源情报、产销策略、招投标中的标底及标书内容等信息。

　　用人单位与掌握商业秘密的职工在劳动合同中约定保守商业秘密的有关事项时,可以约定在劳动合同终止前或该职工提出解除劳动合同后的一定时间内(不超过6个月),调整其工作岗位,变更劳动合同中相关内容;用人单位也可规定掌握商业秘密的职工在终止或解除劳动合同后的一定期限内(不超过3年),不得到生产同类产品或经营同类业务且有竞争关系的其他用人单位任职,也不得自己生产与原单位有竞争关系的同类产品或经营同类业务,但用人单位应当给予该职工一定数额的经济补偿。

第二十三条 【劳动合同的终止】

　　劳动合同期满或者当事人约定的劳动合同终止条件出现,劳动合同即行终止。

理解适用

[劳动合同终止的情形]

　　根据《劳动合同法》第44条的规定,有下列情形之一的,劳动合同终止:(1)劳动合同期满的;(2)劳动者开始依法享受基本养老保险待遇的;(3)劳动者死亡,或者被人民法院宣告死亡或者宣告失踪的;(4)用人单位被依法宣告破产的;(5)用人单位被吊销营业执照、责令关闭、撤销或者用人单位决定提前解散的;(6)法律、行政法规规定的其他情形。

[丧失或者部分丧失劳动能力的劳动者的劳动合同的终止]

　　丧失或者部分丧失劳动能力的劳动者,其劳动合同终止的处理规则是:(1)劳动者因工致残被鉴定为1~4级伤残的,保留劳动关系,退出工作岗位,无论其劳动能力是否恢复,用人单位都不得终止劳动合同,直至劳动者达到法定退休年龄;(2)劳动者因工致残被鉴定为5级、6级伤残的,经工伤劳动者提出,其可以与用人单位解除或者终止劳动关系;但如果工伤劳动者并未提出终止劳动合同,则劳动合同直至劳动者达到法定退休年龄时终止。

(3)劳动者因工致残被鉴定为7~10级伤残的,劳动合同期满即可终止。当然,工伤劳动者也可以提出解除劳动合同。

> **案例指引**
>
> 劳动者在离职文件上签字确认加班费已结清,是否有权请求支付欠付的加班费[最高人民法院劳动人事争议典型案例(第二批)①]
>
> 要旨:本案的争议焦点是肖某是否与用人单位就支付加班费达成合法有效的协议。
>
> 《劳动争议司法解释(一)》第35条第1款规定:"劳动者与用人单位就解除或者终止劳动合同办理相关手续、支付工资报酬、加班费、经济补偿或者赔偿金等达成的协议,不违反法律、行政法规的强制性规定,且不存在欺诈、胁迫或者乘人之危情形的,应当认定有效。"司法实践中,既应尊重和保障双方基于真实、自愿、合法原则签订的终止或解除劳动合同的协议,也应对劳动者明确持有异议的、涉及劳动者基本权益保护的协议的真实性予以审查,依法保护劳动者的合法权益。
>
> 本案中,肖某认为离职申请交接表"员工确认"一栏不是其真实意思表示,上面记载的内容也与事实不符。该表中"员工离职原因"与"员工确认"两处表述确实存在矛盾。两家公司均未提供与肖某就加班费等款项达成的协议及已向肖某支付上述款项的证据,且肖某否认双方就上述款项已达成一致并否认两家公司已给付上述款项。因此,离职申请交接表中员工确认的"现单位已将我的工资、加班费、经济补偿结清,我与单位无其他任何争议"与事实不符,不能认定为肖某的真实意思表示。本案情形并不符合《劳动争议司法解释(一)》第35条第1款之规定,故二审法院依法支持肖某关于加班费的诉讼请求。

> **第二十四条 【协商解除劳动合同】**
>
> 经劳动合同当事人协商一致,劳动合同可以解除。

---

① 参见最高人民法院官网2021年8月26日,https://www.court.gov.cn/zixun-xiangqing-319151.html。

理解适用

[解除劳动合同的经济补偿]

如果解除劳动合同的提议由劳动者提出,则用人单位无须向劳动者支付经济补偿金;反之,如果解除劳动合同的提议由用人单位提出,则用人单位须依法向劳动者支付经济补偿金。

第二十五条 【用人单位即时解除权】

劳动者有下列情形之一的,用人单位可以解除劳动合同:
(一)在试用期间被证明不符合录用条件的;
(二)严重违反劳动纪律或者用人单位规章制度的;
(三)严重失职,营私舞弊,对用人单位利益造成重大损害的;
(四)被依法追究刑事责任的。

理解适用

用人单位即时解除劳动合同,又称即时解雇、惩戒性解雇或过错解雇,是指劳动者经试用不合格或存在法定过错情形时,用人单位无须履行提前30日通知的程序就可以行使单方解雇权。

[用人单位行使即使解除权]

结合《劳动法》第25条和《劳动合同法》第39条的规定,用人单位可以即时解除劳动合同的情形包括:(1)劳动者在试用期间被证明不符合录用条件。劳动者不符合录用条件必须有客观且充分的证据证明。(2)劳动者严重违反劳动纪律或者用人单位的规章制度。严重违反用人单位的规章制度的前提是用人单位依照法定程序制定了合法、完善的劳动规章制度;否则,用人单位不得根据该规定解雇劳动者。(3)劳动者严重失职,营私舞弊,对用人单位利益造成重大损害。重大损害一般由用人单位的规章制度来规定。发生劳动争议时,可以通过劳动争议仲裁委员会对用人单位规章所规定的重大损害进行认定。(4)劳动者同时与其他用人单位建立劳动关系,对完成本单位的工作任务造成严重影响,或者经用人单位提出,拒不改正。这里有两层意思:其一,如果劳动者兼职对完成本职工作造成了严重影响,则用人单位可以行使单方解雇权。其二,如果劳动者兼职并未对完成本职工作造成严重影响,但用人单位提出要求劳动者终止兼职劳动关系,劳动者必须服从;如果劳动者拒不改正,用人单位也可以行使单方解雇权。(5)劳动者以欺诈、胁迫的手段或者乘人之危,使用人单位在违背真实意思的情况下订立或者变更劳动合同。(6)劳动者被依法追究刑事责任。

用人单位依据《劳动法》第 25 条解除劳动合同,可以不支付劳动者经济补偿金。

条文参见

《劳动合同法》第 26 条、第 39 条、第 69 条;《劳动部关于〈中华人民共和国劳动法〉若干条文的说明》第 25 条

案例指引

1. 孙某锋诉淮安西区人力资源开发有限公司劳动合同纠纷案(最高人民法院指导案例 180 号)

裁判要旨: 人民法院在判断用人单位单方解除劳动合同行为的合法性时,应当以用人单位向劳动者发出的解除通知的内容为认定依据。在案件审理过程中,用人单位超出解除劳动合同通知中载明的依据及事由,另行提出劳动者在履行劳动合同期间存在其他严重违反用人单位规章制度的情形,并据此主张符合解除劳动合同条件的,人民法院不予支持。

2. 北京某制药公司诉李某某劳动合同纠纷案[北京市第一中级人民法院(2017)京 01 终 4436 号民事判决书]

裁判要旨: 用人单位以劳动者违反规章制度为由解除劳动合同,应审查劳动者的行为是否严重违反公司规章制度,给用人单位业务造成严重影响或损失,或者对他人造成严重人身、财产损失。在用人单位规章制度设置了纪律处分类别的情况下,应判断劳动者的行为属于规章制度中的哪一具体情形及其行为后果,同时考量劳动者的工作岗位和职责要求,判定解除劳动合同的合法性。如果劳动者违反规章制度的行为并未达到规章制度规定的应予解除劳动关系的严重程度,用人单位不能以此为由解除劳动合同。

第二十六条 【用人单位预告解除权】

有下列情形之一的,用人单位可以解除劳动合同,但是应当提前三十日以书面形式通知劳动者本人:

(一)劳动者患病或者非因工负伤,医疗期满后,不能从事原工作也不能从事由用人单位另行安排的工作的;

> （二）劳动者不能胜任工作，经过培训或者调整工作岗位，仍不能胜任工作的；
>
> （三）劳动合同订立时所依据的客观情况发生重大变化，致使原劳动合同无法履行，经当事人协商不能就变更劳动合同达成协议的。

理解适用

用人单位预告解除劳动合同，又称预告解雇、一般性解雇、无过错解雇，即在劳动者不存在过错的情形下，用人单位经履行法定程序后解雇劳动者。结合《劳动合同法》第40条的规定，有两点应注意：(1)其前置程序是先行作出相应调整，即在劳动者存在法定情形时，用人单位须先给劳动者调岗或变更劳动合同的其他内容。(2)用人单位须提前30日书面通知劳动者，也可以以额外支付劳动者1个月工资来替代这个预告程序。

[预告解除的注意要点]

· 患病、负伤、医疗期

劳动者患病或非因工负伤，在规定的医疗期满后不能从事原工作，也不能从事由用人单位另行安排的工作。"患病"是指非职业病，"负伤"是指非因工负伤，因为对患职业病和因工负伤的劳动者，法律限制了用人单位的单方解除权(如《劳动合同法》第42条、《职业病防治法》第55条)。根据《劳动部关于贯彻执行〈中华人民共和国劳动法〉若干问题的意见》，在规定的医疗期满后，劳动者能从事原工作的，可以继续履行劳动合同；医疗期满后仍不能从事原工作也不能从事由单位另行安排的工作的，由劳动鉴定委员会参照工伤与职业病致残程度鉴定标准进行劳动能力鉴定。被鉴定为一至四级的，应当退出劳动岗位，解除劳动关系，办理因病或非因工负伤退休退职手续，享受相应的退休退职待遇；被鉴定为五至十级的，用人单位可以解除劳动合同，并按规定支付经济补偿金和医疗补助费。

· 不能胜任工作

劳动者不能胜任工作，经过培训或者调整工作岗位，仍不能胜任工作。"不能胜任工作"的主要依据是用人单位的劳动规章制度和劳动定额标准，同工种、同岗位劳动者的工作量也是参照量。

· 客观情况发生重大变化

劳动合同订立时所依据的客观情况发生重大变化，致使劳动合同无法履行，经用人单位与劳动者协商，未能就变更劳动合同内容达成协议。"客观情况",是指发生履行合同的客观条件,如自然条件、原材料供给条件、生产设备条件等因不可抗力或出现致使劳动合同全部或部分条款无法履行的情况,如企业迁移、被兼并、企业资产转移等。

[用人单位可以与劳动者解除劳动合同的情形]

根据《劳动合同法实施条例》第19条的规定,有下列情形之一的,依照《劳动合同法》规定的条件、程序,用人单位可以与劳动者解除固定期限劳动合同、无固定期限劳动合同或者以完成一定工作任务为期限的劳动合同:(1)用人单位与劳动者协商一致的;(2)劳动者在试用期间被证明不符合录用条件的;(3)劳动者严重违反用人单位的规章制度的;(4)劳动者严重失职,营私舞弊,给用人单位造成重大损害的;(5)劳动者同时与其他用人单位建立劳动关系,对完成本单位的工作任务造成严重影响,或者经用人单位提出,拒不改正的;(6)劳动者以欺诈、胁迫的手段或者乘人之危,使用人单位在违背真实意思的情况下订立或者变更劳动合同的;(7)劳动者被依法追究刑事责任的;(8)劳动者患病或者非因工负伤,在规定的医疗期满后不能从事原工作,也不能从事由用人单位另行安排的工作的;(9)劳动者不能胜任工作,经过培训或者调整工作岗位,仍不能胜任工作的;(10)劳动合同订立时所依据的客观情况发生重大变化,致使劳动合同无法履行,经用人单位与劳动者协商,未能就变更劳动合同内容达成协议的;(11)用人单位依照《企业破产法》规定进行重整的;(12)用人单位生产经营发生严重困难的;(13)企业转产、重大技术革新或者经营方式调整,经变更劳动合同后,仍需裁减人员的;(14)其他因劳动合同订立时所依据的客观经济情况发生重大变化,致使劳动合同无法履行的。

案例指引

上海某品牌管理有限公司诉姚某劳动合同纠纷案[上海市第一中级人民法院(2019)沪01民终15760号民事判决书]

裁判要旨:(1)用人单位为了用工便利,在劳动合同中约定的工作地点为全国或服从公司安排等。对此类情形,应结合实际用工岗位和工作内容等要素进行综合判断,如劳动者为总经理等公司高级管理人员,因其负责的公司业务范围广,可以将工作地点约定的范围适当扩大。如劳动者仅为普通工作人员,则应当对工作地点的范围作适当限制。

(2)用人单位变更劳动者工作地点超出劳动合同约定范围的,属于变更劳动合同。《劳动合同法》规定,用人单位变更劳动合同应当与劳动者协商一致。判断用人单位异地变更劳动者的工作地点是否属于合理变更时,应以符合用人单位生产经营的合理需要、对劳动者劳动报酬、其他劳动条件未作不利变更等作为判断标准。

(3)在用人单位单方变更劳动者工作地点对劳动者造成不利影响的情况下,劳动者拒绝去新的工作地点上班,用人单位以旷工为由解除劳动合同属于违法解除。

第二十七条 【用人单位经济性裁员】

用人单位濒临破产进行法定整顿期间或者生产经营状况发生严重困难,确需裁减人员的,应当提前三十日向工会或者全体职工说明情况,听取工会或者职工的意见,经向劳动行政部门报告后,可以裁减人员。

用人单位依据本条规定裁减人员,在六个月内录用人员的,应当优先录用被裁减的人员。

理解适用

[经济性裁员的条件]

根据《劳动合同法》第41条第1款的规定,有下列情形之一,需要裁减人员20人以上或者裁减不足20人但占企业职工总数10%以上的,用人单位提前30日向工会或者全体职工说明情况,听取工会或者职工的意见后,裁减人员方案经向劳动行政部门报告,可以裁减人员:(1)依照企业破产法规定进行重整的;(2)生产经营发生严重困难的;(3)企业转产、重大技术革新或者经营方式调整,经变更劳动合同后,仍需裁减人员的;(4)其他因劳动合同订立时所依据的客观经济情况发生重大变化,致使劳动合同无法履行的。

[经济性裁员应优先留用的人员]

根据《劳动合同法》第41条第2款的规定,裁减人员时,应当优先留用下列人员:(1)与本单位订立较长期限的固定期限劳动合同的;(2)与本单位订立无固定期限劳动合同的;(3)家庭无其他就业人员,有需要扶养的老人或者未成年人的。用人单位裁减人员后,在6个月内重新招用人员的,应当通知被裁减的人员,并在同等条件下优先招用被裁减的人员。

[用人单位确需裁减人员时,应该履行的程序]

根据劳动部印发的《企业经济性裁减人员规定》第4条的规定,用人单位确需裁减人员,应按下列程序进行:(1)提前30日向工会或者全体职工说明情况,并提供有关生产经营状况的资料;(2)提出裁减人员方案,内容包括:被裁减人员名单,裁减时间及实施步骤,符合法律、法规规定和集体合同约定的被裁减人员经济补偿办法;(3)将裁减人员方案征求工会或者全体职工的意见,并对方案进行修改和完善;(4)向当地劳动行政部门报告裁减人员方案以及工会或者全体职工的意见,并听取劳动行政部门的意见;(5)由用人单位正式公布裁减人员方案,与被裁减人员办理解除劳动合同手续,按照有关规定向被裁减人员本人支付经济补偿金,出具裁减人员证明书。

[用人单位不得裁减的人员]

根据劳动部印发的《企业经济性裁减人员规定》第5条的规定,用人单位不得裁减下列人员:(1)患职业病或者因工负伤并被确认丧失或者部分丧失劳动能力的;(2)患病或者负伤,在规定的医疗期内的;(3)女职工在孕期、产期、哺乳期内的;(4)法律、行政法规规定的其他情形。

条文参见

《劳动合同法》第41条;《劳动部关于〈中华人民共和国劳动法〉若干条文的说明》第27条

第二十八条 【经济补偿】

用人单位依据本法第二十四条、第二十六条、第二十七条的规定解除劳动合同的,应当依照国家有关规定给予经济补偿。

理解适用

[经济补偿的情形]

结合《劳动法》《劳动合同法》《劳动合同法实施条例》《劳动争议司法解释(一)》等规定,用人单位应向劳动者支付经济补偿的情形具体包括:(1)用人单位有违反劳动合同约定的行为或违法行为,导致劳动者依据《劳动合同法》第38条解除劳动合同,应当向劳动者支付经济补偿金。(2)用人单位根据《劳动合同法》第36条与劳动者协商解除劳动合同,如果解除的提议是用人单位提出的,应当向劳动者支付经济补偿金;反之,如果解除的提议是劳动者提出的,则用人单位无须向劳动者支付经济补偿金。(3)劳动者存在《劳动合同法》第40条规定的预告解雇的几种情形之一,用人单位解除劳动合同,应当支付经济补偿金。(4)经济性裁员中,用人单位应当支付经济补偿金。(5)固定期限的劳动合同期满,如果用人单位以降低劳动合同约定条件为前提提出续订劳动合同,劳动者不愿意续订,劳动合同终止,用人单位应当支付经济补偿金;但如果用人单位以维持或提高劳动合同约定条件(如劳动报酬等)为前提提出续订劳动合同,劳动者不同意续订,则劳动合同终止,用人单位无须支付经济补偿金。(6)用人单位被依法宣告破产,或被吊销营业执照、责令关闭、撤销或者用人单位决定提前解散,导致劳动合同终止,用人单位应当支付经济补偿金。(7)《劳动合同法》施行后,因用人单位经营期限届满不再继续经营导致劳动合同不能继续履行,劳动者可以请求用人单位支付经济补偿金。

[经济补偿的计算]

· 经济补偿的计算年限

(1)根据《劳动合同法》第47条第1款规定,经济补偿按劳动者在本单位工作的年限,每满1年支付1个月工资的标准向劳动者支付。6个月以上不满1年的,按1年计算;不满6个月的,向劳动者支付半个月工资的经济补偿。

(2)根据《劳动合同法》第47条第2款规定,劳动者月工资高于用人单位所在直辖市、设区的市级人民政府公布的本地区上年度职工月平均工资3倍的,向其支付经济补偿的标准按职工月平均工资3倍的数额支付,向其支付经济补偿的年限最高不超过12年。

· 经济补偿的计算基数

(1)根据《劳动合同法》第47条第3款规定,本条所称月工资是指劳动者在劳动合同解除或者终止前12个月的平均工资。(2)根据《劳动合同法实施条例》第27条规定,《劳动合同法》第47条规定的经济补偿的月工资按照劳动者应得工资计算,包括计时工资或者计件工资以及奖金、津贴和补贴等货币性收入。劳动者在劳动合同解除或者终止前12个月的平均工资低于当地最低工资标准的,按照当地最低工资标准计算。劳动者工作不满12个月的,按照实际工作的月数计算平均工资。

> **案例指引**

1.张某诉上海某国际货物运输代理有限公司劳动合同纠纷案[上海市第一中级人民法院(2021)沪01民终10455号民事判决书]

裁判要旨: 劳动合同到期终止后,用人单位主张无需支付经济补偿金的,应就其以维持或者提高劳动合同约定的条件续订劳动合同而劳动者不同意续订承担举证责任。续订条件是否相对维持或提高的识别应以原合同终止前所达成的约定条件为基准。劳动者因不满降薪决定而拒绝续订合同,用人单位需举证证明双方就此达成一致或者降薪具备合理性,否则用人单位以劳动者不同意续订为由主张无需支付经济补偿金的,人民法院不予支持。

2.北京某贸易有限公司诉王某劳动合同纠纷案[北京市第二中级人民法院(2021)京02民终12085号民事判决书]

裁判要旨: (1)解除或终止劳动合同经济补偿是用人单位在非因劳动者主观过错的情况下解除劳动合同时,为保障劳动者在离职后一段时间内的生活,依法需一次性支付给劳动者的补偿。在用人单位、劳动者签订《解除劳动合同协议书》已经解除劳动关系且协议目的已经达成的情况下,经济补偿金的给付具有必要性和确定性,用人单位应当根据协议约定向劳动者支付解除劳动关系经济补偿金。

(2)用人单位与劳动者可以在离职协议中约定经济补偿金的支付附条件,但该条件应以达成双方解除劳动关系为目的,限于对劳动者解除劳动合同之前已发生的工作或者行为成就与否的约定,同时不违反法律、行政法规的强制性规定,且不存在欺诈、胁迫或者乘人之危的情形。

(3)在用人单位与劳动者解除劳动合同后,竞业限制主要约束劳动者离职后的行为,在经济补偿金支付时间到来时劳动者能否履行竞业限制义务具有不确定性。劳动者竞业限制义务的承担通常由保密及竞业禁止协议规制,法律亦对劳动者违反竞业限制义务应承担的赔偿责任作出规定。用人单位主张以劳动者离职后履行保密、竞业限制等义务作为支付解除劳动合同经济补偿金条件的,人民法院不予支持。

第二十九条 【用人单位解除劳动合同的限制情形】

劳动者有下列情形之一的,用人单位不得依据本法第二十六条、第二十七条的规定解除劳动合同:

(一)患职业病或者因工负伤并被确认丧失或者部分丧失劳动能力的;

(二)患病或者负伤,在规定的医疗期内的;

(三)女职工在孕期、产期、哺乳期内的;

(四)法律、行政法规规定的其他情形。

理解适用

[医疗期及其期限]

医疗期,是指企业职工因患病或非因工负伤停止工作治病休息不得解除劳动合同的时限。

根据劳动部发布的《企业职工患病或非因工负伤医疗期规定》和《关于贯彻〈企业职工患病或非因工负伤医疗期规定〉的通知》的规定,企业职工因患病或非因工负伤,需要停止工作医疗时,根据本人实际参加工作年限和在本单位工作年限,给予3~24个月的医疗期。对某些患特殊疾病(如癌症、精神病、瘫痪等)的职工,在24个月内尚不能痊愈的,经企业和劳动主管部门批准,可以适当延长医疗期。具体而言,劳动者实际工作年限10年以下的,在本单位工作年限5年以下的为3个月,5年以上的为6个月;劳动者实际工作年限10年以上的,在本单位工作年限5年以下的为6个月,5年以上10年以下的为9个月,10年以上15年以下的为12个月,15年以上20年以下的为18个月,20年以上的为24个月。

[《劳动合同法》的进一步规定]

《劳动合同法》第42条规定,劳动者有下列情形之一的,用人单位不得依照《劳动合同法》第40条、第41条的规定解除劳动合同:(1)从事接触职业病危害作业的劳动者未进行离岗前职业健康检查,或者疑似职业病病人在诊断或者医学观察期间的;(2)在本单位患职业病或者因工负伤并被确认丧失或者部分丧失劳动能力的;(3)患病或者非因工负伤,在规定的医疗期内的;(4)女职工在孕期、产期、哺乳期的;(5)在本单位连续工作满15年,且距法定退休年龄不足5年的;(6)法律、行政法规规定的其他情形。

条文参见

《劳动合同法》第 42 条；《工伤保险条例》第 14~23 条、第 25~28 条；《劳动部关于〈中华人民共和国劳动法〉若干条文的说明》第 29 条

案例指引

1. 张传杰诉上海敬豪劳务服务有限公司等劳动合同纠纷案（《最高人民法院公报》2017 年第 5 期）

裁判要旨：从事接触职业病危害的作业的劳动者未进行离岗前职业健康检查的，用人单位不得解除或终止与其订立的劳动合同。即使用人单位与劳动者已协商一致解除劳动合同，解除协议也应认定无效。

2. 中兴通讯（杭州）有限责任公司诉王鹏劳动合同纠纷案（最高人民法院指导案例第 18 号）

裁判要旨：劳动者在用人单位等级考核中居于末位等次，不等同于"不能胜任工作"，不符合单方解除劳动合同的法定条件，用人单位不能据此单方解除劳动合同。

3. 曹某诉苏州某通信科技股份有限公司劳动合同纠纷案〔上海市第一中级人民法院（2020）沪 01 民终 11389 号民事判决书〕

裁判要旨：劳动者与用人单位就工作内容、工作目标订立"军令状"，未违反法律强制性规定的，应当认定有效。以解除劳动关系作为惩戒措施的"军令状"中，若约定的解除条件违反法律强制性规定的，应当认定约定无效。用人单位以"军令状"约定目标未完成为由主张依据约定解除劳动合同的，人民法院不予支持。

第三十条 【工会对用人单位解除劳动合同的职权】

用人单位解除劳动合同，工会认为不适当的，有权提出意见。如果用人单位违反法律、法规或者劳动合同，工会有权要求重新处理；劳动者申请仲裁或者提起诉讼的，工会应当依法给予支持和帮助。

第三十一条 【劳动者解除劳动合同的提前通知期限】

劳动者解除劳动合同，应当提前三十日以书面形式通知用人单位。

理解适用

[劳动者与用人单位解除劳动合同的情形]

根据《劳动合同法实施条例》第 18 条的规定,有下列情形之一的,依照《劳动合同法》规定的条件、程序,劳动者可以与用人单位解除固定期限劳动合同、无固定期限劳动合同或者以完成一定工作任务为期限的劳动合同:(1)劳动者与用人单位协商一致的;(2)劳动者提前 30 日以书面形式通知用人单位的;(3)劳动者在试用期内提前 3 日通知用人单位的;(4)用人单位未按照劳动合同约定提供劳动保护或者劳动条件的;(5)用人单位未及时足额支付劳动报酬的;(6)用人单位未依法为劳动者缴纳社会保险费的;(7)用人单位的规章制度违反法律、法规的规定,损害劳动者权益的;(8)用人单位以欺诈、胁迫的手段或者乘人之危,使劳动者在违背真实意思的情况下订立或者变更劳动合同的;(9)用人单位在劳动合同中免除自己的法定责任、排除劳动者权利的;(10)用人单位违反法律、行政法规强制性规定的;(11)用人单位以暴力、威胁或者非法限制人身自由的手段强迫劳动者劳动的;(12)用人单位违章指挥、强令冒险作业危及劳动者人身安全的;(13)法律、行政法规规定劳动者可以解除劳动合同的其他情形。

需要注意的是,劳动者在试用期内提前 3 日通知用人单位,可以解除劳动合同。

第三十二条 【劳动者随时解除劳动合同的情形】

有下列情形之一的,劳动者可以随时通知用人单位解除劳动合同:

(一)在试用期内的;

(二)用人单位以暴力、威胁或者非法限制人身自由的手段强迫劳动的;

(三)用人单位未按照劳动合同约定支付劳动报酬或者提供劳动条件的。

理解适用

[《劳动合同法》相关规定]

《劳动合同法》第 38 条规定,用人单位有下列情形之一的,劳动者可以解除劳动合同:(1)未按照劳动合同约定提供劳动保护或者劳动条件的;(2)未及时足额支付劳动报酬的;(3)未依法为劳动者缴纳社会保险费的;

(4)用人单位的规章制度违反法律、法规的规定,损害劳动者权益的;(5)因本法第二十六条第一款规定的情形致使劳动合同无效的;(6)法律、行政法规规定劳动者可以解除劳动合同的其他情形。

用人单位以暴力、威胁或者非法限制人身自由的手段强迫劳动者劳动的,或者用人单位违章指挥、强令冒险作业危及劳动者人身安全的,劳动者可以立即解除劳动合同,不需事先告知用人单位。

实用问答

1. 劳动者在试用期内解除劳动合同,用人单位是否需要向劳动者支付经济补偿金?

答:根据劳动部印发的《关于贯彻执行〈中华人民共和国劳动法〉若干问题的意见》第40条的规定,劳动者依据《劳动法》第32条第1项解除劳动合同,用人单位可以不支付经济补偿金,但应按照劳动者的实际工作天数支付工资。

2. 在哪些情形下,劳动者提出解除劳动合同,用人单位应当支付劳动者的劳动报酬和经济补偿,并可支付赔偿金?

答:根据《劳动争议司法解释(一)》第45条的规定,用人单位有下列情形之一,迫使劳动者提出解除劳动合同的,用人单位应当支付劳动者的劳动报酬和经济补偿,并可支付赔偿金:(1)以暴力、威胁或者非法限制人身自由的手段强迫劳动的;(2)未按照劳动合同约定支付劳动报酬或者提供劳动条件的;(3)克扣或者无故拖欠劳动者工资的;(4)拒不支付劳动者延长工作时间工资报酬的;(5)低于当地最低工资标准支付劳动者工资的。

条文参见

《劳动合同法》第42条;《工伤保险条例》第14~23条、第25~28条;《劳动部关于〈中华人民共和国劳动法〉若干条文的说明》第29条

第三十三条 【集体合同】

企业职工一方与企业可以就劳动报酬、工作时间、休息休假、劳动安全卫生、保险福利等事项,签订集体合同。集体合同草案应当提交职工代表大会或者全体职工讨论通过。

集体合同由工会代表职工与企业签订;没有建立工会的企业,由职工推举的代表与企业签订。

第三章　劳动合同和集体合同

理解适用

集体合同,是指用人单位与本单位职工根据法律、法规、规章的规定,就劳动报酬、工作时间、休息休假、劳动安全卫生、职业培训、保险福利等事项,通过集体协商签订的书面协议。

集体合同与劳动合同在订立主体上的区别在于,劳动合同的订立主体是用人单位与劳动者,而集体合同的订立主体是用人单位与工会或职工代表。

[订立集体合同需要履行的程序]

集体合同的订立程序如下:(1)集体协商。基层工会或企业职工方代表与用人单位就劳动报酬、工作时间、休息休假、劳动安全卫生、保险福利等事项进行平等协商,形成集体合同草案。(2)讨论。集体合同草案应提交职工代表大会或全体职工讨论,职工代表大会或全体职工讨论集体合同草案,应有2/3以上的职工代表或职工出席,且必须经全体职工代表半数以上或者全体职工半数以上同意,该草案方获通过。(3)签字。集体合同草案获得通过后,由集体协商双方的首席代表签字。

[集体合同的内容]

根据《集体合同规定》,集体协商双方可以就下列多项或某项内容进行集体协商,签订集体合同或专项集体合同:

(1)劳动报酬。劳动报酬主要包括:①用人单位工资水平、工资分配制度、工资标准和工资分配形式;②工资支付办法;③加班、加点工资及津贴、补贴标准和奖金分配办法;④工资调整办法;⑤试用期及病、事假等期间的工资待遇;⑥特殊情况下职工工资(生活费)支付办法;⑦其他劳动报酬分配办法。

(2)工作时间。工作时间主要包括:①工时制度;②加班加点办法;③特殊工种的工作时间;④劳动定额标准。

(3)休息休假。休息休假主要包括:①日休息时间、周休息日安排、年休假办法;②不能实行标准工时职工的休息休假;③其他假期。

(4)劳动安全与卫生。劳动安全卫生主要包括:①劳动安全卫生责任制;②劳动条件和安全技术措施;③安全操作规程;④劳保用品发放标准;⑤定期健康检查和职业健康体检。

(5)补充保险和福利。补充保险和福利主要包括:①补充保险的种类、范围;②基本福利制度和福利设施;③医疗期延长及其待遇;④职工亲属福利制度。

(6)女职工和未成年工特殊保护。女职工和未成年工的特殊保护主要包括：①女职工和未成年工禁忌从事的劳动；②女职工的经期、孕期、产期和哺乳期的劳动保护；③女职工、未成年工定期健康检查；④未成年工的使用和登记制度。

(7)职业技能培训。职业技能培训主要包括：①职业技能培训项目规划及年度计划；②职业技能培训费用的提取和使用；③保障和改善职业技能培训的措施。

(8)劳动合同管理。劳动合同管理主要包括：①劳动合同签订时间；②确定劳动合同期限的条件；③劳动合同变更、解除、续订的一般原则及无固定期限劳动合同的终止条件；④试用期的条件和期限。

(9)奖惩。奖惩主要包括：①劳动纪律；②考核奖惩制度；③奖惩程序。

(10)裁员。裁员主要包括：①裁员的方案；②裁员的程序；③裁员的实施办法和补偿标准。

(11)集体合同期限。

(12)变更、解除集体合同的程序。

(13)履行集体合同发生争议时的协商处理办法。

(14)违反集体合同的责任。

(15)双方认为应当协商的其他内容。

条文参见

《劳动合同法》第51~53条；《集体合同规定》第3条、第4条、第32条、第35~40条；《劳动部关于〈中华人民共和国劳动法〉若干条文的说明》第33条

第三十四条 【集体合同的生效】

集体合同签订后应当报送劳动行政部门；劳动行政部门自收到集体合同文本之日起十五日内未提出异议的，集体合同即行生效。

理解适用

[集体合同的审查]

集体合同审查实行属地管辖，具体管辖范围由省级劳动行政部门规定，

中央管辖的企业以及跨省、自治区、直辖市的用人单位的集体合同应当报送人力资源和社会保障部或其指定的省级劳动行政部门。劳动行政部门对报送的集体合同的内容以及集体协商主体资格、集体协商程序等事项是否符合法律、法规、规章规定进行审查。如果劳动行政部门对集体合同有异议的，自收到文本之日起15日内将审查意见书送达双方协商代表，用人单位与本单位职工就劳动行政部门提出异议的事项经集体协商重新签订集体合同，再依法报送劳动行政部门审查；如果劳动行政部门自收到文本之日起15日内没有对集体合同提出异议，则集体合同即行生效。生效的集体合同自生效之日起由协商代表以适当方式向本方全体成员公布。

根据《集体合同规定》第7条的规定，县级以上劳动保障行政部门对本行政区域内用人单位与本单位职工开展集体协商、签订、履行集体合同的情况进行监督，并负责审查集体合同或专项集体合同。

条文参见

《集体合同规定》

第三十五条 【集体合同的效力】

依法签订的集体合同对企业和企业全体职工具有约束力。职工个人与企业订立的劳动合同中劳动条件和劳动报酬等标准不得低于集体合同的规定。

理解适用

[集体合同中关于劳动报酬和劳动条件的约定]

《劳动合同法》第55条进一步规定，集体合同中劳动报酬和劳动条件等标准不得低于当地人民政府规定的最低标准；用人单位与劳动者订立的劳动合同中劳动报酬和劳动条件等标准不得低于集体合同规定的标准。理解以上两个条文，应明确的是，首先是劳动法律、法规的法律效力最高，其次是集体合同，再次是企业劳动规章，最后是劳动合同。具体而言：(1)集体合同中劳动条件和劳动报酬的规定不得违背劳动法律、法规规定的最低标准，否则集体合同中的相关条款无效；(2)单个劳动合同中劳动报酬和劳动条件的约定不得低于集体合同规定的标准，否则劳动合同中的相关条款无效。

在实践中,《劳动法》和《劳动合同法》确立了效力层级较高的文件对效力层级较低的文件起补充适用的作用的原则:(1)用人单位向劳动者提供的劳动条件和劳动报酬首先适用劳动合同约定的标准。(2)如果劳动合同中约定不明确或劳动合同中约定的标准低于集体合同中规定的标准,则适用集体合同的标准。(3)如果集体合同中规定不明确或者集体合同中规定的标准低于劳动法律、法规规定的标准,则适用劳动法律、法规规定的标准。

第四章　工作时间和休息休假

第三十六条　【国家工时制度】

国家实行劳动者每日工作时间不超过八小时、平均每周工作时间不超过四十四小时的工时制度。

实用问答

1. 企业和部分不能实行统一工作时间的事业单位,可否不实行"双休日"而安排每周工作 6 天,每天工作不超过 6 小时 40 分钟?

答:根据《劳动部关于职工工作时间有关问题的复函》第 1 条的规定,根据《劳动法》和《国务院关于职工工作时间的规定》的规定,我国目前实行劳动者每日工作 8 小时,每周工作 40 小时这一标准工时制度。有条件的企业应实行标准工时制度。有些企业因工作性质和生产特点不能实行标准工时制度,应保证劳动者每天工作不超过 8 小时、每周工作不超过 40 小时、每周至少休息 1 天。此外,根据一些企业的生产实际情况还可实行不定时工作制和综合计算工时工作制。实行不定时工作制综合计算工时工作制的企业应按劳动部《关于企业实行不定时工作制和综合计算工时工作制的审批办法》(劳部发〔1994〕503 号)的规定办理审批手续。

2. 在特殊条件下从事劳动和有特殊情况的,是否可以进一步缩短工作时间?

答:根据《国务院关于职工工作时间的规定》第 4 条的规定,在特殊条件下从事劳动和有特殊情况,需要在每周工作 40 小时的基础上再适当缩短工作时间的,应在保证完成生产和工作任务的前提下,根据《劳动法》第 36 条的规定,由企业根据实际情况决定。

3. 企业因生产经营需要延长工作时间是在每周 40 小时基础上计算,还是在每周 44 小时基础上计算?

答:根据《〈国务院关于职工工作时间的规定〉问题解答》第 9 条的规定,1997 年 5 月 1 日以前,以企业所执行的工时制度为基础。即实行每周 40 小时工作制度的企业,以每周 40 小时为基础计算加班加点时间;实行每周 44 小时工时制度的企业,以每周 44 小时为基础计算加班加点时间。上述加班加点,仍然按《劳动法》的有关规定执行。1997 年 5 月 1 日以后,一律应以每周 40 小时为基础计算。

第三十七条 【计件工作的劳动定额和计件报酬标准确定】

对实行计件工作的劳动者,用人单位应当根据本法第三十六条规定的工时制度合理确定其劳动定额和计件报酬标准。

理解适用

[实行计件工资的劳动者的加班费]

根据《工资支付暂行规定》第 13 条第 2 款的规定,实行计件工资的劳动者,在完成计件定额任务后,由用人单位安排延长工作时间的,应分别按照不低于其本人法定工作时间计件单价的 150%、200%、300% 支付其工资。

案例指引

处理加班费争议,如何分配举证责任[最高人民法院劳动人事争议典型案例(第二批)①]

裁判要旨:本案的争议焦点是如何分配林某与某教育咨询公司的举证责任。

主张加班费的劳动者有责任按照"谁主张,谁举证"的原则,就加班事实的存在提供证据,或者就相关证据属于用人单位掌握管理提供证据。用人单位应当提供而不提供有关证据的,可以推定劳动者加班事实存在。

本案中,虽然林某提交的工资支付记录为打印件,但与实名认证的 App

---

① 参见最高人民法院官网 2021 年 8 月 26 日,https://www.court.gov.cn/zixun-xiangqing-319151.html。

打卡记录互相印证,能够证明某教育咨询公司掌握加班事实存在的证据。某教育咨询公司虽然不认可上述证据的真实性,但未提交反证或者作出合理解释,应承担不利后果。故劳动人事争议仲裁委员会依法裁决某教育咨询公司支付林某加班费。

第三十八条 【最低休息时间】

用人单位应当保证劳动者每周至少休息一日。

理解适用

["劳动者每周至少休息一日"的理解]

根据劳动部办公厅印发的《关于〈中华人民共和国劳动法〉若干条文的说明》第 38 条的规定,用人单位必须保证劳动者每周至少有一次 24 小时不间断的休息,因此,"劳动者每周至少休息一日"指的是劳动者每周至少有一次 24 小时不间断的休息。

案例指引

劳动者超时加班发生工伤,用工单位、劳务派遣单位是否承担连带赔偿责任[最高人民法院劳动人事争议典型案例(第二批)①]

要旨:本案的争议焦点是李某超时加班发生工伤,用工单位与劳务派遣单位是否应承担连带赔偿责任。

休息权是劳动者的基本劳动权利,即使在支付劳动者加班费的情况下,劳动者的工作时间仍然受到法定延长工作时间上限的制约。劳务派遣用工中,劳动者超时加班发生工伤,用工单位和劳务派遣单位对劳动者的损失均负有责任,应承担连带赔偿责任。劳动者与用工单位、劳务派遣单位达成赔偿协议的,当赔偿协议存在违反法律、行政法规的强制性规定,欺诈、胁迫或者乘人之危情形时,不应认定赔偿协议有效;当赔偿协议存在重大误解或者显失公平情形时,应当支持劳动者依法行使撤销权。

本案中,某服务公司和某传媒公司协议约定的被派遣劳动者每天工作时间及每月工作保底工时,均严重超过法定标准。李某工亡前每月休息时间不

---

① 参见最高人民法院官网 2021 年 8 月 26 日,https://www.court.gov.cn/zixun-xiangqing-319151.html。

超过3日，每日工作时间基本超过11小时，每月延长工作时间超过36小时数倍，其依法享有的休息权受到严重侵害。某传媒公司作为用工单位长期安排李某超时加班，存在过错，对李某在工作期间突发疾病死亡负有不可推卸的责任。惠某等主张某传媒公司与某服务公司就李某工伤的相关待遇承担连带赔偿责任，应予支持。惠某等虽与某传媒公司达成了赔偿协议，但赔偿协议是在劳动者未经社会保险行政部门认定工伤的情形下签订的，且赔偿协议约定的补偿数额明显低于法定工伤保险待遇标准，某服务公司和某传媒公司应对差额部分予以补足。

第三十九条 【非标准工作制度】

企业因生产特点不能实行本法第三十六条、第三十八条规定的，经劳动行政部门批准，可以实行其他工作和休息办法。

理解适用

["其他工作和休息办法"的理解]

《劳动法》第39条中的"其他工作和休息办法"，主要有不定时工作制和综合计算工时工作制两种。

· 不定时工作制

不定时工作制，是指针对因生产特点、工作特殊需要或职责范围的关系，无法按标准工作时间衡量或需要机动作业的职工采用的一种工时制度。不定时工作制的特点在于，当一日工作时间超过标准工作日时，超过部分不算加班加点，不发加班工资，而只是给予补假休息。

目前，我国对实行不定时工作时间制度的工种，尚无具体规定，由各地人民政府、企业主管部门自行规定。实行不定时工作制需要由国务院行业、系统主管部门提出意见，并报国务院劳动、人事行政主管部门批准。对于实行不定时工作制的劳动者，其工资由企业按照本单位的工资制度分配办法，根据劳动者的实际工作时间和完成劳动定额情况计发。对于符合带薪年休假条件的劳动者，企业可安排其享受带薪年休假。

· 综合计算工时工作制

综合计算工时工作制，是针对因工作性质特殊，需连续作业或受季节及自然条件限制的企业的部分职工，采用的以周、月、季、年等为周期综合计算工作时间的一种工时制度。

综合计算工时工作制度的采用需要经过劳动行政部门的审批,企业应做到:(1)企业实行综合计算工时工作制以及在实行综合计算工时工作中采取何种工作方式,一定要与工会和劳动者协商。(2)对于第三级以上(含第三级)体力劳动强度的工作岗位,劳动者每日连续工作时间不得超过11小时,而且每周至少休息1天。经批准实行不定时工作制的职工,不受《劳动法》第41条规定的日延长工作时间标准和月延长工作时间标准的限制,但用人单位应采取集中工作、集中休息、轮休调休、弹性工作时间等适当的工作和休息方式。

实用问答

1. 哪些企业职工可以实行不定时工作制?

答:根据劳动部发布的《关于企业实行不定时工作制和综合计算工时工作制的审批办法》第4条的规定,企业对符合下列条件之一的职工,可以实行不定时工作制。(1)企业中的高级管理人员、外勤人员、推销人员、部分值班人员和其他因工作无法按标准工作时间衡量的职工;(2)企业中的长途运输人员、出租汽车司机和铁路、港口、仓库的部分装卸人员以及因工作性质特殊,需机动作业的职工;(3)其他因生产特点、工作特殊需要或职责范围的关系,适合实行不定时工作制的职工。

2. 哪些企业职工可以实行综合计算工时工作制?

答:根据劳动部发布的《关于企业实行不定时工作制和综合计算工时工作制的审批办法》第5条的规定,企业对符合下列条件之一的职工,可实行综合计算工时工作制,即分别以周、月、季、年等为周期,综合计算工作时间,但其平均日工作时间和平均周工作时间应与法定标准工作时间基本相同。(1)交通、铁路、邮电、水运、航空、渔业等行业中因工作性质特殊,需连续作业的职工;(2)地质及资源勘探、建筑、制盐、制糖、旅游等受季节和自然条件限制的行业的部分职工;(3)其他适合实行综合计算工时工作制的职工。

条文参见

《国务院关于职工工作时间的规定》第4条、第5条;《劳动部关于〈中华人民共和国劳动法〉若干条文的说明》第39条

第四十条 【法定假日】

用人单位在下列节日期间应当依法安排劳动者休假：
(一)元旦；
(二)春节；
(三)国际劳动节；
(四)国庆节；
(五)法律、法规规定的其他休假节日。

理解适用

[全体公民放假的节日]

《全国年节及纪念日放假办法》第2条的规定，全体公民放假的节日：(1)元旦，放假1天(1月1日)；(2)春节，放假4天(农历除夕、正月初一至初三)；(3)清明节，放假1天(农历清明当日)；(4)劳动节，放假2天(5月1日、2日)；(5)端午节，放假1天(农历端午当日)；(6)中秋节，放假1天(农历中秋当日)；(7)国庆节，放假3天(10月1日至3日)。

[部分公民放假的节日及纪念日]

《全国年节及纪念日放假办法》第3条的规定，部分公民放假的节日及纪念日：(1)妇女节(3月8日)，妇女放假半天；(2)青年节(5月4日)，14周岁以上的青年放假半天；(3)儿童节(6月1日)，不满14周岁的少年儿童放假1天；(4)中国人民解放军建军纪念日(8月1日)，现役军人放假半天。

第四十一条 【工作时间延长限制】

用人单位由于生产经营需要，经与工会和劳动者协商后可以延长工作时间，一般每日不得超过一小时；因特殊原因需要延长工作时间的，在保障劳动者身体健康的条件下延长工作时间每日不得超过三小时，但是每月不得超过三十六小时。

理解适用

[用人单位擅自延长劳动者工作时间的处理]

《劳动法》第41条中所规定的"与工会和劳动者协商"是对于用人单位延长工作时间的强制性规定，未经工会和劳动者同意，用人单位不得擅自延长工作时间。对于用人单位违法强迫劳动者延长工作时间的,劳动者有权拒绝。因此发生的争议,可以提请劳动争议处理机构予以处理。工会和劳动者也可以向劳动行政部门举报,由劳动行政部门进行查处。

["延长工作时间"的理解]

根据《劳动部关于职工工作时间有关问题的复函》第3条的规定,《劳动法》第41条有关延长工作时间的限制包括正常工作日的加点、休息日和法定休假日的加班。即每月工作日的加点、休息日和法定休假日的加班的总时数不得超过36小时。

第四十二条 【延长工作时间限制的例外】

有下列情形之一的,延长工作时间不受本法第四十一条规定的限制:

(一)发生自然灾害、事故或者因其他原因,威胁劳动者生命健康和财产安全,需要紧急处理的;

(二)生产设备、交通运输线路、公共设施发生故障,影响生产和公众利益,必须及时抢修的;

(三)法律、行政法规规定的其他情形。

第四十三条 【禁止违法延长工作时间】

用人单位不得违反本法规定延长劳动者的工作时间。

案例指引

劳动者拒绝违法超时加班安排,用人单位能否解除劳动合同[最高人民法院劳动人事争议典型案例(第二批)①]

要旨:本案的争议焦点是张某拒绝违法超时加班安排,某快递公司能否与其解除劳动合同。

为确保劳动者休息权的实现,我国法律对延长工作时间的上限予以明确规定。用人单位制定违反法律规定的加班制度,在劳动合同中与劳动者约定

---

① 参见最高人民法院官网2021年8月26日,https://www.court.gov.cn/zixun-xiangqing-319151.html。

违反法律规定的加班条款,均应认定为无效。本案中,某快递公司规章制度中"工作时间为早9时至晚9时,每周工作6天"的内容,严重违反法律关于延长工作时间上限的规定,应认定为无效。张某拒绝违法超时加班安排,系维护自己的合法权益,不能据此认定其在试用期间被证明不符合录用条件。故劳动人事争议仲裁委员会依法裁决某快递公司支付张某违法解除劳动合同赔偿金。

第四十四条 【延长工时的报酬支付】

有下列情形之一的,用人单位应当按照下列标准支付高于劳动者正常工作时间工资的工资报酬:

(一)安排劳动者延长工作时间的,支付不低于工资的百分之一百五十的工资报酬;

(二)休息日安排劳动者工作又不能安排补休的,支付不低于工资的百分之二百的工资报酬;

(三)法定休假日安排劳动者工作的,支付不低于工资的百分之三百的工资报酬。

理解适用

[休息日或法定休假日加班,用人单位可否不支付加班费而给予补休,补休的标准如何确定]

《劳动部关于职工工作时间有关问题的复函》第4条规定,依据《劳动法》第44条规定,休息日安排劳动者加班工作的,应首先安排补休,不能补休时,则应支付不低于工资的200%的工资报酬。补休时间应等同于加班时间。法定休假日安排劳动者加班工作的,应另外支付不低于工资的300%的工资报酬,一般不安排补休。

[加班费的举证责任]

《劳动争议司法解释(一)》第42条规定,劳动者主张加班费的,应当就加班事实的存在承担举证责任。但劳动者有证据证明用人单位掌握加班事实存在的证据,用人单位不提供的,由用人单位承担不利后果。

案例指引

李某艳诉北京某科技公司劳动争议案[北京市第三中级人民法院(2022)京03民终9602号民事判决书]

裁判要旨：(1)关于"隐形加班"的认定标准。对于用人单位安排劳动者在非工作时间、工作场所以外利用微信等社交媒体开展工作，劳动者能够证明自己付出了实质性劳动且明显占用休息时间，并请求用人单位支付加班费的，人民法院应予支持。

(2)关于加班费数额。利用社交媒体加班的工作时长、工作状态等难以客观量化，用人单位亦无法客观掌握，若以全部时长作为加班时长，对用人单位而言有失公平。因此，在无法准确衡量劳动者"隐形加班"时长与集中度的情况下，对于加班费数额，应当根据证据体现的加班频率、工作内容、在线工作时间等予以酌定，以平衡好劳动者与用人单位之间的利益。

第四十五条 【带薪年休假】

国家实行带薪年休假制度。

劳动者连续工作一年以上的，享受带薪年休假。具体办法由国务院规定。

理解适用

[职工享受带薪年休假的时间条件及安排]

《企业职工带薪年休假实施办法》第3条规定，"职工连续工作满12个月以上的，享受带薪年休假"。根据人力资源和社会保障部办公厅发布的《关于〈企业职工带薪年休假实施办法〉有关问题的复函》"一、关于带薪年休假的享受条件"中的规定，《企业职工带薪年休假实施办法》第3条中的"职工连续工作满12个月以上"，既包括职工在同一用人单位连续工作满12个月以上的情形，也包括职工在不同用人单位连续工作满12个月以上的情形。

根据《职工带薪年休假条例》第5条的规定，单位根据生产、工作的具体情况，并考虑职工本人意愿，统筹安排职工年休假。年休假在1个年度内可以集中安排，也可以分段安排，一般不跨年度安排。单位因生产、工作特点确有必要跨年度安排职工年休假的，可以跨1个年度安排。单位确因工作需要不能安排职工休年休假的，经职工本人同意，可以不安排职工休年休假。对职工应休未休的年休假天数,单位应当按照该职工日工资收入的300%支付年休假工资报酬。

[职工带薪年休假的天数]

根据《职工带薪年休假条例》第3条的规定,职工累计工作已满1年不满10年的,年休假5天;已满10年不满20年的,年休假10天;已满20年的,年休假15天。国家法定休假日、休息日不计入年休假的假期。

[职工不享受当年的年休假的情形]

根据《职工带薪年休假条例》第4条的规定,职工有下列情形之一的,不享受当年的年休假:(1)职工依法享受寒暑假,其休假天数多于年休假天数的;(2)职工请事假累计20天以上且单位按照规定不扣工资的;(3)累计工作满1年不满10年的职工,请病假累计2个月以上的;(4)累计工作满10年不满20年的职工,请病假累计3个月以上的;(5)累计工作满20年以上的职工,请病假累计4个月以上的。

[劳动者与用人单位解除劳动合同,但尚有应休未休带薪年休假的,用人单位是否需向劳动者支付未休带薪年休假工资报酬?如何折算]

根据《企业职工带薪年休假实施办法》第12条第1款、第2款的规定,用人单位与职工解除或者终止劳动合同时,当年度未安排职工休满应休年休假的,应当按照职工当年已工作时间折算应休未休年休假天数并支付未休年休假工资报酬,但折算后不足1整天的部分不支付未休年休假工资报酬。折算方法为:(当年度在本单位已过日历天数÷365天)×职工本人全年应当享受的年休假天数-当年度已安排年休假天数。

[享受带薪年休假的职工新进用人单位,其当年度年休假天数如何确定]

根据《企业职工带薪年休假实施办法》第5条的规定,职工新进用人单位且符合连续工作满12个月以上享受带薪年休假规定的,当年度年休假天数,按照在本单位剩余日历天数折算确定,折算后不足1整天的部分不享受年休假。折算方法为:(当年度在本单位剩余日历天数÷365天)×职工本人全年应当享受的年休假天数。

第五章 工 资

第四十六条 【工资分配原则】

工资分配应当遵循按劳分配原则,实行同工同酬。

工资水平在经济发展的基础上逐步提高。国家对工资总量实行宏观调控。

理解适用

[工资与同工同酬]

工资,是指用人单位依据国家有关规定或劳动合同的约定,以货币形式直接支付给本单位劳动者的劳动报酬,一般包括计时工资、计件工资、奖金、津贴和补贴、延长工作时间的工资报酬以及特殊情况下支付的工资等。工资是劳动者劳动收入的主要组成部分。

同工同酬,是指用人单位对于从事相同工作,付出等量劳动且取得相同劳绩的劳动者,应支付同等的劳动报酬。

[不属于工资范围的劳动收入]

劳动者的以下劳动收入不属于工资范围:(1)单位支付给劳动者个人的社会保险福利费用,如丧葬抚恤救济费、生活困难补助费、计划生育补贴等;(2)劳动保护方面的费用,如用人单位支付给劳动者的工作服、解毒剂、清凉饮料费用等;(3)按规定未列入工资总额的各种劳动报酬及其他劳动收入,如根据国家规定发放的创造发明奖、国家星火奖、自然科学奖、科学技术进步奖、合理化建议和技术改进奖、中华技能大奖等奖金以及稿费、讲课费、翻译费等收入。

第四十七条 【工资分配方式、水平的确定】

用人单位根据本单位的生产经营特点和经济效益,依法自主确定本单位的工资分配方式和工资水平。

案例指引

1. 用人单位与劳动者约定实行包薪制,是否需要依法支付加班费[最高人民法院劳动人事争议典型案例(第二批)①]

裁判要旨: 包薪制是指在劳动合同中打包约定法定标准工作时间工资和加班费的一种工资分配方式,在部分加班安排较多且时间相对固定的行业中比较普遍。虽然用人单位有依法制定内部薪酬分配制度的自主权,但内部薪酬分配制度的制定和执行须符合相关法律的规定。实践中,部分用人单位存在以实行包薪制规避或者减少承担支付加班费法定责任的情况。实行包薪制的用人单位应严格按照不低于最低工资标准支付劳动者法定标准工作时间的工资,同时按照国家关于加班费的有关法律规定足额支付加班费。

2. 曾某诉某网络科技公司劳动争议案[北京市第一中级人民法院(2020)京01民终4210号民事判决书]

裁判要旨: 劳动者的年终奖与可量化的业绩挂钩,虽然在形式上被称为"年底三薪"或者"年终奖",但实质上属于"绩效工资"的范畴,即根据绩效考核薪酬制度的规定将工资中绩效部分在年终结合用人单位效益予以发放。用人单位对员工进行内容恰当、过程完备、结果透明的绩效考核的,考核结果可以作为年终绩效奖金是否发放以及发放数额的依据。

第四十八条 【最低工资保障制度】

国家实行最低工资保障制度。最低工资的具体标准由省、自治区、直辖市人民政府规定,报国务院备案。

用人单位支付劳动者的工资不得低于当地最低工资标准。

理解适用

[最低工资计算要剔除的项目]

根据《最低工资规定》第12条第1款的规定,在劳动者提供正常劳动的情况下,用人单位应支付给劳动者的工资在剔除下列各项以后,不得低于当地最低工资标准:(1)延长工作时间工资;(2)中班、夜班、高温、低温、井下、

---

① 参见最高人民法院官网2021年8月26日,https://www.court.gov.cn/zixun-xiangqing-319151.html。

有毒有害等特殊工作环境、条件下的津贴;(3)法律、法规和国家规定的劳动者福利待遇等。

如果用人单位违反规定,将应当予以剔除的各项工资、津贴和有关待遇计入最低工资标准的,由劳动保障行政部门责令其限期补发所欠劳动者工资,并可责令其按所欠工资的1~5倍支付劳动者赔偿金。

条文参见

《劳动合同法》第61条、第72条;《最低工资规定》第2~4条、第12条;《劳动部关于〈中华人民共和国劳动法〉若干条文的说明》第48条

第四十九条 【最低工资标准参考因素】

确定和调整最低工资标准应当综合参考下列因素:
(一)劳动者本人及平均赡养人口的最低生活费用;
(二)社会平均工资水平;
(三)劳动生产率;
(四)就业状况;
(五)地区之间经济发展水平的差异。

理解适用

[最低工资标准的确定和调整]

最低工资标准一般采取月最低工资标准和小时最低工资标准的形式。月最低工资标准适用于全日制就业劳动者,小时最低工资标准适用于非全日制就业劳动者。

确定和调整月最低工资标准,应参考当地就业者及其赡养人口的最低生活费用、城镇居民消费价格指数、职工个人缴纳的社会保险费和住房公积金、职工平均工资、经济发展水平、就业状况等因素。

确定和调整小时最低工资标准,应在颁布的月最低工资标准的基础上,考虑单位应缴纳的基本养老保险费和基本医疗保险费因素,同时还应适当考虑非全日制劳动者在工作稳定性、劳动条件和劳动强度、福利等方面与全日制就业人员之间的差异。

第五十条 【工资支付形式】

工资应当以货币形式按月支付给劳动者本人。不得克扣或者无故拖欠劳动者的工资。

理解适用

[不属于克扣劳动者工资的情形]

根据劳动部发布的《对〈工资支付暂行规定〉有关问题的补充规定》第3条的规定，克扣劳动者工资，不包括以下减发工资的情况：(1)国家的法律、法规中有明确规定的；(2)依法签订的劳动合同中有明确规定的；(3)用人单位依法制定并经职代会批准的厂规、厂纪中有明确规定的；(4)企业工资总额与经济效益相联系，经济效益下浮时，工资必须下浮的（但支付给劳动者工资不得低于当地的最低工资标准）；(5)因劳动者请事假等相应减发工资等。

[用人单位拖欠或未足额支付劳动报酬的救济]

《劳动合同法》第30条第2款同时还规定，用人单位拖欠或者未足额支付劳动报酬的，劳动者可以依法向当地人民法院申请支付令，人民法院应当依法发出支付令。这里规定的"支付令"，是人民法院依据债权人的申请，向债务人发出的责令债务人在规定期限内履行债务的法律文书，是依照《民事诉讼法》规定进行的督促程序。劳动者应当向有管辖权的基层人民法院申请支付令。劳动者在申请书中应当写明请求给付劳动报酬的具体数额，以及所依据的事实、证据，如劳动合同文本等。劳动者提出申请后，人民法院应当在5日内通知其是否受理。法院受理申请后，经审查劳动者提供的事实、证据，对工资债权债务关系明确、合法的，应当在受理之日起15日内向用人单位发出支付令；人民法院认为申请不成立的，裁定驳回申请，该裁定不得上诉。用人单位应当自收到支付令之日起15日内向劳动者支付拖欠工资，或者向人民法院提出书面异议。用人单位在收到支付令起15日内不提出异议又不履行支付令的，劳动者可以向人民法院申请强制执行。人民法院收到用人单位提出的书面异议后，应当裁定终结督促程序，支付令自行失效。如果是劳动者因用人单位拖欠或未足额支付劳动者工资而申请支付令的，在人民法院终结督促程序后，劳动者应先向劳动争议仲裁委员会申请仲裁；如果是因支付拖欠劳动报酬达成调解协议，用人单位在协议约定期限内不履行，劳动者因此申请的支付令,在人民法院终结督促程序后,劳动者可以持调解协议书直接向人民法院提起诉讼。

[用人单位可以代扣劳动者工资的情形]

根据《工资支付暂行规定》第15条的规定,用人单位不得克扣劳动者工资。有下列情况之一的,用人单位可以代扣劳动者工资:(1)用人单位代扣代缴的个人所得税;(2)用人单位代扣代缴的应由劳动者个人负担的各项社会保险费用;(3)法院判决、裁定中要求代扣的抚养费、赡养费;(4)法律、法规规定可以从劳动者工资中扣除的其他费用。

[不属于无故拖欠劳动者工资的情形]

根据劳动部发布的《对〈工资支付暂行规定〉有关问题的补充规定》第4条的规定,无故拖欠劳动者工资,不包括:(1)用人单位遇到非人力所能抗拒的自然灾害、战争等原因,无法按时支付工资;(2)用人单位确因生产经营困难、资金周转受到影响,在征得本单位工会同意后,可暂时延期支付劳动者工资,延期时间的最长限制可由各省、自治区、直辖市劳动行政部门根据各地情况确定。其他情况下拖欠工资均属无故拖欠。

条文参见

《劳动合同法》第30条;《劳动保障监察条例》第26条;《工资支付暂行规定》第3~9条、第14~18条;《劳动部关于〈中华人民共和国劳动法〉若干条文的说明》第50条

第五十一条 【法定休假日和婚丧假期间工资保障】

劳动者在法定休假日和婚丧假期间以及依法参加社会活动期间,用人单位应当依法支付工资。

理解适用

[法定休假日]

法定休假日,是指法律、法规规定的劳动者休假的时间,包括法定节日(即元旦、春节、国际劳动节、国庆节及其他节假日)以及法定带薪休假。

[婚丧假]

婚丧假,是指劳动者本人结婚以及其直系亲属死亡时依法享受的假期。

[依法参加社会活动]

依法参加社会活动,是指行使选举权;当选代表,出席政府、党派、工会、青年团、妇女联合会等组织召开的会议;担任人民法庭的人民陪审员、证明人、辩护人;出席劳动模范、先进工作者大会;《工会法》规定的不脱产工会基层委员会委员因工会活动占用的生产时间等。

根据《工资支付暂行规定》第10条的规定,劳动者在法定工作时间内依法参加社会活动期间,用人单位应视同其提供了正常劳动而支付工资。社会活动包括:依法行使选举权或被选举权;当选代表出席乡(镇)、区以上政府、党派、工会、青年团、妇女联合会等组织召开的会议;出任人民法庭证明人;出席劳动模范、先进工作者大会;《工会法》规定的不脱产工会基层委员会委员因工会活动占用的生产或工作时间;其他依法参加的社会活动。

【条文参见】

《工资支付暂行规定》第10~12条;《劳动部关于〈中华人民共和国劳动法〉若干条文的说明》第51条

第六章 劳动安全卫生

第五十二条 【用人单位对劳动安全的职责】

用人单位必须建立、健全劳动安全卫生制度,严格执行国家劳动安全卫生规程和标准,对劳动者进行劳动安全卫生教育,防止劳动过程中的事故,减少职业危害。

第五十三条 【劳动安全卫生设施国家标准及"三同时"原则】

劳动安全卫生设施必须符合国家规定的标准。

新建、改建、扩建工程的劳动安全卫生设施必须与主体工程同时设计、同时施工、同时投入生产和使用。

理解适用

[劳动安全卫生设施]

劳动安全卫生设施,主要是指安全技术方面的设施、劳动卫生方面的设施、生产性辅助设施(如女工卫生室、更衣室、饮水设施等)。

第五十四条 【劳动者劳动安全防护及健康检查】

用人单位必须为劳动者提供符合国家规定的劳动安全卫生条件和必要的劳动防护用品,对从事有职业危害作业的劳动者应当定期进行健康检查。

理解适用

[劳动防护用品]

生产经营单位必须为从业人员提供符合国家标准或者行业标准的劳动防护用品,并监督、教育从业人员按照使用规则佩戴、使用。生产经营单位应当安排用于配备劳动防护用品、进行安全生产培训的经费。从业人员在作业过程中,应当严格落实岗位安全责任,遵守本单位的安全生产规章制度和操作规程,服从管理,正确佩戴和使用劳动防护用品。

[用人单位应采取的职业病防治管理措施]

根据《职业病防治法》的规定,用人单位应当采取下列职业病防治管理措施:(1)设置或者指定职业卫生管理机构或者组织,配备专职或者兼职的职业卫生管理人员,负责本单位的职业病防治工作;(2)制定职业病防治计划和实施方案;(3)建立、健全职业卫生管理制度和操作规程;(4)建立、健全职业卫生档案和劳动者健康监护档案;(5)建立、健全工作场所职业病危害因素监测及评价制度;(6)建立、健全职业病危害事故应急救援预案。

[职业健康检查]

对从事接触职业病危害的作业的劳动者,用人单位应当按照国务院卫生行政部门的规定组织上岗前、在岗期间和离岗时的职业健康检查,并将检查结果书面告知劳动者。职业健康检查费用由用人单位承担。用人单位不得安排未经上岗前职业健康检查的劳动者从事接触职业病危害的作业;不得安排有职业禁忌的劳动者从事其所禁忌的作业;对在职业健康检查中发现有与所从事的职业相关的健康损害的劳动者,应当调离原工作岗位,并妥善安置;

对未进行离岗前职业健康检查的劳动者不得解除或者终止与其订立的劳动合同。职业健康检查应当由取得《医疗机构执业许可证》的医疗卫生机构承担。卫生行政部门应当加强对职业健康检查工作的规范管理,具体管理办法由国务院卫生行政部门制定。

条文参见

《安全生产法》第35条、第40条、第42~48条;《职业病防治法》第20条、第22~26条、第28~32条、第35条;《尘肺病防治条例》第12条;《劳动部关于〈中华人民共和国劳动法〉若干条文的说明》第54条

第五十五条 【特种作业资格】

从事特种作业的劳动者必须经过专门培训并取得特种作业资格。

理解适用

[特种作业及特种作业资格]

特种作业,是指容易发生事故,对操作者本人、他人的安全健康及设备、设施的安全可能造成重大危害的作业。特种作业资格,是指特种作业人员在独立上岗之前,必须进行安全技术培训,并经过安全技术理论考试和实际操作技能考核,考核成绩合格者由劳动部门和有关部门发给《特种作业人员操作证》,它是国家职业资格证书的一种。

[特种作业的范围]

根据《劳动部关于〈中华人民共和国劳动法〉若干条文的说明》第55条第2款的规定,特种作业的范围有10类:(1)电工作业;(2)锅炉司炉;(3)压力容器操作;(4)起重机械作业;(5)爆破作业;(6)金属焊接(气割)作业;(7)煤矿井下瓦斯检验;(8)机动车辆驾驶;(9)机动船舶驾驶、轮机操作;(10)建筑登高架设作业。

[特种作业人员应当符合的条件]

根据《特种作业人员安全技术培训考核管理规定》第4条的规定,特种作业人员应当符合下列条件:(1)年满18周岁,且不超过国家法定退休年龄;(2)经社区或者县级以上医疗机构体检健康合格,并无妨碍从事相应特种作业的器质性心脏病、癫痫病、美尼尔氏症、眩晕症、癔病、震颤麻痹症、精神病、痴呆症以及其他疾病和生理缺陷;(3)具有初中及以上文化程度;

(4)具备必要的安全技术知识与技能;(5)相应特种作业规定的其他条件。另外,危险化学品特种作业人员除符合前述第1项、第2项、第4项和第5项规定的条件外,应当具备高中或者相当于高中及以上文化程度。

根据《特种作业人员安全技术培训考核管理规定》第5条的规定,符合条件的特种作业人员必须经专门的安全技术培训并考核合格,取得《中华人民共和国特种作业操作证》后,方可上岗作业。

条文参见

《安全生产法》第30条;《职业病防治法》第34条;《矿山安全法》第26条;《劳动部关于〈中华人民共和国劳动法〉若干条文的说明》第55条

第五十六条 【劳动者遵守安全操作规程的义务】

劳动者在劳动过程中必须严格遵守安全操作规程。

劳动者对用人单位管理人员违章指挥、强令冒险作业,有权拒绝执行;对危害生命安全和身体健康的行为,有权提出批评、检举和控告。

理解适用

[违章指挥、强令冒险作业]

违章指挥,是指用人单位管理人员违反劳动安全卫生制度指挥员工作业。劳动安全卫生制度主要包括安全生产责任制度、安全教育制度、安全检查制度、伤亡事故和职业病调查处理制度。

强令冒险作业,是指用人单位管理人员采用暴力、威胁或其他手段强迫劳动者违规实施危害劳动安全卫生的作业。用人单位管理人员违章指挥和强令冒险作业的行为可能造成重大事故,给劳动者及他人人身、财产安全造成损失,甚至还可能构成违法行为。因此,劳动者拒绝服从不应视为违反劳动合同。

条文参见

《劳动合同法》第32条;《安全生产法》第6条、第7条、第52~60条;《职业病防治法》第4条、第38~40条;《工会法》第25条;《矿山安全法》第22~25条;《使用有毒物品作业场所劳动保护条例》第8条、第37~40条;《尘肺病防治条例》第14条

第五十七条 【伤亡事故和职业病统计报告、处理制度】

国家建立伤亡事故和职业病统计报告和处理制度。县级以上各级人民政府劳动行政部门、有关部门和用人单位应当依法对劳动者在劳动过程中发生的伤亡事故和劳动者的职业病状况,进行统计、报告和处理。

理解适用

[职业病]

职业病,是指企业、事业单位和个体经济组织等用人单位的劳动者在职业活动中,因接触粉尘、放射性物质和其他有毒、有害因素而引起的疾病。

[发生生产安全事故的处理]

根据《生产安全事故报告和调查处理条例》第9条的规定,事故发生后,事故现场有关人员应当立即向本单位负责人报告;单位负责人接到报告后,应当于1小时内向事故发生地县级以上人民政府安全生产监督管理部门和负有安全生产监督管理职责的有关部门报告。情况紧急时,事故现场有关人员可以直接向事故发生地县级以上人民政府安全生产监督管理部门和负有安全生产监督管理职责的有关部门报告。第10条规定,安全生产监督管理部门和负有安全生产监督管理职责的有关部门接到事故报告后,应当依照下列规定上报事故情况,并通知公安机关、劳动保障行政部门、工会和人民检察院:(1)特别重大事故、重大事故逐级上报至国务院安全生产监督管理部门和负有安全生产监督管理职责的有关部门;(2)较大事故逐级上报至省、自治区、直辖市人民政府安全生产监督管理部门和负有安全生产监督管理职责的有关部门;(3)一般事故上报至设区的市级人民政府安全生产监督管理部门和负有安全生产监督管理职责的有关部门。安全生产监督管理部门和负有安全生产监督管理职责的有关部门依照上述规定上报事故情况,应当同时报告本级人民政府。国务院安全生产监督管理部门和负有安全生产监督管理职责的有关部门以及省级人民政府接到发生特别重大事故、重大事故的报告后,应当立即报告国务院。必要时,安全生产监督管理部门和负有安全生产监督管理职责的有关部门可以越级上报事故情况。

[发生或者可能发生急性职业病危害事故时的处理]

根据《职业病防治法》第37条的规定,发生或者可能发生急性职业病危害事故时,用人单位应当立即采取应急救援和控制措施,并及时报告所在地卫生行政部门和有关部门。卫生行政部门接到报告后,应当及时会同有关部门组织调查处理;必要时,可以采取临时控制措施。卫生行政部门应当组织做好医疗救治工作。

对遭受或者可能遭受急性职业病危害的劳动者,用人单位应当及时组织救治、进行健康检查和医学观察,所需费用由用人单位承担。

条文参见

《安全生产法》第80条、第82~89条;《职业病防治法》第37条;《工会法》第27条;《劳动部关于〈中华人民共和国劳动法〉若干条文的说明》第57条

第七章　女职工和未成年工特殊保护

第五十八条 【女职工和未成年工特殊劳动保护】

国家对女职工和未成年工实行特殊劳动保护。

未成年工是指年满十六周岁未满十八周岁的劳动者。

理解适用

[对女职工实行特殊劳动保护]

根据《妇女权益保障法》《女职工劳动保护特别规定》等相关法律的规定,我国对女职工的特殊劳动保护主要包括:(1)国家保障妇女享有与男子平等的劳动权利。(2)实行男女同工同酬。(3)用人单位均应根据妇女的特点,依法保护妇女在工作和劳动时的安全和健康,不得安排不适合妇女从事的工作和劳动。用人单位应当按照国家有关规定,以自办或者联办的形式,逐步建立女职工卫生室、孕妇休息室、哺乳室、托儿所、幼儿园等设施,并妥善解决女职工在生理卫生、哺乳、照料婴儿等方面的困难。(4)国家发展社会保险、社会救济和医疗卫生事业,为年老、疾病或者丧失劳动能力的妇女获得物质帮助创造条件。

[对未成年工实行特殊劳动保护]

根据《未成年人保护法》《禁止使用童工规定》《未成年工特殊保护规定》等相关法律的规定,我国对未成年工的特殊劳动保护主要包括:(1)任何组织或者个人不得招用未满16周岁的未成年人,国家另有规定的除外。

(2)任何组织或者个人依照国家有关规定招用已满16周岁未满18周岁的未成年人的,应当执行国家在工种、劳动时间、劳动强度和保护措施等方面的规定,不得安排其从事过重、有毒、有害等危害未成年人身心健康的劳动或者危险作业。(3)未成年人已经完成规定年限的义务教育不再升学的,政府有关部门和社会团体、企事业组织应当根据实际情况,对他们进行职业教育,为他们创造劳动就业条件。(4)在未成年工上岗前,用人单位应对其进行有关的职业安全卫生教育、培训。(5)对未成年工的使用和特殊保护实行登记制度。

条文参见

《妇女权益保障法》第18~24条;《女职工劳动保护特别规定》;《禁止使用童工规定》第2~5条;《未成年工特殊保护规定》第2条、第9条

第五十九条 【女职工劳动强度限制】

禁止安排女职工从事矿山井下、国家规定的第四级体力劳动强度的劳动和其他禁忌从事的劳动。

理解适用

[女职工禁忌从事的劳动范围]

根据2012年4月28日公布的《女职工劳动保护特别规定》之规定,女职工禁忌从事的劳动范围包括:(1)矿山井下作业;(2)体力劳动强度分级标准中规定的第四级体力劳动强度的作业;(3)每小时负重6次以上、每次负重超过20公斤的作业,或者间断负重、每次负重超过25公斤的作业。

条文参见

《女职工劳动保护特别规定》

第六十条 【经期劳动保护】

不得安排女职工在经期从事高处、低温、冷水作业和国家规定的第三级体力劳动强度的劳动。

理解适用

[女职工在经期禁忌从事的劳动范围]

根据2012年4月28日公布的《女职工劳动保护特别规定》之规定,女职工在经期禁忌从事的劳动范围包括:(1)冷水作业分级标准中规定的第二级、第三级、第四级冷水作业;(2)低温作业分级标准中规定的第二级、第三级、第四级低温作业;(3)体力劳动强度分级标准中规定的第三级、第四级体力劳动强度的作业;(4)高处作业分级标准中规定的第三级、第四级高处作业。

其中,高处作业,是指二级高处作业,即凡在坠落高度基准面5米以上(含5米)有可能坠落的高处进行的作业。低温作业,是指在劳动生产过程中,其工作地点平均气温等于或低于5℃的作业。冷水作业,是指在劳动生产过程中,操作人员接触冷水温度等于或小于12℃的作业。

第六十一条 【孕期劳动保护】

不得安排女职工在怀孕期间从事国家规定的第三级体力劳动强度的劳动和孕期禁忌从事的劳动。对怀孕七个月以上的女职工,不得安排其延长工作时间和夜班劳动。

理解适用

[女职工在孕期禁忌从事的劳动范围]

根据2012年4月28日公布的《女职工劳动保护特别规定》之规定,女职工在孕期禁忌从事的劳动范围包括:(1)作业场所空气中铅及其化合物、汞及其化合物、苯、镉、铍、砷、氰化物、氮氧化物、一氧化碳、二硫化碳、氯、己内酰胺、氯丁二烯、氯乙烯、环氧乙烷、苯胺、甲醛等有毒物质浓度超过国家职业卫生标准的作业;(2)从事抗癌药物、己烯雌酚生产,接触麻醉剂气体等的作业;(3)非密封源放射性物质的操作,核事故与放射事故的应急处置;(4)高处作业分级标准中规定的高处作业;(5)冷水作业分级标准中规定的冷水作业;(6)低温作业分级标准中规定的低温作业;(7)高温作业分级标准中规定的第三级、第四级的作业;(8)噪声作业分级标准中规定的第三级、第四级的作业;(9)体力劳动强度分级标准中规定的第三级、第四级体力劳动强度的作业;(10)在密闭空间、高压室作业或者潜水作业,伴有强烈振动的作业,或者需要频繁弯腰、攀高、下蹲的作业。

> **条文参见**

《女职工保健工作规定》第7条、第8条;《劳动部关于〈中华人民共和国劳动法〉若干条文的说明》第60条

第六十二条 【产假】

女职工生育享受不少于九十天的产假。

> **理解适用**

[产假期限规定]

根据2012年4月28日公布的《女职工劳动保护特别规定》第7条的规定,女职工生育享受98天产假,其中产前可以休假15天;难产的,增加产假15天;生育多胞胎的,每多生育1个婴儿,增加产假15天。女职工怀孕未满4个月流产的,享受15天产假;怀孕满4个月流产的,享受42天产假。在上述期间内,用人单位不得解除劳动合同。

第六十三条 【哺乳期劳动保护】

不得安排女职工在哺乳未满一周岁的婴儿期间从事国家规定的第三级体力劳动强度的劳动和哺乳期禁忌从事的其他劳动,不得安排其延长工作时间和夜班劳动。

> **理解适用**

[女职工在哺乳期禁忌从事的劳动范围]

根据2012年4月28日公布的《女职工劳动保护特别规定》之规定,女职工在哺乳期禁忌从事的劳动范围包括:(1)作业场所空气中铅及其化合物、汞及其化合物、苯、镉、铍、砷、氰化物、氮氧化物、一氧化碳、二硫化碳、氯、己内酰胺、氯丁二烯、氯乙烯、环氧乙烷、苯胺、甲醛等有毒物质浓度超过国家职业卫生标准的作业;(2)非密封源放射性物质的操作,核事故与放射事故的应急处置;(3)体力劳动强度分级标准中规定的第三级、第四级体力劳动强度的作业;(4)作业场所空气中锰、氟、溴、甲醇、有机磷化合物、有机氯化合物等有毒物质浓度超过国家职业卫生标准的作业。

[女职工哺乳期的保护]

对哺乳未满1周岁婴儿的女职工,用人单位不得延长劳动时间或者安排夜班劳动。用人单位应当在每天的劳动时间内为哺乳期女职工安排1小时哺乳时间;女职工生育多胞胎的,每多哺乳1个婴儿每天增加1小时哺乳时间。

条文参见

《女职工劳动保护特别规定》、《女职工保健工作规定》第12条

第六十四条 【未成年工劳动保护】

不得安排未成年工从事矿山井下、有毒有害、国家规定的第四级体力劳动强度的劳动和其他禁忌从事的劳动。

理解适用

[用人单位不得安排未成年工从事的劳动]

根据《未成年工特殊保护规定》第3条的规定,用人单位不得安排未成年工从事以下范围的劳动:(1)《生产性粉尘作业危害程度分级》国家标准中第一级以上的接尘作业;(2)《有毒作业分级》国家标准中第一级以上的有毒作业;(3)《高处作业分级》国家标准中第二级以上的高处作业;(4)《冷水作业分级》国家标准中第二级以上的冷水作业;(5)《高温作业分级》国家标准中第三级以上的高温作业;(6)《低温作业分级》国家标准中第三级以上的低温作业;(7)《体力劳动强度分级》国家标准中第四级体力劳动强度的作业;(8)矿山井下及矿山地面采石作业;(9)森林业中的伐木、流放及守林作业;(10)工作场所接触放射性物质的作业;(11)有易燃易爆、化学性烧伤和热烧伤等危险性大的作业;(12)地质勘探和资源勘探的野外作业;(13)潜水、涵洞、涵道作业和海拔3000米以上的高原作业(不包括世居高原者);(14)连续负重每小时在6次以上并每次超过20公斤,间断负重每次超过25公斤的作业;(15)使用凿岩机、捣固机、气镐、气铲、铆钉机、电锤的作业;(16)工作中需要长时间保持低头、弯腰、上举、下蹲等强迫体位和动作频率每分钟大于50次的流水线作业;(17)锅炉司炉。

条文参见

《未成年人保护法》第61条;《未成年工特殊保护规定》第3~6条;《劳动部关于〈中华人民共和国劳动法〉若干条文的说明》第64条

第六十五条 【未成年工健康检查】

用人单位应当对未成年工定期进行健康检查。

理解适用

[对未成年工进行健康检查的要求]

根据《未成年工特殊保护规定》第6条的规定,用人单位应按下列要求对未成年工定期进行健康检查:(1)安排工作岗位之前;(2)工作满1年;(3)年满18周岁,距前一次的体检时间已超过半年。

[对不能胜任原劳动岗位的未成年工的调整]

根据《未成年工特殊保护规定》第8条的规定,用人单位应根据未成年工的健康检查结果安排其从事适合的劳动,对不能胜任原劳动岗位的,应根据医务部门的证明,予以减轻劳动量或安排其他劳动。

第八章 职业培训

第六十六条 【职业培训的目标】

国家通过各种途径,采取各种措施,发展职业培训事业,开发劳动者的职业技能,提高劳动者素质,增强劳动者的就业能力和工作能力。

理解适用

[职业培训的种类及实施主体]

根据《职业教育法》第16条第1款的规定,职业培训包括就业前培训、在职培训、再就业培训及其他职业性培训,可以根据实际情况分级分类实施。

根据《职业教育法》第16条第2款、第3款的规定,职业培训可以由相应的职业培训机构、职业学校实施。其他学校或者教育机构以及企业、社会组织可以根据办学能力、社会需求,依法开展面向社会的、多种形式的职业培训。

第六十七条　【政府鼓励和支持职业培训】

各级人民政府应当把发展职业培训纳入社会经济发展的规划，鼓励和支持有条件的企业、事业组织、社会团体和个人进行各种形式的职业培训。

第六十八条　【用人单位职业培训的责任】

用人单位应当建立职业培训制度，按照国家规定提取和使用职业培训经费，根据本单位实际，有计划地对劳动者进行职业培训。

从事技术工种的劳动者，上岗前必须经过培训。

第六十九条　【职业技能标准和资格证书】

国家确定职业分类，对规定的职业制定职业技能标准，实行职业资格证书制度，由经备案的考核鉴定机构负责对劳动者实施职业技能考核鉴定。

第九章　社会保险和福利

第七十条　【国家建立社会保险的责任】

国家发展社会保险事业，建立社会保险制度，设立社会保险基金，使劳动者在年老、患病、工伤、失业、生育等情况下获得帮助和补偿。

理解适用

[社会保险制度]

社会保险制度主要包括基本养老保险制度、基本医疗保险制度、工伤保险制度、失业保险制度、生育保险制度等。国家建立基本养老保险、基本医疗保险、工伤保险、失业保险、生育保险等社会保险制度，保障公民在年老、疾病、工伤、失业、生育等情况下依法从国家和社会获得物质帮助的权利。

第七十一条 【社会保险水平的确立原则】

社会保险水平应当与社会经济发展水平和社会承受能力相适应。

理解适用

[我国社会保险制度的方针]

我国社会保险制度应当坚持以下方针:(1)广覆盖。广覆盖就是要扩大社会保险的覆盖面,将尽可能多的人纳入社会保险制度之中。(2)保基本。保基本,是指我国社会保险待遇以保障公民基本生活和需要为主,这是由我国经济发展水平相对落后决定的。(3)多层次。多层次表现在除了基本养老保险、基本医疗保险外,还有补充养老保险、补充医疗保险以及补充性的商业保险。(4)可持续。可持续,是指社会保险基金收支能够平衡,自身能够良性运行,在人口老龄化来临时基本养老保险制度能够持续,不给财政造成过大的压力,不给企业和个人造成太大的缴费压力。

第七十二条 【社会统筹】

社会保险基金按照保险类型确定资金来源,逐步实行社会统筹。用人单位和劳动者必须依法参加社会保险,缴纳社会保险费。

理解适用

[社会统筹]

社会统筹,是指社会保险基金在大范围内由社会保险经办机构依法统一征收、统一管理、在属地范围内统一调剂使用的筹集模式。社会统筹由国家、单位和个人共同负担。

[社会保险费的缴纳]

根据我国《社会保险法》的规定,(1)对于基本养老保险而言,职工应当参加基本养老保险,由用人单位和职工共同缴纳基本养老保险费。无雇工的个体工商户、未在用人单位参加基本养老保险的非全日制从业人员以及其他灵活就业人员可以参加基本养老保险,由个人缴纳基本养老保险费。公务员和参照《公务员法》管理的工作人员养老保险的办法由国务院规定。基本养老保险实行社会统筹与个人账户相结合。(2)对于基本医疗保险而言,职工应当参加职工基本医疗保险,由用人单位和职工按照国家规定共同缴纳基本医疗保险费。无雇工的个体工商户、未在用人单位参加职工基本医疗保险的非全日制从业人员以及其他灵活就业人员可以参加职工基本医疗保险,由个人按照国家规定缴纳基本医疗保险费。(3)对于工伤保险而言,职工应当参加工伤保险,由用人单位缴纳工伤保险费,职工不缴纳工伤保险费。用人单位应当按照本单位职工工资总额,根据社会保险经办机构确定的费率缴纳工伤保险费。(4)对于失业保险而言,职工应当参加失业保险,由用人单位和职工按照国家规定共同缴纳失业保险费。(5)对于生育保险而言,职工应当参加生育保险,由用人单位按照国家规定缴纳生育保险费,职工不缴纳生育保险费。

第七十三条 【享受社会保险的情形】

劳动者在下列情形下,依法享受社会保险待遇:

(一)退休;

(二)患病、负伤;

(三)因工伤残或者患职业病;

(四)失业;

(五)生育。

劳动者死亡后,其遗属依法享受遗属津贴。

劳动者享受社会保险待遇的条件和标准由法律、法规规定。

劳动者享受的社会保险金必须按时足额支付。

理解适用

[享受社会保险待遇的条件]

享受社会保险待遇,必须具备以下法定条件:(1)具备享受社会保险待遇的主体资格。即享受社会保险待遇的必须是被保险人和受益人。(2)实际发生法定的社会保险事故,主要是指衰老、失业、伤残、疾病等劳动风险事故。

[领取基本养老保险的要求]

参加基本养老保险的个人,达到法定退休年龄时累计缴费满15年的,按月领取基本养老金。参加基本养老保险的个人,达到法定退休年龄时累计缴费不足15年的,可以缴费至满15年,按月领取基本养老金;也可以转入新型农村社会养老保险或者城镇居民社会养老保险,按照国务院规定享受相应的养老保险待遇。参加基本养老保险的个人，因病或者非因工死亡的，其遗属可以领取丧葬补助金和抚恤金；在未达到法定退休年龄时因病或者非因工致残完全丧失劳动能力的，可以领取病残津贴。所需资金从基本养老保险基金中支付。

［享受基本医疗保险待遇的要求］

参加职工基本医疗保险的个人，达到法定退休年龄时累计缴费达到国家规定年限的，退休后不再缴纳基本医疗保险费，按照国家规定享受基本医疗保险待遇；未达到国家规定年限的，可以缴费至国家规定年限。

［享受失业保险待遇的情形］

工伤职工有下列情形之一的，停止享受工伤保险待遇：(1)丧失享受待遇条件的；(2)拒不接受劳动能力鉴定的；(3)拒绝治疗的

［领取失业保险金需要符合的条件］

失业人员从失业保险基金中领取失业保险金，需要符合以下几个条件：(1)失业人员失业前用人单位和本人已经缴纳失业保险费满1年；(2)失业人员非因本人意愿中断就业；(3)失业者已经进行失业登记，并有求职要求。同时，失业人员在领取失业保险金期间，参加职工基本医疗保险，享受基本医疗保险待遇。

［生育保险待遇的内容］

生育保险待遇包括生育医疗费用和生育津贴。生育医疗费用，是指由医院为生育女职工提供的妊娠、分娩、产后的医疗照顾以及职工实施节育手术时所产生的费用。生育津贴，是指国家法律法规规定对职业妇女因生育而离开工作岗位期间给予的生活费用，用以保障女职工产假期间的基本生活需要。

第七十四条 【社会保险基金】

社会保险基金经办机构依照法律规定收支、管理和运营社会保险基金，并负有使社会保险基金保值增值的责任。

社会保险基金监督机构依照法律规定，对社会保险基金的收支、管理和运营实施监督。

社会保险基金经办机构和社会保险基金监督机构的设立和职能由法律规定。

任何组织和个人不得挪用社会保险基金。

理解适用

[审理和执行民事、经济纠纷案件时法院不可以查封、冻结和扣划社会保险基金]

根据《最高人民法院关于在审理和执行民事、经济纠纷案件时不得查封、冻结和扣划社会保险基金的通知》的规定，社会保险基金是由社会保险机构代参保人员管理，并最终由参保人员享用的公共基金，不属于社会保险机构所有。社会保险机构对该项基金设立专户管理，专款专用，专项用于保障企业退休职工、失业人员的基本生活需要，属专项资金，不得挪作他用。因此，各地人民法院在审理和执行民事、经济纠纷案件时，不得查封、冻结或扣划社会保险基金；不得用社会保险基金偿还社会保险机构及其原下属企业的债务。

第七十五条 【补充保险和个人储蓄性保险】

国家鼓励用人单位根据本单位实际情况为劳动者建立补充保险。国家提倡劳动者个人进行储蓄性保险。

理解适用

[企业年金的定义、缴纳运营与适用]

企业年金，是指企业及其职工在依法参加基本养老保险的基础上，自主建立的补充养老保险制度。根据《企业年金办法》第3条的规定，企业年金所需费用由企业和职工个人共同缴纳。企业年金基金实行完全积累，为每个参加企业年金的职工建立个人账户，按照国家有关规定投资运营。企业年金基金投资运营收益并入企业年金基金。

根据《企业年金办法》第8条的规定，企业年金方案应当包括以下内容：(1)参加人员；(2)资金筹集与分配的比例和办法；(3)账户管理；(4)权益归属；(5)基金管理；(6)待遇计发和支付方式；(7)方案的变更和终止；(8)组织管理和监督方式；(9)双方约定的其他事项。企业年金方案适用于企业试用期满的职工。

条文参见

《企业年金办法》第2条、第7条、第8条

第七十六条 【国家和用人单位发展福利事业的职责】

国家发展社会福利事业，兴建公共福利设施，为劳动者休息、休养和疗养提供条件。

用人单位应当创造条件，改善集体福利，提高劳动者的福利待遇。

第十章 劳动争议

第七十七条 【劳动争议处理方式】

用人单位与劳动者发生劳动争议，当事人可以依法申请调解、仲裁、提起诉讼，也可以协商解决。

调解原则适用于仲裁和诉讼程序。

理解适用

[属于劳动争议的纠纷]

根据《劳动争议司法解释（一）》第1条的规定，劳动者与用人单位之间发生的下列纠纷，属于劳动争议，当事人不服劳动争议仲裁机构作出的裁决，依法提起诉讼的，人民法院应予受理：(1)劳动者与用人单位在履行劳动合同过程中发生的纠纷；(2)劳动者与用人单位之间没有订立书面劳动合同，但已形成劳动关系后发生的纠纷；(3)劳动者与用人单位因劳动关系是否已经解除或者终止，以及应否支付解除或者终止劳动关系经济补偿金发生的纠纷；(4)劳动者与用人单位解除或者终止劳动关系后，请求用人单位返还其收取的劳动合同定金、保证金、抵押金、抵押物发生的纠纷，或者办理劳动者的人事档案、社会保险关系等移转手续发生的纠纷；(5)劳动者以用人单位未为其办理社会保险手续，且社会保险经办机构不能补办导致其无法享受社会保险待遇为由，要求用人单位赔偿损失发生的纠纷；(6)劳动者退休后，与尚未参加社会保险统筹的原用人单位因追索养老金、医疗费、工伤保险待遇和其他社会保险待遇而发生的纠纷；(7)劳动者因为工伤、职业病，请求用人单位依法给予工伤保险待遇发生的纠纷；(8)劳动者依据《劳动合同法》第85条规定，要求用人单位支付加付赔偿金发生的纠纷；(9)因企业自主进行改制发生的纠纷。

[不属于劳动争议的纠纷]

根据《劳动争议司法解释（一）》第 2 条的规定，下列纠纷不属于劳动争议：(1)劳动者请求社会保险经办机构发放社会保险金的纠纷；(2)劳动者与用人单位因住房制度改革产生的公有住房转让纠纷；(3)劳动者对劳动能力鉴定委员会的伤残等级鉴定结论或者对职业病诊断鉴定委员会的职业病诊断鉴定结论的异议纠纷；(4)家庭或者个人与家政服务人员之间的纠纷；(5)个体工匠与帮工、学徒之间的纠纷；(6)农村承包经营户与受雇人之间的纠纷。

[劳动争议案件的管辖]

劳动争议案件由用人单位所在地或者劳动合同履行地的基层人民法院管辖。劳动合同履行地不明确的，由用人单位所在地的基层人民法院管辖。法律另有规定的，依照其规定。

案例指引

李某诉某足球俱乐部有限公司追索劳动报酬纠纷案[内蒙古自治区呼和浩特市中级人民法院(2021)内 01 民终 6248 号民事判决书]

裁判要旨：《体育法》第 92 条第 2 款将《仲裁法》规定的可仲裁纠纷和《劳动争议调解仲裁法》规定的劳动争议排除在体育仲裁范围之外，明晰了体育仲裁的范围。《最高人民法院关于审理劳动争议案件适用法律问题的解释（一）》第 15 条规定，劳动者持用人单位的工资欠条直接提起诉讼，诉讼请求不涉及劳动关系其他争议的，无需经过仲裁前置程序。因此，运动员追索劳动报酬纠纷应纳入人民法院民事案件受案范围。

第七十八条 【解决劳动争议的原则】

解决劳动争议，应当根据合法、公正、及时处理的原则，依法维护劳动争议当事人的合法权益。

第七十九条 【调解和仲裁】

劳动争议发生后，当事人可以向本单位劳动争议调解委员会申请调解；调解不成，当事人一方要求仲裁的，可以向劳动争议仲裁委员会申请仲裁。当事人一方也可以直接向劳动争议仲裁委员会申请仲裁。对仲裁裁决不服的，可以向人民法院提起诉讼。

理解适用

[对于劳动争议案件,当事人可以放弃调解]

对于劳动争议案件,调解程序是法定程序,但不是必经程序,当事人享有是否选择调解的自主决定权。当事人可以通过申请由本单位劳动争议调解委员会对争议进行调解,也可以直接向劳动争议仲裁委员会申请仲裁。

[对于劳动争议案件,当事人不可以直接向人民法院起诉]

在我国,仲裁程序是劳动争议处理的法定必经程序,也是劳动争议案件提请人民法院审理的前置条件。只有在案件经过仲裁委员会仲裁之后,当事人对裁决不服时,才能向人民法院起诉;否则,人民法院不予受理。

条文参见

《劳动争议调解仲裁法》第5~9条;《劳动合同法》第26条;《劳动争议司法解释(一)》第4条、第15条、第27条、第50条

第八十条 【劳动争议调解委员会】

在用人单位内,可以设立劳动争议调解委员会。劳动争议调解委员会由职工代表、用人单位代表和工会代表组成。劳动争议调解委员会主任由工会代表担任。

劳动争议经调解达成协议的,当事人应当履行。

理解适用

[劳动者可以向企业劳动争议调解委员会反映的问题]

根据《企业劳动争议协商调解规定》第4条第2款、第3款的规定,劳动者认为企业在履行劳动合同、集体合同,执行劳动保障法律、法规和企业劳动规章制度等方面存在问题的,可以向企业劳动争议调解委员会提出。企业劳动争议调解委员会应当及时核实情况,协调企业进行整改或者向劳动者做出说明。劳动者也可以通过企业劳动争议调解委员会向企业提出其他合理诉求。企业劳动争议调解委员会应当及时向企业转达,并向劳动者反馈情况。

> 条文参见

《劳动争议调解仲裁法》第 10～16 条

第八十一条 【劳动争议仲裁委员会】

劳动争议仲裁委员会由劳动行政部门代表、同级工会代表、用人单位方面的代表组成。劳动争议仲裁委员会主任由劳动行政部门代表担任。

> 理解适用

[劳动争议仲裁委员会依法履行的职责]

根据《劳动人事争议仲裁组织规则》第 7 条的规定,仲裁委员会依法履行下列职责:(1)聘任、解聘专职或者兼职仲裁员;(2)受理争议案件;(3)讨论重大或者疑难的争议案件;(4)监督本仲裁委员会的仲裁活动;(5)制定本仲裁委员会的工作规则;(6)其他依法应当履行的职责。

> 条文参见

《劳动争议调解仲裁法》第 17～26 条;《劳动部关于〈中华人民共和国劳动法〉若干条文的说明》第 81 条

第八十二条 【申请仲裁期限】

提出仲裁要求的一方应当自劳动争议发生之日起六十日内向劳动争议仲裁委员会提出书面申请。仲裁裁决一般应在收到仲裁申请的六十日内作出。对仲裁裁决无异议的,当事人必须履行。

> 理解适用

[仲裁申请书应当载明的内容]

根据《劳动争议调解仲裁法》第 28 条第 1 款、第 2 款的规定,申请人申请仲裁应当提交书面仲裁申请,并按照被申请人人数提交副本。仲裁申请书应当载明下列事项:(1)劳动者的姓名、性别、年龄、职业、工作单位和住所,用人单位的名称、住所和法定代表人或者主要负责人的姓名、职务;(2)仲裁请求和所根据的事实、理由;(3)证据和证据来源、证人姓名和住所。

根据《劳动争议调解仲裁法》第 28 条第 3 款的规定,书写仲裁申请确有困难的,可以口头申请,由劳动争议仲裁委员会记入笔录,并告知对方当事人。

条文参见

《劳动争议调解仲裁法》第 27~46 条;《劳动部关于〈中华人民共和国劳动法〉若干条文的说明》第 82 条

第八十三条 【诉讼和仲裁裁决的执行】

劳动争议当事人对仲裁裁决不服的,可以自收到仲裁裁决书之日起十五日内向人民法院提起诉讼。一方当事人在法定期限内不起诉又不履行仲裁裁决的,另一方当事人可以申请人民法院强制执行。

理解适用

[强制执行]

强制执行,是指人民法院基于当事人的请求,依照法律规定的程序,运用国家强制力,强制对方当事人履行已经生效的仲裁调解协议书、裁决书及人民法院判决、裁定中所规定的义务的一种司法行为。

实用问答

1. 哪些劳动争议的仲裁裁决书自作出之日起发生法律效力?

答:根据《劳动争议调解仲裁法》第 47 条的规定,下列劳动争议,除《劳动争议调解仲裁法》另有规定的外,仲裁裁决为终局裁决,裁决书自作出之日起发生法律效力:(1)追索劳动报酬、工伤医疗费、经济补偿或者赔偿金,不超过当地月最低工资标准 12 个月金额的争议;(2)因执行国家的劳动标准在工作时间、休息休假、社会保险等方面发生的争议。

2. 一方当事人逾期不履行发生法律效力的调解书、裁决书,另一方当事人应该怎么办?

答:根据《劳动争议调解仲裁法》第 51 条的规定,当事人对发生法律效力的调解书、裁决书,应当依照规定的期限履行。一方当事人逾期不履行的,另一方当事人可以依照《民事诉讼法》的有关规定向人民法院申请执行。受理申请的人民法院应当依法执行。

第八十四条 【集体合同争议处理】

因签订集体合同发生争议,当事人协商解决不成的,当地人民政府劳动行政部门可以组织有关各方协调处理。

因履行集体合同发生争议,当事人协商解决不成的,可以向劳动争议仲裁委员会申请仲裁;对仲裁裁决不服的,可以自收到仲裁裁决书之日起十五日内向人民法院提起诉讼。

实用问答

1. 集体协商过程中发生争议,双方当事人不能协商解决的,怎么处理?

答:根据《集体合同规定》第49条的规定,集体协商过程中发生争议,双方当事人不能协商解决的,当事人一方或双方可以书面向劳动保障行政部门提出协调处理申请;未提出申请的,劳动保障行政部门认为必要时也可以进行协调处理。

2. 协调处理集体协商争议的期限是多久?

答:根据《集体合同规定》第52条的规定,协调处理集体协商争议,应当自受理协调处理申请之日起30日内结束协调处理工作。期满未结束的,可以适当延长协调期限,但延长期限不得超过15日。

3. 协调处理集体协商争议应当按照什么程序进行?

答:根据《集体合同规定》第53条的规定,协调处理集体协商争议应当按照以下程序进行:(1)受理协调处理申请;(2)调查了解争议的情况;(3)研究制定协调处理争议的方案;(4)对争议进行协调处理;(5)制作《协调处理协议书》。

第十一章 监督检查

第八十五条 【劳动监察】

县级以上各级人民政府劳动行政部门依法对用人单位遵守劳动法律、法规的情况进行监督检查,对违反劳动法律、法规的行为有权制止,并责令改正。

理解适用

[劳动保障监察工作的负责部门]

根据《劳动保障监察条例》第3条的规定,国务院劳动保障行政部门主管全国的劳动保障监察工作。县级以上地方各级人民政府劳动保障行政部门主管本行政区域内的劳动保障监察工作。县级以上各级人民政府有关部门根据各自职责,支持、协助劳动保障行政部门的劳动保障监察工作。

[劳动保障监察的事项]

根据《劳动保障监察条例》第11条的规定,劳动保障行政部门对下列事项实施劳动保障监察:(1)用人单位制定内部劳动保障规章制度的情况;(2)用人单位与劳动者订立劳动合同的情况;(3)用人单位遵守禁止使用童工规定的情况;(4)用人单位遵守女职工和未成年工特殊劳动保护规定的情况;(5)用人单位遵守工作时间和休息休假规定的情况;(6)用人单位支付劳动者工资和执行最低工资标准的情况;(7)用人单位参加各项社会保险和缴纳社会保险费的情况;(8)职业介绍机构、职业技能培训机构和职业技能考核鉴定机构遵守国家有关职业介绍、职业技能培训和职业技能考核鉴定的规定的情况;(9)法律、法规规定的其他劳动保障监察事项。

[向社会公布用人单位重大劳动保障违法行为]

根据《重大劳动保障违法行为社会公布办法》中规定,人力资源社会保障行政部门对下列已经依法查处并作出处理决定的重大劳动保障违法行为,应当向社会公布:(1)克扣、无故拖欠劳动者劳动报酬,数额较大的;拒不支付劳动报酬,依法移送司法机关追究刑事责任的;(2)不依法参加社会保险或者不依法缴纳社会保险费,情节严重的;(3)违反工作时间和休息休假规定,情节严重的;(4)违反女职工和未成年工特殊劳动保护规定,情节严重的;(5)违反禁止使用童工规定的;(6)因劳动保障违法行为造成严重不良社会影响的;(7)其他重大劳动保障违法行为。

条文参见

《就业促进法》第58~60条;《劳动合同法》第73条、第74条;《劳动部关于〈中华人民共和国劳动法〉若干条文的说明》第85条

第八十六条 【劳动监察程序】

县级以上各级人民政府劳动行政部门监督检查人员执行公务,有权进入用人单位了解执行劳动法律、法规的情况,查阅必要的资料,并对劳动场所进行检查。

县级以上各级人民政府劳动行政部门监督检查人员执行公务,必须出示证件,秉公执法并遵守有关规定。

理解适用

[劳动保障行政部门实施劳动保障监察,有权采取的调查、检查措施]

根据《劳动保障监察条例》第15条第1款的规定,劳动保障行政部门实施劳动保障监察,有权采取下列调查、检查措施:(1)进入用人单位的劳动场所进行检查;(2)就调查、检查事项询问有关人员;(3)要求用人单位提供与调查、检查事项相关的文件资料,并作出解释和说明,必要时可以发出调查询问书;(4)采取记录、录音、录像、照相或者复制等方式收集有关情况和资料;(5)委托会计师事务所对用人单位工资支付、缴纳社会保险费的情况进行审计;(6)法律、法规规定可以由劳动保障行政部门采取的其他调查、检查措施。

条文参见

《劳动合同法》第75条;《劳动保障监察条例》第4条、第12条、第14~17条

第八十七条 【政府监督】

县级以上各级人民政府有关部门在各自职责范围内,对用人单位遵守劳动法律、法规的情况进行监督。

理解适用

[《劳动法》第87条中的"县级以上各级人民政府有关部门"]

根据《劳动合同法》第76条的规定,县级以上人民政府建设、卫生、安全生产监督管理等有关主管部门在各自职责范围内,对用人单位执行劳动合同制度的情况进行监督管理。由此可见,县级以上各级人民政府有关部门主要指建设、卫生、安全生产监督管理等部门。

第八十八条 【工会监督和组织、个人检举、控告】

各级工会依法维护劳动者的合法权益,对用人单位遵守劳动法律、法规的情况进行监督。

任何组织和个人对于违反劳动法律、法规的行为有权检举和控告。

理解适用

[工会的监督权]

根据《工会法》的规定,工会的监督权及于劳动合同和集体合同的订立、用人单位履行劳动合同和集体合同、用人单位解除劳动合同等各个环节。用人单位违反劳动法律、法规或者劳动合同的,工会有权提出意见或者要求纠正,用人单位应当研究工会的意见,并将处理结果书面通知工会;用人单位违反集体合同,侵犯劳动者合法权益的,工会可以依法要求用人单位承担责任。职工认为用人单位侵犯其劳动权益而申请劳动争议仲裁或者向人民法院提起诉讼的,工会应当给予支持和帮助。

第十二章 法律责任

第八十九条 【劳动规章违法的处罚】

用人单位制定的劳动规章制度违反法律、法规规定的,由劳动行政部门给予警告,责令改正;对劳动者造成损害的,应当承担赔偿责任。

理解适用

[用人单位制定的劳动规章制度违反法律、法规规定的处理]

用人单位在制定直接涉及劳动者切身利益的劳动规章制度时,必须实体及程序都合法。用人单位制定直接涉及劳动者切身利益的规章制度无论是实体不合法还是程序不合法,劳动者都可以不予遵守,并且可以向劳动行政部门举报或投诉。

[用人单位制定的劳动规章制度违反法律、法规规定的,需要承担的法律责任]

用人单位制定的劳动规章制度违反法律、法规规定,需要承担如下法律责任:(1)由劳动行政部门责令改正,并给予用人单位警告的行政处罚;(2)如果用人单位的规章制度给劳动者造成人身伤害或财产损失的,用人单位应当承担民事赔偿责任,赔偿范围包括物质赔偿和精神损害赔偿。

案例指引

1. 用人单位以规章制度形式否认劳动者加班事实是否有效[最高人民法院劳动人事争议典型案例(第二批)①]

裁判要旨:劳动争议案件的处理,既要保护劳动者的合法权益,亦应促进企业有序发展。合法的规章制度既能规范用人单位用工自主权的行使,又能保障劳动者参与用人单位民主管理,实现构建和谐劳动关系的目的。不合理的规章制度则会导致用人单位的社会声誉差、认同感低,最终引发人才流失,不利于用人单位的长远发展。用人单位制定的合理合法的规章制度,可以作为确定用人单位、劳动者权利义务的依据。一旦用人单位以规章制度形式规避应当承担的用工成本,侵害劳动者的合法权益,仲裁委员会、人民法院应当依法予以审查,充分保护劳动者的合法权益。用人单位应当根据单位实际,制定更为人性化的规章制度,增强劳动者对规章制度的认同感,激发劳动者的工作积极性,从而进一步减少劳动纠纷,为构建和谐劳动关系做出贡献。

2. 用人单位未按规章制度履行加班审批手续,能否认定劳动者加班事实[最高人民法院劳动人事争议典型案例(第二批)②]

裁判要旨:劳动规章制度对用人单位和劳动者都具有约束力。一方面,用人单位应严格按照规章制度的规定实施管理行为,不得滥用优势地位,侵害劳动者合法权益;另一方面,劳动者在合法权益受到侵害时,要注意保留相关证据,为维权提供依据。仲裁委员会、人民法院应准确把握加班事实认定标准,纠正用人单位规避法定责任、侵害劳动者合法权益的行为。

3. 上海某公司诉王某劳动合同纠纷案[上海市第二中级人民法院(2020)沪02民终10692号民事判决书]

裁判要旨:劳动者有自觉遵守用人单位规章制度的义务,而用人单位用工管理权的边界和行使方式亦应善意、宽容及合理,尊重法律法规及公序良

---

① 参见最高人民法院官网2021年8月26日,https://www.court.gov.cn/zixun-xiangqing-319151.html。

② 参见最高人民法院官网2021年8月26日,https://www.court.gov.cn/zixun-xiangqing-319151.html。

俗。用工管理权合理边界审查应遵循合法性、正当性及合理性限度。劳动者因直系亲属死亡等紧迫事由向用人单位请事假,且未超过合理期间的,符合公序良俗,用人单位行使管理权时应秉持"普通善良人"之衡量标准,予以理解和尊重。劳动者已履行请假申报程序,用人单位未予准假,事后以劳动者擅自离岗、严重违反规章制度为由径行解雇,属于违法解除劳动合同。

第九十条 【违法延长工时的处罚】

用人单位违反本法规定,延长劳动者工作时间的,由劳动行政部门给予警告,责令改正,并可以处以罚款。

理解适用

[延长劳动者工作时间的情形]

延长劳动者工作时间,是指用人单位在国家允许的标准工作时间和延长工作时间之外,再延长劳动者的工作时间。

用人单位延长劳动者工作时间主要包括以下几种情形:(1)用人单位因生产需要安排劳动者的工作时间,每日超出9小时(即标准工作时间8小时加允许延长工作时间1小时);(2)用人单位因特殊原因需要延长工作时间的,每日超出11小时(即标准工作时间8小时加允许延长工作时间3小时);(3)用人单位延长劳动者的工作时间每月累计超过36小时;(4)用人单位占用劳动者的休息时间(每工作5天,享有2天的休息时间)而不给予补休,视同用人单位延长了劳动者的工作时间,并应当包括在每月36小时的最高延长工作时间之内;(5)实行其他工作时间制度的用人单位,按照上述标准折算后,超出上述规定的;(6)用人单位未与工会和劳动者协商,强迫劳动者延长工作时间的。

第九十一条 【工资及经济补偿支付违法的处罚】

用人单位有下列侵害劳动者合法权益情形之一的,由劳动行政部门责令支付劳动者的工资报酬、经济补偿,并可以责令支付赔偿金:

(一)克扣或者无故拖欠劳动者工资的;
(二)拒不支付劳动者延长工作时间工资报酬的;
(三)低于当地最低工资标准支付劳动者工资的;
(四)解除劳动合同后,未依照本法规定给予劳动者经济补偿的。

第九十二条 【用人单位违反劳保规定的处罚】

用人单位的劳动安全设施和劳动卫生条件不符合国家规定或者未向劳动者提供必要的劳动防护用品和劳动保护设施的,由劳动行政部门或者有关部门责令改正,可以处以罚款;情节严重的,提请县级以上人民政府决定责令停产整顿;对事故隐患不采取措施,致使发生重大事故,造成劳动者生命和财产损失的,对责任人员依照刑法有关规定追究刑事责任。

实用问答

用人单位的安全生产设施或者安全生产条件不符合国家规定,发生重大伤亡事故或者造成其他严重后果的,如何处罚?

答:根据《刑法》第135条的规定,安全生产设施或者安全生产条件不符合国家规定,因而发生重大伤亡事故或者造成其他严重后果的,对直接负责的主管人员和其他直接责任人员,处3年以下有期徒刑或者拘役;情节特别恶劣的,处3年以上7年以下有期徒刑。

第九十三条 【违章作业发生重大责任事故的处罚】

用人单位强令劳动者违章冒险作业,发生重大伤亡事故,造成严重后果的,对责任人员依法追究刑事责任。

实用问答

用人单位强令劳动者违章冒险作业,造成严重后果的,对责任人员如何追究刑事责任?

答:根据《刑法》第134条第2款的规定,强令他人违章冒险作业,或者明知存在重大事故隐患而不排除,仍冒险组织作业,因而发生重大伤亡事故或者造成其他严重后果的,处5年以下有期徒刑或者拘役;情节特别恶劣的,处5年以上有期徒刑。

第九十四条 【非法招用未成年工的处罚】

用人单位非法招用未满十六周岁的未成年人的,由劳动行政部门责令改正,处以罚款;情节严重的,由市场监督管理部门吊销营业执照。

> 理解适用

[用人单位使用未满16周岁的未成年人的处罚]

根据《禁止使用童工规定》第6条第1款的规定,用人单位使用童工的,由劳动保障行政部门按照每使用一名童工每月处5000元罚款的标准给予处罚;在使用有毒物品的作业场所使用童工的,按照《使用有毒物品作业场所劳动保护条例》规定的罚款幅度,或者按照每使用一名童工每月处5000元罚款的标准,从重处罚。劳动保障行政部门并应当责令用人单位限期将童工送回原居住地交其父母或者其他监护人,所需交通和食宿费用全部由用人单位承担。

[《刑法》对雇用童工从事危重劳动的规定]

《刑法》对雇用童工从事危重劳动规定了相应的刑事责任,《刑法》第244条之一规定,违反劳动管理法规,雇用未满16周岁的未成年人从事超强度体力劳动的,或者从事高空、井下作业的,或者在爆炸性、易燃性、放射性、毒害性等危险环境下从事劳动,情节严重的,对直接责任人员,处3年以下有期徒刑或者拘役,并处罚金;情节特别严重的,处3年以上7年以下有期徒刑,并处罚金。有前述行为,造成事故,又构成其他犯罪的,依照数罪并罚的规定处罚。

> 条文参见

《禁止使用童工规定》第6～13条

第九十五条 【侵害女工和未成年工合法权益的处罚】

用人单位违反本法对女职工和未成年工的保护规定,侵害其合法权益的,由劳动行政部门责令改正,处以罚款;对女职工或者未成年工造成损害的,应当承担赔偿责任。

第九十六条 【侵害劳动者人身权利的处罚】

用人单位有下列行为之一,由公安机关对责任人员处以十五日以下拘留、罚款或者警告;构成犯罪的,对责任人员依法追究刑事责任:

(一)以暴力、威胁或者非法限制人身自由的手段强迫劳动的;

(二)侮辱、体罚、殴打、非法搜查和拘禁劳动者的。

> 理解适用

[威胁、侮辱、非法搜查]

威胁，是指用人单位以某种对劳动者形成要挟的条件和手段，迫使劳动者接受用人单位所提要求和条件的行为。

侮辱，是指用人单位公然贬低劳动者人格，损害劳动者名誉的行为。

非法搜查，是指用人单位非法对劳动者的身体进行搜查的行为。

[用人单位侵害劳动者人身权利，需要承担的法律责任]

对劳动者人身权利的侵害，相关法律规定了两种法律责任：(1)行政责任。根据《治安管理处罚法》第40条的规定，以暴力、威胁或者其他手段强迫他人劳动的，非法限制他人人身自由或者非法搜查他人身体的，处10日以上15日以下拘留，并处500元以上1000元以下罚款；情节较轻的，处5日以上10日以下拘留，并处200元以上500元以下罚款。同时《治安管理处罚法》第43条第1款规定，殴打他人的，或者故意伤害他人身体的，处5日以上10日以下拘留，并处200元以上500元以下罚款；情节较轻的，处5日以下拘留或者500元以下罚款。(2)刑事责任。根据《刑法》第244条的规定，以暴力、威胁或者限制人身自由的方法强迫他人劳动的，处3年以下有期徒刑或者拘役，并处罚金；情节严重的，处3年以上10年以下有期徒刑，并处罚金。明知他人实施前述行为，为其招募、运送人员或者有其他协助强迫他人劳动行为的，依照前述的规定处罚。单位犯强迫劳动罪的，对单位判处罚金，并对其直接负责的主管人员和其他直接责任人员，依照前述的规定处罚。另外，《刑法》还规定了非法拘禁罪和故意伤害罪等的法律责任。

[用人单位以暴力、威胁或者非法限制人身自由的手段强迫劳动，迫使劳动者提出解除劳动合同的，是否需要向劳动者赔偿]

根据《最高人民法院关于审理劳动争议案件适用法律问题的解释(一)》第45条第1项的规定，用人单位以暴力、威胁或者非法限制人身自由的手段强迫劳动，迫使劳动者提出解除劳动合同的，用人单位应当支付劳动者的劳动报酬和经济补偿，并可支付赔偿金。

第九十七条 【劳动合同无效的赔偿责任】

由于用人单位的原因订立的无效合同，对劳动者造成损害的，应当承担赔偿责任。

理解适用

[用人单位对劳动者造成损害应当赔偿的情形]

根据劳动部发布的《违反〈劳动法〉有关劳动合同规定的赔偿办法》第2条的规定,用人单位有下列情形之一,对劳动者造成损害的,应赔偿劳动者损失:(1)用人单位故意拖延不订立劳动合同,即招用后故意不按规定订立劳动合同以及劳动合同到期后故意不及时续订劳动合同的;(2)由于用人单位的原因订立无效劳动合同,或订立部分无效劳动合同的;(3)用人单位违反规定或劳动合同的约定侵害女职工或未成年工合法权益的;(4)用人单位违反规定或劳动合同的约定解除劳动合同的。

[用人单位对劳动者造成损害,应赔偿劳动者的损失]

根据劳动部发布的《违反〈劳动法〉有关劳动合同规定的赔偿办法》第3条的规定,用人单位对劳动者造成损害,赔偿劳动者的损失,应按下列规定执行:(1)造成劳动者工资收入损失的,按劳动者本人应得工资收入支付给劳动者,并加付应得工资收入25%的赔偿费用;(2)造成劳动者劳动保护待遇损失的,应按国家规定补足劳动者的劳动保护津贴和用品;(3)造成劳动者工伤、医疗待遇损失的,除按国家规定为劳动者提供工伤、医疗待遇外,还应支付劳动者相当于医疗费用25%的赔偿费用;(4)造成女职工和未成年工身体健康损害的,除按国家规定提供治疗期间的医疗待遇外,还应支付相当于其医疗费用25%的赔偿费用;(5)劳动合同约定的其他赔偿费用。

第九十八条 【违法解除和拖延订立合同的处罚】

用人单位违反本法规定的条件解除劳动合同或者故意拖延不订立劳动合同的,由劳动行政部门责令改正;对劳动者造成损害的,应当承担赔偿责任。

理解适用

[用人单位违法解除劳动合同或者故意拖延不订立劳动合同的责任]

用人单位违法解除劳动合同或故意拖延不订立劳动合同的,有两种承担法律责任的形式:(1)行政责任,责任形式是责令改正。即由劳动行政部门责成用人单位恢复与劳动者的劳动合同,或责令用人单位补签与劳动者应当订立的劳动合同。对劳动行政部门作出的决定,用人单位应当执行。(2)民事责任,责任形式是赔偿。赔偿范围包括:①造成劳动者工资收入损失的,除应支付应得工资给劳动者外,还要加付应得工资25%的赔偿费用;②造成劳动者劳动保护待遇损失的,应按国家规定补足劳动保护津贴和用品;③造成劳动者工伤、医疗待遇损失的,除按国家规定为劳动者提供工伤、医疗待遇外,还应支付相当于医疗费用25%的赔偿费用;④造成女职工和未成年工身体健康损害的,除按国家规定提供治疗期间的医疗待遇外,还应支付相当于其医疗费用25%的赔偿费用;⑤劳动合同约定的其他赔偿费用。上述赔偿请求,可以通过申请劳动争议仲裁提出,也可以通过向人民法院提起诉讼提出。

第九十九条 【招用未解除劳动合同劳动者的赔偿责任】

用人单位招用尚未解除劳动合同的劳动者,对原用人单位造成经济损失的,该用人单位应当依法承担连带赔偿责任。

理解适用

[招用未解除劳动合同的劳动者,给原用人单位造成经济损失的责任承担]

《劳动合同法》第91条规定,用人单位招用与其他用人单位尚未解除或者终止劳动合同的劳动者,给其他用人单位造成损失的,应当承担连带赔偿责任。这里需符合以下几个要件:(1)用人单位有招用与其他用人单位尚未解除或终止劳动合同的劳动者的行为;(2)用人单位的该行为给其他用人单位造成了损失;(3)该行为与其他用人单位的损失之间存在因果关系。

[用人单位招用尚未解除劳动合同的劳动者,如何确定第三人和共同被告]

根据《劳动争议司法解释(一)》第27条的规定,用人单位招用尚未解除劳动合同的劳动者,原用人单位与劳动者发生的劳动争议,可以列新的用人单位为第三人。原用人单位以新的用人单位侵权为由提起诉讼的,可以列劳动者为第三人。原用人单位以新的用人单位和劳动者共同侵权为由提起诉讼的,新的用人单位和劳动者列为共同被告。

[用人单位招用尚未解除劳动合同的劳动者,对原用人单位造成经济损失的,如何确定赔偿义务]

根据劳动部发布的《违反〈劳动法〉有关劳动合同规定的赔偿办法》第6

条的规定,用人单位招用尚未解除劳动合同的劳动者,对原用人单位造成经济损失的,除该劳动者承担直接赔偿责任外,该用人单位应当承担连带赔偿责任。其连带赔偿的份额应不低于对原用人单位造成经济损失总额的70%。向原用人单位赔偿下列损失:(1)对生产、经营和工作造成的直接经济损失;(2)因获取商业秘密给原用人单位造成的经济损失。赔偿上述第(2)项规定的损失,按《反不正当竞争法》的规定执行。

第一百条 【不缴纳保险费的处罚】

用人单位无故不缴纳社会保险费的,由劳动行政部门责令其限期缴纳;逾期不缴的,可以加收滞纳金。

案例指引

冯某诉大连某公司北京研发中心劳动争议案[北京市高级人民法院(2020)京民再84号民事判决书]

裁判要旨: 用人单位未按照相关规定为劳动者足额缴纳社会保险,其向有关部门补缴应当缴纳的工伤保险费、滞纳金后,工伤保险基金按照规定向劳动者支付相应费用,其有证据证明工伤保险待遇仍然降低,劳动者要求用人单位承担差额损失赔偿责任的,人民法院应予支持。

第一百零一条 【妨碍劳动监察执法的处罚】

用人单位无理阻挠劳动行政部门、有关部门及其工作人员行使监督检查权,打击报复举报人员的,由劳动行政部门或者有关部门处以罚款;构成犯罪的,对责任人员依法追究刑事责任。

理解适用

[应认定为《劳动法》第101条中的"无理阻挠"的行为]

根据劳动部印发的《关于贯彻执行〈中华人民共和国劳动法〉若干问题的意见》第92条的规定,用人单位实施下列行为之一的,应认定为《劳动法》第101条中的"无理阻挠"行为:(1)阻止劳动监督检查人员进入用人单位内(包括进入劳动现场)进行监督检查的;(2)隐瞒事实真相,出具伪证,或者隐匿、毁灭证据的;(3)拒绝提供有关资料的;(4)拒绝在规定的时间和地点就劳动行政部门所提问题作出解释和说明的;(5)法律、法规和规章规定的其他情况。

第一百零二条 【劳动者违法解除合同和违反保密事项的处罚】

劳动者违反本法规定的条件解除劳动合同或者违反劳动合同中约定的保密事项,对用人单位造成经济损失的,应当依法承担赔偿责任。

理解适用

[劳动者违反《劳动法》规定的条件解除劳动合同的情形]

劳动者违反《劳动法》规定的条件解除劳动合同,主要是指用人单位不存在过错情形时,劳动者没有提前30日(试用期内没有提前3日)以书面形式通知用人单位即解除劳动合同。

[劳动者违法解除劳动合同,给用人单位造成损失的,相关损失的确定]

劳动者违法解除劳动合同,给用人单位造成损失的,应当赔偿用人单位的下列损失:(1)用人单位招录其所支付的费用;(2)用人单位为其支付的专项培训费用(双方另有约定的从其约定);(3)对生产、经营和工作造成的直接经济损失;(4)劳动合同约定的其他赔偿项目。

第一百零三条 【工作人员渎职的法律责任】

劳动行政部门或者有关部门的工作人员滥用职权、玩忽职守、徇私舞弊,构成犯罪的,依法追究刑事责任;不构成犯罪的,给予行政处分。

理解适用

[滥用职权、玩忽职守、徇私舞弊]

滥用职权,是指劳动行政部门或者有关部门的工作人员利用其国家工作人员的身份,随意超越其应担负的职责和法律法规授予的职权,从事损害国家利益和法律权威的违法行为。

玩忽职守,是指劳动行政部门或者有关部门的工作人员因工作漫不经心、疏忽大意,不履行职责,不遵守法律法规的规定,导致用人单位财产和国家利益遭受损失的行为。

徇私舞弊,是指劳动行政部门或者有关部门的工作人员为了私情私利,故意违反法律法规的规定,利用职权枉法处理的行为。

[劳动行政部门或者有关部门的工作人员存在滥用职权、玩忽职守、徇私舞弊行为的法律责任]

劳动行政部门或者有关部门的工作人员存在滥用职权、玩忽职守、徇私舞弊行为，可能承担的责任包括行政责任和刑事责任。行政责任一般表现为受到行政处分，如警告、记过、记大过、降级、撤职、留用察看、开除。根据《刑法》第397条的规定，刑事责任包括：(1)国家机关工作人员滥用职权或者玩忽职守，致使公共财产、国家和人民利益遭受重大损失的，处3年以下有期徒刑或者拘役；情节特别严重的，处3年以上7年以下有期徒刑。(2)国家机关工作人员徇私舞弊，犯滥用职权罪或玩忽职守罪的，处5年以下有期徒刑或者拘役；情节特别严重的，处5年以上10年以下有期徒刑。《刑法》另有规定的，依照规定。

条文参见

《劳动合同法》第95条；《刑法》第397条；《公务员法》第59条、第61~65条

第一百零四条 【挪用社保基金的处罚】

国家工作人员和社会保险基金经办机构的工作人员挪用社会保险基金，构成犯罪的，依法追究刑事责任。

理解适用

[国家工作人员和社会保险基金经办机构的工作人员挪用社保基金的行为构成犯罪及刑事责任的判断]

在判断国家工作人员和社会保险基金经办机构的工作人员挪用社保基金的行为是否构成犯罪，并是否应承担刑事责任时，须符合以下条件：(1)犯罪主体只能是国家工作人员(专指与挪用社会保险基金有直接关系的政府部门的工作人员)和社会保险基金经办机构的工作人员。(2)挪用社会保险基金的行为已经达到构成犯罪的数额。轻微挪用社会保险基金，不构成犯罪时，应当依照行政法规和部门规章的规定进行处理。(3)犯罪人主观上必须是故意的。

目前，《刑法》没有对国家工作人员和社会保险基金经办机构的工作人员挪用社会保险基金的行为进行专门刑罚的规定，实践中可以参考《刑法》

第384条挪用公款罪的规定进行处理,即国家工作人员利用职务上的便利,挪用公款归个人使用,进行非法活动的,或者挪用公款数额较大、进行营利活动的,或者挪用公款数额较大、超过3个月未还的,处5年以下有期徒刑或者拘役;情节严重的,处5年以上有期徒刑。挪用公款数额巨大不退还的,处10年以上有期徒刑或者无期徒刑。

条文参见

《刑法》第384条;《劳动部关于〈中华人民共和国劳动法〉若干条文的说明》第104条

第一百零五条 【处罚竞合处理】

违反本法规定侵害劳动者合法权益,其他法律、行政法规已规定处罚的,依照该法律、行政法规的规定处罚。

条文参见

《劳动合同法》第84条、第92~94条

第十三章 附 则

第一百零六条 【劳动合同制度实施步骤的制定】

省、自治区、直辖市人民政府根据本法和本地区的实际情况,规定劳动合同制度的实施步骤,报国务院备案。

第一百零七条 【施行日期】

本法自1995年1月1日起施行。

附录一 实用核心法规

一、劳动合同

中华人民共和国劳动合同法

(2007年6月29日第十届全国人民代表大会常务委员会第二十八次会议通过 根据2012年12月28日第十一届全国人民代表大会常务委员会第三十次会议《关于修改〈中华人民共和国劳动合同法〉的决定》修正)

目 录

第一章 总 则
第二章 劳动合同的订立
第三章 劳动合同的履行和变更
第四章 劳动合同的解除和终止
第五章 特别规定
 第一节 集体合同
 第二节 劳务派遣
 第三节 非全日制用工
第六章 监督检查
第七章 法律责任
第八章 附 则

第一章 总 则

第一条 【立法目的】为了完善劳动合同制度,明确劳动合同双方当事人的权利和义务,保护劳动者的合法权益,构建和发展和谐稳定的劳动关系,制定本法。

第二条 【适用范围】中华人民共和国境内的企业、个体经济组织、民办非企业单位等组织(以下称用人单位)与劳动者建立劳动关系,订立、履行、变更、解除或者终止劳动合同,适用本法。

国家机关、事业单位、社会团体和与其建立劳动关系的劳动者,订立、履行、变更、解除或者终止劳动合同,依照本法执行。

根据《劳动和社会保障部关于确立劳动关系有关事项的通知》第1条的规定,用人单位招用劳动者未订立书面劳动合同,但同时具备下列情形的,劳动关系成立:(1)用人单位和劳动者符合法律、法规规定的主体资格;(2)用人单位依法制定的各项劳动规章制度适用于劳动者,劳动者受用人单位的劳动管理,从事用人单位安排的有报酬的劳动;(3)劳动者提供的劳动是用人单位业务的组成部分。

根据《劳动和社会保障部关于确立劳动关系有关事项的通知》第2条的规定,用人单位未与劳动者签订劳动合同,认定双方存在劳动关系时可参照下列凭证:(1)工资支付凭证或记录(职工工资发放花名册)、缴纳各项社会保险费的记录;(2)用人单位向劳动者发放的"工作证""服务证"等能够证明身份的证件;(3)劳动者填写的用人单位招工招聘"登记表""报名表"等招用记录;(4)考勤记录;(5)其他劳动者的证言等。其中,(1)(3)(4)项的有关凭证由用人单位负举证责任。

第三条 【基本原则】订立劳动合同,应当遵循合法、公平、平等自愿、协商一致、诚实信用的原则。

依法订立的劳动合同具有约束力,用人单位与劳动者应当履行劳动合同约定的义务。

第四条 【规章制度】用人单位应当依法建立和完善劳动规章制度,保障劳动者享有劳动权利、履行劳动义务。

用人单位在制定、修改或者决定有关劳动报酬、工作时间、休息休假、劳动安全卫生、保险福利、职工培训、劳动纪律以及劳动定额管理等直接涉及劳动者切身利益的规章制度或者重大事项时,应当经职工代表大会或者全体职工讨论,提出方案和意见,与工会或者职工代表平等协商确定。

在规章制度和重大事项决定实施过程中,工会或者职工认为不适当的,有权向用人单位提出,通过协商予以修改完善。

用人单位应当将直接涉及劳动者切身利益的规章制度和重大事项决定公示,或者告知劳动者。

第五条 【协调劳动关系三方机制】县级以上人民政府劳动行政部门会同工会和企业方面代表，建立健全协调劳动关系三方机制，共同研究解决有关劳动关系的重大问题。

第六条 【集体协商机制】工会应当帮助、指导劳动者与用人单位依法订立和履行劳动合同，并与用人单位建立集体协商机制，维护劳动者的合法权益。

第二章 劳动合同的订立

第七条 【劳动关系的建立】用人单位自用工之日起即与劳动者建立劳动关系。用人单位应当建立职工名册备查。

第八条 【用人单位的告知义务和劳动者的说明义务】用人单位招用劳动者时，应当如实告知劳动者工作内容、工作条件、工作地点、职业危害、安全生产状况、劳动报酬，以及劳动者要求了解的其他情况；用人单位有权了解劳动者与劳动合同直接相关的基本情况，劳动者应当如实说明。

第九条 【用人单位不得扣押劳动者证件和要求提供担保】用人单位招用劳动者，不得扣押劳动者的居民身份证和其他证件，不得要求劳动者提供担保或者以其他名义向劳动者收取财物。

第十条 【订立书面劳动合同】建立劳动关系，应当订立书面劳动合同。

已建立劳动关系，未同时订立书面劳动合同的，应当自用工之日起一个月内订立书面劳动合同。

用人单位与劳动者在用工前订立劳动合同的，劳动关系自用工之日起建立。

用人单位未订立书面劳动合同的后果如下：第一，用人单位自用工之日起超过1个月不满1年未与劳动者订立书面劳动合同的，应当向劳动者每月支付2倍的工资，直到双方补订书面劳动合同的前一日为止。第二，如果用人单位自用工之日起满1年未与劳动者订立书面劳动合同的，则自用工之日起满1个月的次日至满1年的前一日向劳动者每月支付2倍的工资，并视为自用工之日起满1年的当日已经与劳动者订立了无固定期限劳动合同。用人单位应立即与劳动者补订一份书面的无固定期限劳动合同。

劳动者不履行订立书面劳动合同的后果如下：第一，自用工之日起1个月内，用人单位书面通知劳动者订立书面劳动合同；如果劳动者不愿意订立的，用人单位应当书面通知劳动者终止劳动关系，且无须向劳动者支付经济补偿，只需向劳动者支付其在本单位实际工作时间的劳动报酬。第二，自用工之日起超过1个月不满1年，劳动者不与用人单位订立书面劳动合同的，用人单位应当书面通知劳动者终止劳动关系,并按照劳动者在本单位工作的年限,以每满1年支付1个月工资的标准向劳动者支付经济补偿。

第十一条 【未订立书面劳动合同时劳动报酬不明确的解决】用人单位未在用工的同时订立书面劳动合同,与劳动者约定的劳动报酬不明确的,新招用的劳动者的劳动报酬按照集体合同规定的标准执行;没有集体合同或者集体合同未规定的,实行同工同酬。

第十二条 【劳动合同的种类】劳动合同分为固定期限劳动合同、无固定期限劳动合同和以完成一定工作任务为期限的劳动合同。

第十三条 【固定期限劳动合同】固定期限劳动合同,是指用人单位与劳动者约定合同终止时间的劳动合同。

用人单位与劳动者协商一致,可以订立固定期限劳动合同。

第十四条 【无固定期限劳动合同】无固定期限劳动合同,是指用人单位与劳动者约定无确定终止时间的劳动合同。

用人单位与劳动者协商一致,可以订立无固定期限劳动合同。有下列情形之一,劳动者提出或者同意续订、订立劳动合同的,除劳动者提出订立固定期限劳动合同外,应当订立无固定期限劳动合同:

(一)劳动者在该用人单位连续工作满十年的;

(二)用人单位初次实行劳动合同制度或者国有企业改制重新订立劳动合同时,劳动者在该用人单位连续工作满十年且距法定退休年龄不足十年的;

(三)连续订立二次固定期限劳动合同,且劳动者没有本法第三十九条和第四十条第一项、第二项规定的情形,续订劳动合同的。

用人单位自用工之日起满一年不与劳动者订立书面劳动合同的,视为用人单位与劳动者已订立无固定期限劳动合同。

"在同一用人单位连续工作满十年以上"是指劳动者与同一用人单位签订的劳动合同的期限不间断达到10年。此时劳动合同期满双方同意续订劳动合同时,只要劳动者提出签订无固定期限劳动合同的,用人单位应当与其签订无固定期限的劳动合同。连续工作满10年的起始时间,应当自用人单位用工之日起计算,包括《劳动合同法》施行前的工作年限。

第十五条 【以完成一定工作任务为期限的劳动合同】以完成一定工作任务为期限的劳动合同,是指用人单位与劳动者约定以某项工作的完成为合同期限的劳动合同。

用人单位与劳动者协商一致,可以订立以完成一定工作任务为期限的劳动合同。

第十六条 【劳动合同的生效】劳动合同由用人单位与劳动者协商一致,并经用人单位与劳动者在劳动合同文本上签字或者盖章生效。

劳动合同文本由用人单位和劳动者各执一份。

第十七条 【劳动合同的内容】劳动合同应当具备以下条款:

(一)用人单位的名称、住所和法定代表人或者主要负责人;

(二)劳动者的姓名、住址和居民身份证或者其他有效身份证件号码;

(三)劳动合同期限;

(四)工作内容和工作地点;

(五)工作时间和休息休假;

(六)劳动报酬;

(七)社会保险;

(八)劳动保护、劳动条件和职业危害防护;

(九)法律、法规规定应当纳入劳动合同的其他事项。

劳动合同除前款规定的必备条款外,用人单位与劳动者可以约定试用期、培训、保守秘密、补充保险和福利待遇等其他事项。

实践中存在用人单位的工作地点不固定,劳动者在用人单位的非住所地履行劳动合同的情况,如销售人员、售后服务人员、存在分支机构的用人单位的员工,其所在用人单位的住所地在某个地方,但劳动合同实际履行地却在其他地方。在这种情况下,如果发生劳动争议,存在确定管辖地的问题。根据《劳动争议调解仲裁法》第21条第2款的规定,劳动争议由劳动合同履行地或者用人单位所在地的劳动争议仲裁委员会管辖。双方当事人分别向劳动合同履行地和用人单位所在地的劳动争议仲裁委员会申请仲裁的,由劳动合同履行地的劳动争议仲裁委员会管辖。

第十八条 【劳动合同对劳动报酬和劳动条件约定不明确的解决】劳动合同对劳动报酬和劳动条件等标准约定不明确,引发争议的,用人单位与劳动者可以重新协商;协商不成的,适用集体合同规定;没有集体合同或者集体合同未规定劳动报酬的,实行同工同酬;没有集体合同或者集体合同未规定劳动条件等标准的,适用国家有关规定。

第十九条 【试用期】劳动合同期限三个月以上不满一年的,试用期不得超过一个月;劳动合同期限一年以上不满三年的,试用期不得超过二个月;三年以上固定期限和无固定期限的劳动合同,试用期不得超过六个月。

同一用人单位与同一劳动者只能约定一次试用期。

以完成一定工作任务为期限的劳动合同或者劳动合同期限不满三个月的,

不得约定试用期。

试用期包含在劳动合同期限内。劳动合同仅约定试用期的,试用期不成立,该期限为劳动合同期限。

第二十条 【试用期工资】劳动者在试用期的工资不得低于本单位相同岗位最低档工资或者劳动合同约定工资的百分之八十,并不得低于用人单位所在地的最低工资标准。

第二十一条 【试用期内解除劳动合同】在试用期中,除劳动者有本法第三十九条和第四十条第一项、第二项规定的情形外,用人单位不得解除劳动合同。用人单位在试用期解除劳动合同的,应当向劳动者说明理由。

第二十二条 【服务期】用人单位为劳动者提供专项培训费用,对其进行专业技术培训的,可以与该劳动者订立协议,约定服务期。

劳动者违反服务期约定的,应当按照约定向用人单位支付违约金。违约金的数额不得超过用人单位提供的培训费用。用人单位要求劳动者支付的违约金不得超过服务期尚未履行部分所应分摊的培训费用。

用人单位与劳动者约定服务期的,不影响按照正常的工资调整机制提高劳动者在服务期期间的劳动报酬。

第二十三条 【保密义务和竞业限制】用人单位与劳动者可以在劳动合同中约定保守用人单位的商业秘密和与知识产权相关的保密事项。

对负有保密义务的劳动者,用人单位可以在劳动合同或者保密协议中与劳动者约定竞业限制条款,并约定在解除或者终止劳动合同后,在竞业限制期限内按月给予劳动者经济补偿。劳动者违反竞业限制约定的,应当按照约定向用人单位支付违约金。

第二十四条 【竞业限制的范围和期限】竞业限制的人员限于用人单位的高级管理人员、高级技术人员和其他负有保密义务的人员。竞业限制的范围、地域、期限由用人单位与劳动者约定,竞业限制的约定不得违反法律、法规的规定。

在解除或者终止劳动合同后,前款规定的人员到与本单位生产或者经营同类产品、从事同类业务的有竞争关系的其他用人单位,或者自己开业生产或者经营同类产品、从事同类业务的竞业限制期限,不得超过二年。

第二十五条 【违约金】除本法第二十二条和第二十三条规定的情形外,用人单位不得与劳动者约定由劳动者承担违约金。

第二十六条 【劳动合同的无效】下列劳动合同无效或者部分无效:

(一)以欺诈、胁迫的手段或者乘人之危,使对方在违背真实意思的情况下

订立或者变更劳动合同的;

（二）用人单位免除自己的法定责任、排除劳动者权利的;

（三）违反法律、行政法规强制性规定的。

对劳动合同的无效或者部分无效有争议的,由劳动争议仲裁机构或者人民法院确认。

第二十七条　【劳动合同部分无效】劳动合同部分无效,不影响其他部分效力的,其他部分仍然有效。

第二十八条　【劳动合同无效后劳动报酬的支付】劳动合同被确认无效,劳动者已付出劳动的,用人单位应当向劳动者支付劳动报酬。劳动报酬的数额,参照本单位相同或者相近岗位劳动者的劳动报酬确定。

第三章　劳动合同的履行和变更

第二十九条　【劳动合同的履行】用人单位与劳动者应当按照劳动合同的约定,全面履行各自的义务。

第三十条　【劳动报酬】用人单位应当按照劳动合同约定和国家规定,向劳动者及时足额支付劳动报酬。

用人单位拖欠或者未足额支付劳动报酬的,劳动者可以依法向当地人民法院申请支付令,人民法院应当依法发出支付令。

劳动者应当向有管辖权的基层人民法院申请支付令。劳动者在支付令申请书中应当写明请求给付劳动报酬的具体数额以及所依据的事实、证据,如劳动合同文本等。劳动者提出申请后,法院应当在5日内通知其是否受理。法院受理申请后,对劳动者提供的事实、证据进行审查,对工资债权债务关系明确、合法的,应当在受理之日起15日内向用人单位发出支付令;人民法院认为申请不成立的,裁定驳回申请,该裁定不得上诉。

用人单位应当自收到支付令之日起15日内向劳动者支付所拖欠的工资,或者向人民法院提出书面异议。用人单位在收到支付令之日起15日内不提出书面异议又不支付所拖欠的工资的,劳动者可以向人民法院申请强制执行。人民法院收到用人单位提出的书面异议后,应当裁定终结督促程序,支付令自行失效。如果劳动者因用人单位拖欠或未足额支付劳动者工资而申请支付令的,在人民法院终结督促程序后,劳动者应当先向劳动争议仲裁委员会申请仲裁;如果用人单位和劳动者对支付拖欠劳动报酬达成调解协议,劳动者因用人单位在协议约定的期限内不支付拖欠的劳动报酬而申请的支付令,在人民法院终结督促程序后,劳动者可以持调解协议书直接向人民法院提起诉讼。

第三十一条 【加班】用人单位应当严格执行劳动定额标准,不得强迫或者变相强迫劳动者加班。用人单位安排加班的,应当按照国家有关规定向劳动者支付加班费。

用人单位在工作日安排劳动者延长工作时间的,支付不低于工资的150%的工资报酬;用人单位在休息日安排劳动者工作又不能安排补休的,支付不低于工资的200%的工资报酬;用人单位在法定休假日安排劳动者工作的,支付不低于工资的300%的工资报酬。

根据《最高人民法院关于审理劳动争议案件适用法律问题的解释(一)》第42条的规定,劳动者主张加班费的,应当就加班事实的存在承担举证责任。但劳动者有证据证明用人单位掌握加班事实存在的证据,用人单位不提供的,由用人单位承担不利后果。

第三十二条 【劳动者拒绝违章指挥、强令冒险作业】劳动者拒绝用人单位管理人员违章指挥、强令冒险作业的,不视为违反劳动合同。

劳动者对危害生命安全和身体健康的劳动条件,有权对用人单位提出批评、检举和控告。

第三十三条 【用人单位名称、法定代表人等的变更】用人单位变更名称、法定代表人、主要负责人或者投资人等事项,不影响劳动合同的履行。

第三十四条 【用人单位合并或者分立】用人单位发生合并或者分立等情况,原劳动合同继续有效,劳动合同由承继其权利和义务的用人单位继续履行。

用人单位变更名称、法定代表人、主要负责人或者投资人等事项,发生合并或者分立等情况,变更后的用人单位应继续履行劳动合同。变更后的用人单位可以依据实际情况与原用人单位的劳动者遵循平等自愿、协商一致的原则变更、解除或重新签订劳动合同。在此情况下,重新签订劳动合同视为原劳动合同的变更,用人单位变更劳动合同,劳动者不能要求经济补偿。如果双方就劳动合同的变更或解除未能协商一致,则应继续履行原劳动合同。

如果劳动合同订立时所依据的客观情况发生重大变化,致使劳动合同无法继续履行,则变更后的用人单位可以与劳动者协商变更劳动合同;如果双方未能就变更劳动合同达成一致,则用人单位可以提前30日以书面形式通知劳动者本人或者额外支付劳动者1个月工资后解除劳动合同。

第三十五条 【劳动合同的变更】用人单位与劳动者协商一致,可以变更劳动合同约定的内容。变更劳动合同,应当采用书面形式。

变更后的劳动合同文本由用人单位和劳动者各执一份。

《最高人民法院关于审理劳动争议案件适用法律问题的解释(一)》第43条

规定:"用人单位与劳动者协商一致变更劳动合同,虽未采用书面形式,但已经实际履行了口头变更的劳动合同超过一个月,变更后的劳动合同内容不违反法律、行政法规且不违背公序良俗,当事人以未采用书面形式为由主张劳动合同变更无效的,人民法院不予支持。"其明确肯定了劳动合同口头变更形式的有效性,同时规定必须通过当事人的实际履行行为来体现双方就劳动合同变更达成了合意。

第四章 劳动合同的解除和终止

第三十六条 【协商解除劳动合同】用人单位与劳动者协商一致,可以解除劳动合同。

第三十七条 【劳动者提前通知解除劳动合同】劳动者提前三十日以书面形式通知用人单位,可以解除劳动合同。劳动者在试用期内提前三日通知用人单位,可以解除劳动合同。

第三十八条 【劳动者解除劳动合同】用人单位有下列情形之一的,劳动者可以解除劳动合同:

(一)未按照劳动合同约定提供劳动保护或者劳动条件的;

(二)未及时足额支付劳动报酬的;

(三)未依法为劳动者缴纳社会保险费的;

(四)用人单位的规章制度违反法律、法规的规定,损害劳动者权益的;

(五)因本法第二十六条第一款规定的情形致使劳动合同无效的;

(六)法律、行政法规规定劳动者可以解除劳动合同的其他情形。

用人单位以暴力、威胁或者非法限制人身自由的手段强迫劳动者劳动的,或者用人单位违章指挥、强令冒险作业危及劳动者人身安全的,劳动者可以立即解除劳动合同,不需事先告知用人单位。

第三十九条 【用人单位单方解除劳动合同】劳动者有下列情形之一的,用人单位可以解除劳动合同:

(一)在试用期间被证明不符合录用条件的;

(二)严重违反用人单位的规章制度的;

(三)严重失职,营私舞弊,给用人单位造成重大损害的;

(四)劳动者同时与其他用人单位建立劳动关系,对完成本单位的工作任务造成严重影响,或者经用人单位提出,拒不改正的;

(五)因本法第二十六条第一款第一项规定的情形致使劳动合同无效的;

(六)被依法追究刑事责任的。

第四十条 【无过失性辞退】有下列情形之一的,用人单位提前三十日以书面形式通知劳动者本人或者额外支付劳动者一个月工资后,可以解除劳动合同:

(一)劳动者患病或者非因工负伤,在规定的医疗期满后不能从事原工作,也不能从事由用人单位另行安排的工作的;

(二)劳动者不能胜任工作,经过培训或者调整工作岗位,仍不能胜任工作的;

(三)劳动合同订立时所依据的客观情况发生重大变化,致使劳动合同无法履行,经用人单位与劳动者协商,未能就变更劳动合同内容达成协议的。

本条中规定的"不能胜任工作",是指不能按要求完成劳动合同中约定的任务或者同工种、同岗位人员的工作量。但用人单位不得故意提高定额标准,使劳动者无法完成。判断劳动者"不能胜任工作"的主要依据是用人单位的劳动规章制度和劳动定额标准,同工种、同岗位劳动者的工作量也可以作为参照。

第四十一条 【经济性裁员】有下列情形之一,需要裁减人员二十人以上或者裁减不足二十人但占企业职工总数百分之十以上的,用人单位提前三十日向工会或者全体职工说明情况,听取工会或者职工的意见后,裁减人员方案经向劳动行政部门报告,可以裁减人员:

(一)依照企业破产法规定进行重整的;

(二)生产经营发生严重困难的;

(三)企业转产、重大技术革新或者经营方式调整,经变更劳动合同后,仍需裁减人员的;

(四)其他因劳动合同订立时所依据的客观经济情况发生重大变化,致使劳动合同无法履行的。

裁减人员时,应当优先留用下列人员:

(一)与本单位订立较长期限的固定期限劳动合同的;

(二)与本单位订立无固定期限劳动合同的;

(三)家庭无其他就业人员,有需要扶养的老人或者未成年人的。

用人单位依照本条第一款规定裁减人员,在六个月内重新招用人员的,应当通知被裁减的人员,并在同等条件下优先招用被裁减的人员。

根据《企业经济性裁减人员规定》第4条的规定,用人单位确需裁减人员,应按下列程序进行:(1)提前30日向工会或者全体职工说明情况,并提供有关生产经营状况的资料;(2)提出裁减人员方案,内容包括:被裁减人员名单,裁减时间及实施步骤,符合法律、法规规定和集体合同约定的被裁减人员经济补偿办法;(3)将裁减人员方案征求工会或者全体职工的意见,并对方案进行修改和完善;(4)向当地劳动行政部门报告裁减人员方案以及工会或者全体职工的意见,并听取劳动行政部门的意见;(5)由用人单位正式公布裁减人员方案,与被裁减人员办理解除劳动合同手续,按照有关规定向被裁减人员本人支付经济补偿金,出具裁减人员证明书。

第四十二条 【用人单位不得解除劳动合同的情形】劳动者有下列情形之一的,用人单位不得依照本法第四十条、第四十一条的规定解除劳动合同:

(一)从事接触职业病危害作业的劳动者未进行离岗前职业健康检查,或者疑似职业病病人在诊断或者医学观察期间的;

(二)在本单位患职业病或者因工负伤并被确认丧失或者部分丧失劳动能力的;

(三)患病或者非因工负伤,在规定的医疗期内的;

(四)女职工在孕期、产期、哺乳期的;

(五)在本单位连续工作满十五年,且距法定退休年龄不足五年的;

(六)法律、行政法规规定的其他情形。

第四十三条 【工会在劳动合同解除中的监督作用】用人单位单方解除劳动合同,应当事先将理由通知工会。用人单位违反法律、行政法规规定或者劳动合同约定的,工会有权要求用人单位纠正。用人单位应当研究工会的意见,并将处理结果书面通知工会。

第四十四条 【劳动合同的终止】有下列情形之一的,劳动合同终止:

(一)劳动合同期满的;

(二)劳动者开始依法享受基本养老保险待遇的;

(三)劳动者死亡,或者被人民法院宣告死亡或者宣告失踪的;

(四)用人单位被依法宣告破产的;

(五)用人单位被吊销营业执照、责令关闭、撤销或者用人单位决定提前解散的;

(六)法律、行政法规规定的其他情形。

1. 在劳动法领域,劳动合同的解除与劳动合同的终止是两个不一样的概念,其区别在于:劳动合同的解除条件分为法定解除条件和约定解除条件,即在法定许可解除条件之外,劳动者和用人单位可以约定解除条件,只要该约定建立在双方平等自愿协商的基础上,就应视为合法。即使存在本法第42条规定的禁止解除劳动合同的情形,只要双方协商一致,仍然可以解除劳动合同。劳动合同的终止条件属于法定条件,用人单位和劳动者不得约定劳动合同的终止条件。

2. 宣告死亡，是指自然人下落不明达到法定期限，经利害关系人申请，人民法院经过法定程序在法律上推定失踪人死亡的民事制度。宣告死亡必须具备法律规定的条件：(1) 自然人下落不明的时间要达到法定的长度。下落不明，是指自然人持续不间断地没有音讯的状态。一般情况下，下落不明的时间要满 4 年。如果是因意外事件而下落不明，下落不明的时间要满 2 年。(2) 必须要由利害关系人提出申请。(3) 只能由人民法院经过法定程序，宣告自然人死亡。

3. 宣告失踪，是指自然人下落不明达到法定的期限，经利害关系人申请，人民法院依照法定程序宣告其为失踪人的制度。宣告失踪的条件包含：(1) 然人下落不明满 2 年。(2) 利害关系人向人民法院申请。(3) 由人民法院依据法定程序进行宣告。

4. 我国劳动者开始依法享受基本养老保险待遇的条件大致有两个：一是劳动者已退休，二是个人缴费年限累计满 15 年或者个人缴费和视同缴费年限累计满 15 年。我国现在有正常退休、提前退休、内退等退休情况，本条并没有以退休为劳动合同终止的情形之一。

第四十五条 【劳动合同的逾期终止】劳动合同期满，有本法第四十二条规定情形之一的，劳动合同应当续延至相应的情形消失时终止。但是，本法第四十二条第二项规定丧失或者部分丧失劳动能力劳动者的劳动合同的终止，按照国家有关工伤保险的规定执行。

根据《劳动合同法》第 45 条的规定，存在《劳动合同法》第 42 条规定的情形（用人单位不得解除劳动合同的 6 种情形）之一时，劳动合同期满，劳动合同并不立即终止，而是续延至相应的情形消失时终止。但是，在本单位患职业病或者因工负伤并被确认丧失或部分丧失劳动能力的，其劳动合同并不简单地遵循前述规则延期终止。结合《工伤保险条例》的相应规定，此类情形的处理规则是：(1) 劳动者因工致残被鉴定为 1 至 4 级伤残的，保留劳动关系，退出工作岗位，无论其劳动能力是否恢复，用人单位都不得终止劳动合同，直至劳动者达到法定退休年龄。(2) 劳动者因工致残被鉴定为 5 级、6 级伤残的，经工伤劳动者提出，其可以与用人单位解除或者终止劳动关系；但如果工伤劳动者并未提出终止劳动合同，则劳动合同直至劳动者达到法定退休年龄时终止。(3) 劳动者因工致残被鉴定为 7 至 10 级伤残的，劳动合同期满即可终止。当然，工伤劳动者也可以提出解除劳动合同。

第四十六条 【经济补偿】有下列情形之一的，用人单位应当向劳动者支付经济补偿：

（一）劳动者依照本法第三十八条规定解除劳动合同的；

（二）用人单位依照本法第三十六条规定向劳动者提出解除劳动合同并与劳动者协商一致解除劳动合同的；

（三）用人单位依照本法第四十条规定解除劳动合同的；

（四）用人单位依照本法第四十一条第一款规定解除劳动合同的；

（五）除用人单位维持或者提高劳动合同约定条件续订劳动合同，劳动者不同意续订的情形外，依照本法第四十四条第一项规定终止固定期限劳动合同的；

（六）依照本法第四十四条第四项、第五项规定终止劳动合同的；

（七）法律、行政法规规定的其他情形。

第四十七条　【经济补偿的计算】经济补偿按劳动者在本单位工作的年限，每满一年支付一个月工资的标准向劳动者支付。六个月以上不满一年的，按一年计算；不满六个月的，向劳动者支付半个月工资的经济补偿。

劳动者月工资高于用人单位所在直辖市、设区的市级人民政府公布的本地区上年度职工月平均工资三倍的，向其支付经济补偿的标准按职工月平均工资三倍的数额支付，向其支付经济补偿的年限最高不超过十二年。

本条所称月工资是指劳动者在劳动合同解除或者终止前十二个月的平均工资。

关于工资的构成，根据《劳动合同法实施条例》第 27 条的规定，月工资包括计时工资或者计件工资以及奖金、津贴和补贴等货币性收入。

因《劳动合同法实施条例》与《违反和解除劳动合同的经济补偿办法》规定有所不同，如果劳动关系跨越 2008 年 1 月 1 日前后，则应分段计算：2007 年 12 月 31 日前，劳动者的月平均工资低于企业月平均工资的，按照企业月平均工资的标准支付。2008 年 1 月 1 日以后，根据《劳动合同法实施条例》第 27 条的规定，劳动者在劳动合同解除或终止前 12 个月的平均工资低于当地最低工资标准的，按当地最低工资标准计算；如果劳动者的月平均工资低于企业月平均工资，但高于当地最低工资标准的，则应当按照劳动者本人前 12 个月平均工资计算。

劳动者月工资高于用人单位所在直辖市、设区的市级人民政府公布的本地区上年度职工月平均工资 3 倍的，经济补偿金的计算也涉及分段：2007 年 12 月 31 日前，以劳动者在劳动合同解除或终止前 12 个月平均工资作为计算基数；2008 年 1 月 1 日后，以劳动者所在地区职工上年度月平均工资的 3 倍作为计算基数，且支付年限不超过 12 年。

第四十八条 【违法解除或者终止劳动合同的法律后果】用人单位违反本法规定解除或者终止劳动合同,劳动者要求继续履行劳动合同的,用人单位应当继续履行;劳动者不要求继续履行劳动合同或者劳动合同已经不能继续履行的,用人单位应当依照本法第八十七条规定支付赔偿金。

用人单位违反本法规定解除或终止劳动合同的法律后果分为两种情形:(1)如果劳动者要求继续履行劳动合同的,而用人单位也具备继续履行条件的应当继续履行;(2)如果劳动者不要求继续履行劳动合同,或者劳动者要求履行劳动合同但劳动合同已经不能继续履行的,用人单位应当按照《劳动合同法》第87条的规定支付赔偿金,即依照《劳动合同法》第47条规定的经济补偿标准的2倍向劳动者支付赔偿金。根据原劳动部发布的《违反〈劳动法〉有关劳动合同规定的赔偿办法》第2、3条的规定,用人单位违反规定或劳动合同的约定解除劳动合同的,造成劳动者工资收入损失的,按劳动者本人应得工资收入支付给劳动者,并加付应得工资收入25%的赔偿费用;造成劳动者劳动保护待遇损失的,应按国家规定补足劳动者的劳动保护津贴和用品;造成劳动者工伤、医疗待遇损失的,除按国家规定为劳动者提供工伤、医疗待遇外,还应支付劳动者相当于医疗费用25%的赔偿费用;造成女职工和未成年工身体健康损害的,除按国家规定提供治疗期间的医疗待遇外,还应支付相当于其医疗费用25%的赔偿费用。该规定与《劳动合同法》规定相异,根据新法优于旧法的原则,2008年1月1日以后发生的相关劳动争议,应当适用《劳动合同法》的规定。

第四十九条 【社会保险关系跨地区转移接续】国家采取措施,建立健全劳动者社会保险关系跨地区转移接续制度。

第五十条 【劳动合同解除或者终止后双方的义务】用人单位应当在解除或者终止劳动合同时出具解除或者终止劳动合同的证明,并在十五日内为劳动者办理档案和社会保险关系转移手续。

劳动者应当按照双方约定,办理工作交接。用人单位依照本法有关规定应当向劳动者支付经济补偿的,在办结工作交接时支付。

用人单位对已经解除或者终止的劳动合同的文本,至少保存二年备查。

第五章 特 别 规 定

第一节 集 体 合 同

第五十一条 【集体合同的订立和内容】企业职工一方与用人单位通过平等协商,可以就劳动报酬、工作时间、休息休假、劳动安全卫生、保险福利等事项订立集体合同。集体合同草案应当提交职工代表大会或者全体职工讨论通过。

集体合同由工会代表企业职工一方与用人单位订立;尚未建立工会的用人单位,由上级工会指导劳动者推举的代表与用人单位订立。

集体合同,是指用人单位与本单位职工根据法律、法规、规章的规定,就劳动报酬、工作时间、休息休假、劳动安全卫生、职业培训、保险福利等事项,通过集体协商签订的书面协议。

集体合同的订立程序如下:(1)集体协商。基层工会或企业职工方代表与用人单位就劳动报酬、工作时间、休息休假、劳动安全卫生、保险福利等事项进行平等协商,形成集体合同草案。(2)讨论。集体合同草案应提交职工代表大会或全体职工讨论,职工代表大会或全体职工讨论集体合同草案,应有2/3以上的职工代表或职工出席,且必须经全体职工代表半数以上或者全体职工半数以上同意,该草案方获通过。(3)签字。集体合同草案获得通过后,由集体协商双方的首席代表签字。

第五十二条 【专项集体合同】企业职工一方与用人单位可以订立劳动安全卫生、女职工权益保护、工资调整机制等专项集体合同。

第五十三条 【行业性集体合同、区域性集体合同】在县级以下区域内,建筑业、采矿业、餐饮服务业等行业可以由工会与企业方面代表订立行业性集体合同,或者订立区域性集体合同。

第五十四条 【集体合同的报送和生效】集体合同订立后,应当报送劳动行政部门;劳动行政部门自收到集体合同文本之日起十五日内未提出异议的,集体合同即行生效。

依法订立的集体合同对用人单位和劳动者具有约束力。行业性、区域性集体合同对当地本行业、本区域的用人单位和劳动者具有约束力。

第五十五条 【集体合同中劳动报酬、劳动条件等标准】集体合同中劳动报酬和劳动条件等标准不得低于当地人民政府规定的最低标准;用人单位与劳动者订立的劳动合同中劳动报酬和劳动条件等标准不得低于集体合同规定的标准。

第五十六条 【集体合同纠纷和法律救济】用人单位违反集体合同,侵犯职工劳动权益的,工会可以依法要求用人单位承担责任;因履行集体合同发生争议,经协商解决不成的,工会可以依法申请仲裁、提起诉讼。

根据《劳动合同法》第56条及《工会法》第21条第4款的规定,企业、事业单位、社会组织违反集体合同,侵犯职工劳动权益的,工会可以依法要求企业、事业单位、社会组织予以改正并承担责任;因履行集体合同发生争议,经协商解决不成的,工会可以向劳动争议仲裁机构提请仲裁,仲裁机构不予受理或者对仲裁裁决不服的,可以向人民法院提起诉讼。也就是说,当用人单位存在违反集体合同的行为,或者用人单位与劳动者在履行集体合同过程中产生争议时,可由工会代表劳动者维权。

第二节 劳务派遣

第五十七条 【经营劳务派遣业务的条件】经营劳务派遣业务应当具备下列条件:

(一)注册资本不得少于人民币二百万元;
(二)有与开展业务相适应的固定的经营场所和设施;
(三)有符合法律、行政法规规定的劳务派遣管理制度;
(四)法律、行政法规规定的其他条件。

经营劳务派遣业务,应当向劳动行政部门依法申请行政许可;许可的,依法办理相应的公司登记。未经许可,任何单位和个人不得经营劳务派遣业务。

第五十八条 【劳务派遣单位、用工单位及劳动者的权利义务】劳务派遣单位是本法所称用人单位,应当履行用人单位对劳动者的义务。劳务派遣单位与被派遣劳动者订立的劳动合同,除应当载明本法第十七条规定的事项外,还应当载明被派遣劳动者的用工单位以及派遣期限、工作岗位等情况。

劳务派遣单位应当与被派遣劳动者订立二年以上的固定期限劳动合同,按月支付劳动报酬;被派遣劳动者在无工作期间,劳务派遣单位应当按照所在地人民政府规定的最低工资标准,向其按月支付报酬。

第五十九条 【劳务派遣协议】劳务派遣单位派遣劳动者应当与接受以劳务派遣形式用工的单位(以下称用工单位)订立劳务派遣协议。劳务派遣协议应当约定派遣岗位和人员数量、派遣期限、劳动报酬和社会保险费的数额与支付方式以及违反协议的责任。

用工单位应当根据工作岗位的实际需要与劳务派遣单位确定派遣期限,不得将连续用工期限分割订立数个短期劳务派遣协议。

第六十条 【劳务派遣单位的告知义务】劳务派遣单位应当将劳务派遣协议的内容告知被派遣劳动者。

劳务派遣单位不得克扣用工单位按照劳务派遣协议支付给被派遣劳动者的劳动报酬。

劳务派遣单位和用工单位不得向被派遣劳动者收取费用。

第六十一条 【跨地区派遣劳动者的劳动报酬、劳动条件】劳务派遣单位跨地区派遣劳动者的,被派遣劳动者享有的劳动报酬和劳动条件,按照用工单位所在地的标准执行。

《劳务派遣暂行规定》第18条和第19条解决的是跨地区劳务派遣以及在分支机构工作的被派遣劳动者的社会保险问题。为防止劳务派遣单位侵害被派遣劳动者的合法权益,实现跨地区被派遣劳动者与用工单位劳动者的"同工同保",该规定第18、19条明确了跨地区派遣劳动者的参保地区、缴费标准和缴费主体。(1)缴费主体是劳务派遣单位。劳务派遣单位与用工单位不在同一个地区的情况下,如果劳务派遣单位在用工单位有分支机构,由分支机构为被派遣劳动者办理参保手续并缴纳社会保险费;如果劳务派遣单位在用工单位没有分支机构,则由用工单位代为办理参保手续并缴费。(2)参保地区是用工单位所在地,缴费标准适用用工单位所在地的规定。根据《城镇企业职工基本养老保险关系转移接续暂行办法》以及《流动就业人员基本医疗保障关系转移接续暂行办法》的规定,被派遣劳动者跨地区就业,其基本养老保险和基本医疗保险可办理转移接续手续。

第六十二条 【用工单位的义务】用工单位应当履行下列义务:

(一)执行国家劳动标准,提供相应的劳动条件和劳动保护;

(二)告知被派遣劳动者的工作要求和劳动报酬;

(三)支付加班费、绩效奖金,提供与工作岗位相关的福利待遇;

(四)对在岗被派遣劳动者进行工作岗位所必需的培训;

(五)连续用工的,实行正常的工资调整机制。

用工单位不得将被派遣劳动者再派遣到其他用人单位。

第六十三条 【被派遣劳动者同工同酬】被派遣劳动者享有与用工单位的劳动者同工同酬的权利。用工单位应当按照同工同酬原则,对被派遣劳动者与本单位同类岗位的劳动者实行相同的劳动报酬分配办法。用工单位无同类岗位劳动者的,参照用工单位所在地相同或者相近岗位劳动者的劳动报酬确定。

劳务派遣单位与被派遣劳动者订立的劳动合同和与用工单位订立的劳务派遣协议,载明或者约定的向被派遣劳动者支付的劳动报酬应当符合前款规定。

第六十四条 【被派遣劳动者参加或者组织工会】被派遣劳动者有权在劳务派遣单位或者用工单位依法参加或者组织工会,维护自身的合法权益。

第六十五条 【劳务派遣中解除劳动合同】被派遣劳动者可以依照本法第三十六条、第三十八条的规定与劳务派遣单位解除劳动合同。

被派遣劳动者有本法第三十九条和第四十条第一项、第二项规定情形的,用工单位可以将劳动者退回劳务派遣单位,劳务派遣单位依照本法有关规定,可以与劳动者解除劳动合同。

第六十六条 【劳务派遣的适用岗位】劳动合同用工是我国的企业基本用工形式。劳务派遣用工是补充形式,只能在临时性、辅助性或者替代性的工作岗位上实施。

前款规定的临时性工作岗位是指存续时间不超过六个月的岗位;辅助性工作岗位是指为主营业务岗位提供服务的非主营业务岗位;替代性工作岗位是指用工单位的劳动者因脱产学习、休假等原因无法工作的一定期间内,可以由其他劳动者替代工作的岗位。

用工单位应当严格控制劳务派遣用工数量,不得超过其用工总量的一定比例,具体比例由国务院劳动行政部门规定。

第六十七条 【用人单位不得自设劳务派遣单位】用人单位不得设立劳务派遣单位向本单位或者所属单位派遣劳动者。

第三节 非全日制用工

第六十八条 【非全日制用工的概念】非全日制用工,是指以小时计酬为主,劳动者在同一用人单位一般平均每日工作时间不超过四小时,每周工作时间累计不超过二十四小时的用工形式。

第六十九条 【非全日制用工的劳动合同】非全日制用工双方当事人可以订立口头协议。

从事非全日制用工的劳动者可以与一个或者一个以上用人单位订立劳动合同;但是,后订立的劳动合同不得影响先订立的劳动合同的履行。

第七十条 【非全日制用工不得约定试用期】非全日制用工双方当事人不得约定试用期。

第七十一条 【非全日制用工的终止用工】非全日制用工双方当事人任何一方都可以随时通知对方终止用工。终止用工,用人单位不向劳动者支付经济补偿。

第七十二条 【非全日制用工的劳动报酬】非全日制用工小时计酬标准不得低于用人单位所在地人民政府规定的最低小时工资标准。

非全日制用工劳动报酬结算支付周期最长不得超过十五日。

第六章 监督检查

第七十三条 【劳动合同制度的监督管理体制】国务院劳动行政部门负责全国劳动合同制度实施的监督管理。

县级以上地方人民政府劳动行政部门负责本行政区域内劳动合同制度实施的监督管理。

县级以上各级人民政府劳动行政部门在劳动合同制度实施的监督管理工作中，应当听取工会、企业方面代表以及有关行业主管部门的意见。

第七十四条 【劳动行政部门监督检查事项】县级以上地方人民政府劳动行政部门依法对下列实施劳动合同制度的情况进行监督检查：

（一）用人单位制定直接涉及劳动者切身利益的规章制度及其执行的情况；

（二）用人单位与劳动者订立和解除劳动合同的情况；

（三）劳务派遣单位和用工单位遵守劳务派遣有关规定的情况；

（四）用人单位遵守国家关于劳动者工作时间和休息休假规定的情况；

（五）用人单位支付劳动合同约定的劳动报酬和执行最低工资标准的情况；

（六）用人单位参加各项社会保险和缴纳社会保险费的情况；

（七）法律、法规规定的其他劳动监察事项。

第七十五条 【监督检查措施和依法行政、文明执法】县级以上地方人民政府劳动行政部门实施监督检查时，有权查阅与劳动合同、集体合同有关的材料，有权对劳动场所进行实地检查，用人单位和劳动者都应当如实提供有关情况和材料。

劳动行政部门的工作人员进行监督检查，应当出示证件，依法行使职权，文明执法。

第七十六条 【其他有关主管部门的监督管理】县级以上人民政府建设、卫生、安全生产监督管理等有关主管部门在各自职责范围内，对用人单位执行劳动合同制度的情况进行监督管理。

第七十七条 【劳动者权利救济途径】劳动者合法权益受到侵害的，有权要求有关部门依法处理，或者依法申请仲裁、提起诉讼。

劳动者认为用人单位侵害了自己的合法权益时，有以下几种权利救济途径：(1)向县级以上劳动行政部门或建设、卫生、安全生产监督管理等有关主管部门举报或投诉。(2)向劳动争议调解机构申请调解。一般来说，在劳动争议发生后，当事人应当协商解决；如果当事人不愿协商或者协商不成的，可以向本单位劳动争议调解委员会申请调解。(3)向劳动争议仲裁委员会申请仲裁。自劳动争议调解委员会收到调解申请之日起15日内未达成调解协议的，当事人可以依法申请劳动争议仲裁；或者经调解达成调解协议后，一方当事人在约定期限内不履行调解协议的，另一方当事人可以依法申请劳动争议仲裁。但调解并非仲裁的前置程序，即劳动者(或用人单位)可以直接申请劳动争议仲裁。劳动争议仲裁由劳动合同履行地或用人单位所在地的劳动争议仲裁委员会管辖,如果双方当事人分别向劳动合同履行地和用人单位所在地的劳动争议仲裁委员会申请仲裁,由劳动合同履行地的劳动争议仲裁委员会管辖。(4)向人民法院提起诉讼。劳动争议仲裁是劳动争议诉讼的前置程序,即未经劳动争议仲裁,劳动争议当事人不得直接向人民法院起诉;经过劳动争议仲裁,当事人对劳动争议仲裁裁决不服的,在收到裁决书之日起15日内,可以向人民法院提起诉讼。

第七十八条 【工会监督检查的权利】工会依法维护劳动者的合法权益,对用人单位履行劳动合同、集体合同的情况进行监督。用人单位违反劳动法律、法规和劳动合同、集体合同的,工会有权提出意见或者要求纠正;劳动者申请仲裁、提起诉讼的,工会依法给予支持和帮助。

第七十九条 【对违法行为的举报】任何组织或者个人对违反本法的行为都有权举报,县级以上人民政府劳动行政部门应当及时核实、处理,并对举报有功人员给予奖励。

第七章 法律责任

第八十条 【规章制度违法的法律责任】用人单位直接涉及劳动者切身利益的规章制度违反法律、法规规定的,由劳动行政部门责令改正,给予警告;给劳动者造成损害的,应当承担赔偿责任。

第八十一条 【缺乏必备条款、不提供劳动合同文本的法律责任】用人单位提供的劳动合同文本未载明本法规定的劳动合同必备条款或者用人单位未将劳动合同文本交付劳动者的,由劳动行政部门责令改正;给劳动者造成损害的,应当承担赔偿责任。

如果用人单位提供的劳动合同文本中缺少《劳动合同法》第17条第1款规定的劳动合同必备条款中任何一项,则用人单位需承担的法律责任是:(1)由劳动行政部门责令改正,即依法补充劳动合同条款;(2)如果因劳动合同文本缺乏必备条款,导致劳动合同部分无效,给劳动者造成损害的,用人单位应当承担赔偿责任。至于具体赔偿标准,《劳动合同法》未作明确规定。根据劳动部于1995年5月10日发布的《违反〈劳动法〉有关劳动合同规定的赔偿办法》的规定,由于用人单位的原因订立无效或部分无效劳动合同,造成劳动者工资收入损失,按劳动者本人应得工资收入支付给劳动者,并加付应得工资收入25%的赔偿费用;造成劳动者劳动保护待遇损失的,应按国家规定补足劳动者的劳动保护津贴和用品;造成劳动者工伤、医疗待遇损失的,除按国家规定为劳动者提供工伤、医疗待遇外,还应支付劳动者相当于医疗费用25%的赔偿费用;造成女职工和未成年工身体健康损害的,除按国家规定提供治疗期间的医疗待遇外,还应支付相当于医疗费用25%的赔偿费用。

第八十二条 【不订立书面劳动合同的法律责任】用人单位自用工之日起超过一个月不满一年未与劳动者订立书面劳动合同的,应当向劳动者每月支付二倍的工资。

用人单位违反本法规定不与劳动者订立无固定期限劳动合同的,自应当订立无固定期限劳动合同之日起向劳动者每月支付二倍的工资。

第八十三条 【违法约定试用期的法律责任】用人单位违反本法规定与劳动者约定试用期的,由劳动行政部门责令改正;违法约定的试用期已经履行的,由用人单位以劳动者试用期满月工资为标准,按已经履行的超过法定试用期的期间向劳动者支付赔偿金。

(1)用人单位不得与非全日制用工的劳动者约定试用期。(2)用人单位与全日制用工的劳动者约定试用期不得超过法定期限,即劳动合同期限3个月以上不满1年的,试用期不得超过1个月;劳动合同期限1年以上不满3年的,试用期不得超过2个月;3年以上固定期限和无固定期限的劳动合同,试用期不得超过6个月。(3)以完成一定工作任务为期限的劳动合同或者劳动合同期限不满3个月的,不得约定试用期。(4)同一用人单位与同一劳动者只能约定一次试用期。(5)没有约定劳动合同期限,只约定试用期的,试用期即为劳动合同期限。

第八十四条 【扣押劳动者身份证等证件的法律责任】用人单位违反本法规定,扣押劳动者居民身份证等证件的,由劳动行政部门责令限期退还劳动者本人,并依照有关法律规定给予处罚。

用人单位违反本法规定,以担保或者其他名义向劳动者收取财物的,由劳动行政部门责令限期退还劳动者本人,并以每人五百元以上二千元以下的标准处以罚款;给劳动者造成损害的,应当承担赔偿责任。

劳动者依法解除或者终止劳动合同,用人单位扣押劳动者档案或者其他物品的,依照前款规定处罚。

第八十五条 【未依法支付劳动报酬、经济补偿等的法律责任】用人单位有下列情形之一的,由劳动行政部门责令限期支付劳动报酬、加班费或者经济补偿;劳动报酬低于当地最低工资标准的,应当支付其差额部分;逾期不支付的,责令用人单位按应付金额百分之五十以上百分之一百以下的标准向劳动者加付赔偿金:

(一)未按照劳动合同的约定或者国家规定及时足额支付劳动者劳动报

酬的；

（二）低于当地最低工资标准支付劳动者工资的；

（三）安排加班不支付加班费的；

（四）解除或者终止劳动合同，未按照本法规定向劳动者支付经济补偿的。

第八十六条 【订立无效劳动合同的法律责任】劳动合同依照本法第二十六条规定被确认无效，给对方造成损害的，有过错的一方应当承担赔偿责任。

第八十七条 【违反解除或者终止劳动合同的法律责任】用人单位违反本法规定解除或者终止劳动合同的，应当依照本法第四十七条规定的经济补偿标准的二倍向劳动者支付赔偿金。

第八十八条 【侵害劳动者人身权益的法律责任】用人单位有下列情形之一的，依法给予行政处罚；构成犯罪的，依法追究刑事责任；给劳动者造成损害的，应当承担赔偿责任：

（一）以暴力、威胁或者非法限制人身自由的手段强迫劳动的；

（二）违章指挥或者强令冒险作业危及劳动者人身安全的；

（三）侮辱、体罚、殴打、非法搜查或者拘禁劳动者的；

（四）劳动条件恶劣、环境污染严重，给劳动者身心健康造成严重损害的。

第八十九条 【不出具解除、终止书面证明的法律责任】用人单位违反本法规定未向劳动者出具解除或者终止劳动合同的书面证明，由劳动行政部门责令改正；给劳动者造成损害的，应当承担赔偿责任。

第九十条 【劳动者的赔偿责任】劳动者违反本法规定解除劳动合同，或者违反劳动合同中约定的保密义务或者竞业限制，给用人单位造成损失的，应当承担赔偿责任。

"劳动者违反本法规定解除劳动合同"，是指劳动者违反《劳动合同法》第37、38条的规定解除劳动合同，即用人单位不存在过错情形时，劳动者没有提前30天（试用期内没有提前3天）以书面形式通知用人单位即解除劳动合同。劳动者违法解除劳动合同，给用人单位造成损失的，应当赔偿用人单位下列损失：用人单位招录其所支付的费用，用人单位为其支付的专项培训费用（双方另有约定的从其约定），对生产、经营和工作造成的直接经济损失，劳动合同约定的其他赔偿项目。

第九十一条 【用人单位的连带赔偿责任】用人单位招用与其他用人单位尚未解除或者终止劳动合同的劳动者，给其他用人单位造成损失的，应当承担连带赔偿责任。

用人单位承担本条连带赔偿责任的条件是：（1）用人单位有招用与其他用

人单位尚未解除或者终止劳动合同的劳动者的行为;(2)用人单位的该行为给其他用人单位造成了损失;(3)该行为与其他用人单位的损失之间存在因果关系。同时具备上述三个要件时,其他用人单位可以任意选择该用人单位或者劳动者承担赔偿责任,也可以同时请求该用人单位和劳动者承担连带赔偿责任。

第九十二条 【劳务派遣单位、用工单位的法律责任】违反本法规定,未经许可,擅自经营劳务派遣业务的,由劳动行政部门责令停止违法行为,没收违法所得,并处违法所得一倍以上五倍以下的罚款;没有违法所得的,可以处五万元以下的罚款。

劳务派遣单位、用工单位违反本法有关劳务派遣规定的,由劳动行政部门责令限期改正;逾期不改正的,以每人五千元以上一万元以下的标准处以罚款,对劳务派遣单位,吊销其劳务派遣业务经营许可证。用工单位给被派遣劳动者造成损害的,劳务派遣单位与用工单位承担连带赔偿责任。

第九十三条 【无营业执照经营单位的法律责任】对不具备合法经营资格的用人单位的违法犯罪行为,依法追究法律责任;劳动者已经付出劳动的,该单位或者其出资人应当依照本法有关规定向劳动者支付劳动报酬、经济补偿、赔偿金;给劳动者造成损害的,应当承担赔偿责任。

第九十四条 【个人承包经营者的连带赔偿责任】个人承包经营违反本法规定招用劳动者,给劳动者造成损害的,发包的组织与个人承包经营者承担连带赔偿责任。

第九十五条 【不履行法定职责、违法行使职权的法律责任】劳动行政部门和其他有关主管部门及其工作人员玩忽职守、不履行法定职责,或者违法行使职权,给劳动者或者用人单位造成损害的,应当承担赔偿责任;对直接负责的主管人员和其他直接责任人员,依法给予行政处分;构成犯罪的,依法追究刑事责任。

第八章 附 则

第九十六条 【事业单位聘用制劳动合同的法律适用】事业单位与实行聘用制的工作人员订立、履行、变更、解除或者终止劳动合同,法律、行政法规或者国务院另有规定的,依照其规定;未作规定的,依照本法有关规定执行。

第九十七条 【过渡性条款】本法施行前已依法订立且在本法施行之日存续的劳动合同,继续履行;本法第十四条第二款第三项规定连续订立固定期限劳动合同的次数,自本法施行后续订固定期限劳动合同时开始计算。

本法施行前已建立劳动关系,尚未订立书面劳动合同的,应当自本法施行之日起一个月内订立。

本法施行之日存续的劳动合同在本法施行后解除或者终止，依照本法第四十六条规定应当支付经济补偿的，经济补偿年限自本法施行之日起计算；本法施行前按照当时有关规定，用人单位应当向劳动者支付经济补偿的，按照当时有关规定执行。

第九十八条 【施行日期】本法自2008年1月1日起施行。

中华人民共和国劳动合同法实施条例

（2008年9月18日国务院令第535号公布施行）

第一章 总 则

第一条 【立法宗旨】为了贯彻实施《中华人民共和国劳动合同法》（以下简称劳动合同法），制定本条例。

第二条 【政府义务】各级人民政府和县级以上人民政府劳动行政等有关部门以及工会等组织，应当采取措施，推动劳动合同法的贯彻实施，促进劳动关系的和谐。

第三条 【用人单位范围界定】依法成立的会计师事务所、律师事务所等合伙组织和基金会，属于劳动合同法规定的用人单位。

第二章 劳动合同的订立

第四条 【分支机构订立劳动合同】劳动合同法规定的用人单位设立的分支机构，依法取得营业执照或者登记证书的，可以作为用人单位与劳动者订立劳动合同；未依法取得营业执照或者登记证书的，受用人单位委托可以与劳动者订立劳动合同。

第五条 【劳动者一个月内不订合同的处理】自用工之日起一个月内，经用人单位书面通知后，劳动者不与用人单位订立书面劳动合同的，用人单位应当书面通知劳动者终止劳动关系，无需向劳动者支付经济补偿，但是应当依法向劳动者支付其实际工作时间的劳动报酬。

第六条 【用人单位一年内不订合同的处理】用人单位自用工之日起超过一个月不满一年未与劳动者订立书面劳动合同的，应当依照劳动合同法第八十二条的规定向劳动者每月支付两倍的工资，并与劳动者补订书面劳动合同；劳动者不与用人单位订立书面劳动合同的,用人单位应当书面通知劳动者终止劳动关系,并依照劳动合同法第四十七条的规定支付经济补偿。

前款规定的用人单位向劳动者每月支付两倍工资的起算时间为用工之日起满一个月的次日,截止时间为补订书面劳动合同的前一日。

第七条 【用人单位满一年不订合同的处理】用人单位自用工之日起满一年未与劳动者订立书面劳动合同的,自用工之日起满一个月的次日至满一年的前一日应当依照劳动合同法第八十二条的规定向劳动者每月支付两倍的工资,并视为自用工之日起满一年的当日已经与劳动者订立无固定期限劳动合同,应当立即与劳动者补订书面劳动合同。

第八条 【职工名册内容】劳动合同法第七条规定的职工名册,应当包括劳动者姓名、性别、公民身份号码、户籍地址及现住址、联系方式、用工形式、用工起始时间、劳动合同期限等内容。

第九条 【连续工作时间计算】劳动合同法第十四条第二款规定的连续工作满10年的起始时间,应当自用人单位用工之日起计算,包括劳动合同法施行前的工作年限。

第十条 【到新单位工作的年限计算】劳动者非因本人原因从原用人单位被安排到新用人单位工作的,劳动者在原用人单位的工作年限合并计算为新用人单位的工作年限。原用人单位已经向劳动者支付经济补偿的,新用人单位在依法解除、终止劳动合同计算支付经济补偿的工作年限时,不再计算劳动者在原用人单位的工作年限。

第十一条 【订立无固定期限劳动合同】除劳动者与用人单位协商一致的情形外,劳动者依照劳动合同法第十四条第二款的规定,提出订立无固定期限劳动合同的,用人单位应当与其订立无固定期限劳动合同。对劳动合同的内容,双方应当按照合法、公平、平等自愿、协商一致、诚实信用的原则协商确定;对协商不一致的内容,依照劳动合同法第十八条的规定执行。

第十二条 【公益性岗位的特殊规定】地方各级人民政府及县级以上地方人民政府有关部门为安置就业困难人员提供的给予岗位补贴和社会保险补贴的公益性岗位,其劳动合同不适用劳动合同法有关无固定期限劳动合同的规定以及支付经济补偿的规定。

第十三条 【用人单位不得约定法外终止条件】用人单位与劳动者不得在劳动合同法第四十四条规定的劳动合同终止情形之外约定其他的劳动合同终止条件。

第十四条 【劳动合同履行地与用人单位注册地不一致时的执行标准】劳

动合同履行地与用人单位注册地不一致的,有关劳动者的最低工资标准、劳动保护、劳动条件、职业危害防护和本地区上年度职工月平均工资标准等事项,按照劳动合同履行地的有关规定执行;用人单位注册地的有关标准高于劳动合同履行地的有关标准,且用人单位与劳动者约定按照用人单位注册地的有关规定执行的,从其约定。

第十五条　【试用期工资】劳动者在试用期的工资不得低于本单位相同岗位最低档工资的80%或者不得低于劳动合同约定工资的80%,并不得低于用人单位所在地的最低工资标准。

第十六条　【培训费用范围】劳动合同法第二十二条第二款规定的培训费用,包括用人单位为了对劳动者进行专业技术培训而支付的有凭证的培训费用、培训期间的差旅费用以及因培训产生的用于该劳动者的其他直接费用。

第十七条　【合同期满服务期未满的处理】劳动合同期满,但是用人单位与劳动者依照劳动合同法第二十二条的规定约定的服务期尚未到期的,劳动合同应当续延至服务期满;双方另有约定的,从其约定。

第三章　劳动合同的解除和终止

第十八条　【劳动者解除合同情形】有下列情形之一的,依照劳动合同法规定的条件、程序,劳动者可以与用人单位解除固定期限劳动合同、无固定期限劳动合同或者以完成一定工作任务为期限的劳动合同:

(一)劳动者与用人单位协商一致的;

(二)劳动者提前30日以书面形式通知用人单位的;

(三)劳动者在试用期内提前3日通知用人单位的;

(四)用人单位未按照劳动合同约定提供劳动保护或者劳动条件的;

(五)用人单位未及时足额支付劳动报酬的;

(六)用人单位未依法为劳动者缴纳社会保险费的;

(七)用人单位的规章制度违反法律、法规的规定,损害劳动者权益的;

(八)用人单位以欺诈、胁迫的手段或者乘人之危,使劳动者在违背真实意思的情况下订立或者变更劳动合同的;

(九)用人单位在劳动合同中免除自己的法定责任、排除劳动者权利的;

(十)用人单位违反法律、行政法规强制性规定的;

(十一)用人单位以暴力、威胁或者非法限制人身自由的手段强迫劳动者劳动的;

(十二)用人单位违章指挥、强令冒险作业危及劳动者人身安全的;

（十三）法律、行政法规规定劳动者可以解除劳动合同的其他情形。

第十九条　【用人单位解除合同情形】有下列情形之一的，依照劳动合同法规定的条件、程序，用人单位可以与劳动者解除固定期限劳动合同、无固定期限劳动合同或者以完成一定工作任务为期限的劳动合同：

（一）用人单位与劳动者协商一致的；

（二）劳动者在试用期间被证明不符合录用条件的；

（三）劳动者严重违反用人单位的规章制度的；

（四）劳动者严重失职，营私舞弊，给用人单位造成重大损害的；

（五）劳动者同时与其他用人单位建立劳动关系，对完成本单位的工作任务造成严重影响，或者经用人单位提出，拒不改正的；

（六）劳动者以欺诈、胁迫的手段或者乘人之危，使用人单位在违背真实意思的情况下订立或者变更劳动合同的；

（七）劳动者被依法追究刑事责任的；

（八）劳动者患病或者非因工负伤，在规定的医疗期满后不能从事原工作，也不能从事由用人单位另行安排的工作的；

（九）劳动者不能胜任工作，经过培训或者调整工作岗位，仍不能胜任工作的；

（十）劳动合同订立时所依据的客观情况发生重大变化，致使劳动合同无法履行，经用人单位与劳动者协商，未能就变更劳动合同内容达成协议的；

（十一）用人单位依照企业破产法规定进行重整的；

（十二）用人单位生产经营发生严重困难的；

（十三）企业转产、重大技术革新或者经营方式调整，经变更劳动合同后，仍需裁减人员的；

（十四）其他因劳动合同订立时所依据的客观经济情况发生重大变化，致使劳动合同无法履行的。

第二十条　【额外支付的工资标准】用人单位依照劳动合同法第四十条的规定，选择额外支付劳动者一个月工资解除劳动合同的，其额外支付的工资应当按照该劳动者上一个月的工资标准确定。

第二十一条　【退休时合同终止】劳动者达到法定退休年龄的，劳动合同终止。

第二十二条　【终止以完成一定工作任务为期限的劳动合同】以完成一定工作任务为期限的劳动合同因任务完成而终止的，用人单位应当依照劳动合同法第四十七条的规定向劳动者支付经济补偿。

第二十三条 【终止工伤职工劳动合同】用人单位依法终止工伤职工的劳动合同的,除依照劳动合同法第四十七条的规定支付经济补偿外,还应当依照国家有关工伤保险的规定支付一次性工伤医疗补助金和伤残就业补助金。

第二十四条 【解除、终止劳动合同证明的内容】用人单位出具的解除、终止劳动合同的证明,应当写明劳动合同期限、解除或者终止劳动合同的日期、工作岗位、在本单位的工作年限。

第二十五条 【赔偿金与经济补偿不并罚】用人单位违反劳动合同法的规定解除或者终止劳动合同,依照劳动合同法第八十七条的规定支付了赔偿金的,不再支付经济补偿。赔偿金的计算年限自用工之日起计算。

第二十六条 【解除约定服务期的劳动合同】用人单位与劳动者约定了服务期,劳动者依照劳动合同法第三十八条的规定解除劳动合同的,不属于违反服务期的约定,用人单位不得要求劳动者支付违约金。

有下列情形之一,用人单位与劳动者解除约定服务期的劳动合同的,劳动者应当按照劳动合同的约定向用人单位支付违约金:

(一)劳动者严重违反用人单位的规章制度的;

(二)劳动者严重失职,营私舞弊,给用人单位造成重大损害的;

(三)劳动者同时与其他用人单位建立劳动关系,对完成本单位的工作任务造成严重影响,或者经用人单位提出,拒不改正的;

(四)劳动者以欺诈、胁迫的手段或者乘人之危,使用人单位在违背真实意思的情况下订立或者变更劳动合同的;

(五)劳动者被依法追究刑事责任的。

第二十七条 【月工资的计算】劳动合同法第四十七条规定的经济补偿的月工资按照劳动者应得工资计算,包括计时工资或者计件工资以及奖金、津贴和补贴等货币性收入。劳动者在劳动合同解除或者终止前12个月的平均工资低于当地最低工资标准的,按照当地最低工资标准计算。劳动者工作不满12个月的,按照实际工作的月数计算平均工资。

第四章 劳务派遣特别规定

第二十八条 【不得设立的劳务派遣单位】用人单位或者其所属单位出资或者合伙设立的劳务派遣单位,向本单位或者所属单位派遣劳动者的,属于劳动合同法第六十七条规定的不得设立的劳务派遣单位。

第二十九条 【用工单位义务】用工单位应当履行劳动合同法第六十二条规定的义务,维护被派遣劳动者的合法权益。

第三十条　【不得以非全日制用工形式派遣】劳务派遣单位不得以非全日制用工形式招用被派遣劳动者。

第三十一条　【经济补偿的参照执行】劳务派遣单位或者被派遣劳动者依法解除、终止劳动合同的经济补偿,依照劳动合同法第四十六条、第四十七条的规定执行。

第三十二条　【解除、终止劳动合同的参照执行】劳务派遣单位违法解除或者终止被派遣劳动者的劳动合同的,依照劳动合同法第四十八条的规定执行。

第五章　法　律　责　任

第三十三条　【违反建立职工名册规定的处罚】用人单位违反劳动合同法有关建立职工名册规定的,由劳动行政部门责令限期改正;逾期不改正的,由劳动行政部门处 2000 元以上 2 万元以下的罚款。

第三十四条　【未支付两倍工资或赔偿金的处理】用人单位依照劳动合同法的规定应当向劳动者每月支付两倍的工资或者应当向劳动者支付赔偿金而未支付的,劳动行政部门应当责令用人单位支付。

第三十五条　【违反劳务派遣规定的处罚】用工单位违反劳动合同法和本条例有关劳务派遣规定的,由劳动行政部门和其他有关主管部门责令改正;情节严重的,以每位被派遣劳动者 1000 元以上 5000 元以下的标准处以罚款;给被派遣劳动者造成损害的,劳务派遣单位和用工单位承担连带赔偿责任。

第六章　附　　　则

第三十六条　【对投诉、举报的处理】对违反劳动合同法和本条例的行为的投诉、举报,县级以上地方人民政府劳动行政部门依照《劳动保障监察条例》的规定处理。

第三十七条　【发生争议的处理】劳动者与用人单位因订立、履行、变更、解除或者终止劳动合同发生争议的,依照《中华人民共和国劳动争议调解仲裁法》的规定处理。

第三十八条　【施行日期】本条例自公布之日起施行。

集体合同规定

(2004年1月20日劳动和社会保障部令第22号公布
自2004年5月1日起施行)

第一章 总 则

第一条 为规范集体协商和签订集体合同行为,依法维护劳动者和用人单位的合法权益,根据《中华人民共和国劳动法》和《中华人民共和国工会法》,制定本规定。

第二条 中华人民共和国境内的企业和实行企业化管理的事业单位(以下统称用人单位)与本单位职工之间进行集体协商,签订集体合同,适用本规定。

第三条 本规定所称集体合同,是指用人单位与本单位职工根据法律、法规、规章的规定,就劳动报酬、工作时间、休息休假、劳动安全卫生、职业培训、保险福利等事项,通过集体协商签订的书面协议;所称专项集体合同,是指用人单位与本单位职工根据法律、法规、规章的规定,就集体协商的某项内容签订的专项书面协议。

第四条 用人单位与本单位职工签订集体合同或专项集体合同,以及确定相关事宜,应当采取集体协商的方式。集体协商主要采取协商会议的形式。

第五条 进行集体协商,签订集体合同或专项集体合同,应当遵循下列原则:

(一)遵守法律、法规、规章及国家有关规定;

(二)相互尊重,平等协商;

(三)诚实守信,公平合作;

(四)兼顾双方合法权益;

(五)不得采取过激行为。

第六条 符合本规定的集体合同或专项集体合同,对用人单位和本单位的全体职工具有法律约束力。

用人单位与职工个人签订的劳动合同约定的劳动条件和劳动报酬等标准,不得低于集体合同或专项集体合同的规定。

第七条 县级以上劳动保障行政部门对本行政区域内用人单位与本单位职工开展集体协商、签订、履行集体合同的情况进行监督,并负责审查集体合同或专项集体合同。

第二章 集体协商内容

第八条 集体协商双方可以就下列多项或某项内容进行集体协商，签订集体合同或专项集体合同：

（一）劳动报酬；

（二）工作时间；

（三）休息休假；

（四）劳动安全与卫生；

（五）补充保险和福利；

（六）女职工和未成年工特殊保护；

（七）职业技能培训；

（八）劳动合同管理；

（九）奖惩；

（十）裁员；

（十一）集体合同期限；

（十二）变更、解除集体合同的程序；

（十三）履行集体合同发生争议时的协商处理办法；

（十四）违反集体合同的责任；

（十五）双方认为应当协商的其他内容。

第九条 劳动报酬主要包括：

（一）用人单位工资水平、工资分配制度、工资标准和工资分配形式；

（二）工资支付办法；

（三）加班、加点工资及津贴、补贴标准和奖金分配办法；

（四）工资调整办法；

（五）试用期及病、事假等期间的工资待遇；

（六）特殊情况下职工工资（生活费）支付办法；

（七）其他劳动报酬分配办法。

第十条 工作时间主要包括：

（一）工时制度；

（二）加班加点办法；

（三）特殊工种的工作时间；

（四）劳动定额标准。

第十一条　休息休假主要包括：

（一）日休息时间、周休息日安排、年休假办法；

（二）不能实行标准工时职工的休息休假；

（三）其他假期。

第十二条　劳动安全卫生主要包括：

（一）劳动安全卫生责任制；

（二）劳动条件和安全技术措施；

（三）安全操作规程；

（四）劳保用品发放标准；

（五）定期健康检查和职业健康体检。

第十三条　补充保险和福利主要包括：

（一）补充保险的种类、范围；

（二）基本福利制度和福利设施；

（三）医疗期延长及其待遇；

（四）职工亲属福利制度。

第十四条　女职工和未成年工的特殊保护主要包括：

（一）女职工和未成年工禁忌从事的劳动；

（二）女职工的经期、孕期、产期和哺乳期的劳动保护；

（三）女职工、未成年工定期健康检查；

（四）未成年工的使用和登记制度。

第十五条　职业技能培训主要包括：

（一）职业技能培训项目规划及年度计划；

（二）职业技能培训费用的提取和使用；

（三）保障和改善职业技能培训的措施。

第十六条　劳动合同管理主要包括：

（一）劳动合同签订时间；

（二）确定劳动合同期限的条件；

（三）劳动合同变更、解除、续订的一般原则及无固定期限劳动合同的终止条件；

（四）试用期的条件和期限。

第十七条　奖惩主要包括：

（一）劳动纪律；

（二）考核奖惩制度；

(三)奖惩程序。

第十八条 裁员主要包括：

(一)裁员的方案；

(二)裁员的程序；

(三)裁员的实施办法和补偿标准。

第三章 集体协商代表

第十九条 本规定所称集体协商代表(以下统称协商代表)，是指按照法定程序产生并有权代表本方利益进行集体协商的人员。

集体协商双方的代表人数应当对等，每方至少3人，并各确定1名首席代表。

第二十条 职工一方的协商代表由本单位工会选派。未建立工会的，由本单位职工民主推荐，并经本单位半数以上职工同意。

职工一方的首席代表由本单位工会主席担任。工会主席可以书面委托其他协商代表代理首席代表。工会主席空缺的，首席代表由工会主要负责人担任。未建立工会的，职工一方的首席代表从协商代表中民主推举产生。

第二十一条 用人单位一方的协商代表，由用人单位法定代表人指派，首席代表由单位法定代表人担任或由其书面委托的其他管理人员担任。

第二十二条 协商代表履行职责的期限由被代表方确定。

第二十三条 集体协商双方首席代表可以书面委托本单位以外的专业人员作为本方协商代表。委托人数不得超过本方代表的三分之一。

首席代表不得由非本单位人员代理。

第二十四条 用人单位协商代表与职工协商代表不得相互兼任。

第二十五条 协商代表应履行下列职责：

(一)参加集体协商；

(二)接受本方人员质询，及时向本方人员公布协商情况并征求意见；

(三)提供与集体协商有关的情况和资料；

(四)代表本方参加集体协商争议的处理；

(五)监督集体合同或专项集体合同的履行；

(六)法律、法规和规章规定的其他职责。

第二十六条 协商代表应当维护本单位正常的生产、工作秩序，不得采取威胁、收买、欺骗等行为。

协商代表应当保守在集体协商过程中知悉的用人单位的商业秘密。

第二十七条　企业内部的协商代表参加集体协商视为提供了正常劳动。

第二十八条　职工一方协商代表在其履行协商代表职责期间劳动合同期满的,劳动合同期限自动延长至完成履行协商代表职责之时,除出现下列情形之一的,用人单位不得与其解除劳动合同:

(一)严重违反劳动纪律或用人单位依法制定的规章制度的;

(二)严重失职、营私舞弊,对用人单位利益造成重大损害的;

(三)被依法追究刑事责任的。

职工一方协商代表履行协商代表职责期间,用人单位无正当理由不得调整其工作岗位。

第二十九条　职工一方协商代表就本规定第二十七条、第二十八条的规定与用人单位发生争议的,可以向当地劳动争议仲裁委员会申请仲裁。

第三十条　工会可以更换职工一方协商代表;未建立工会的,经本单位半数以上职工同意可以更换职工一方协商代表。

用人单位法定代表人可以更换用人单位一方协商代表。

第三十一条　协商代表因更换、辞任或遇有不可抗力等情形造成空缺的,应在空缺之日起15日内按照本规定产生新的代表。

第四章　集体协商程序

第三十二条　集体协商任何一方均可就签订集体合同或专项集体合同以及相关事宜,以书面形式向对方提出进行集体协商的要求。

一方提出进行集体协商要求的,另一方应当在收到集体协商要求之日起20日内以书面形式给以回应,无正当理由不得拒绝进行集体协商。

第三十三条　协商代表在协商前应进行下列准备工作:

(一)熟悉与集体协商内容有关的法律、法规、规章和制度;

(二)了解与集体协商内容有关的情况和资料,收集用人单位和职工对协商意向所持的意见;

(三)拟定集体协商议题,集体协商议题可由提出协商一方起草,也可由双方指派代表共同起草;

(四)确定集体协商的时间、地点等事项;

(五)共同确定一名非协商代表担任集体协商记录员。记录员应保持中立、公正,并为集体协商双方保密。

第三十四条　集体协商会议由双方首席代表轮流主持,并按下列程序进行:

（一）宣布议程和会议纪律；

（二）一方首席代表提出协商的具体内容和要求，另一方首席代表就对方的要求作出回应；

（三）协商双方就商谈事项发表各自意见，开展充分讨论；

（四）双方首席代表归纳意见。达成一致的，应当形成集体合同草案或专项集体合同草案，由双方首席代表签字。

第三十五条　集体协商未达成一致意见或出现事先未预料的问题时，经双方协商，可以中止协商。中止期限及下次协商时间、地点、内容由双方商定。

第五章　集体合同的订立、变更、解除和终止

第三十六条　经双方协商代表协商一致的集体合同草案或专项集体合同草案应当提交职工代表大会或者全体职工讨论。

职工代表大会或者全体职工讨论集体合同草案或专项集体合同草案，应当有三分之二以上职工代表或者职工出席，且须经全体职工代表半数以上或者全体职工半数以上同意，集体合同草案或专项集体合同草案方获通过。

第三十七条　集体合同草案或专项集体合同草案经职工代表大会或者职工大会通过后，由集体协商双方首席代表签字。

第三十八条　集体合同或专项集体合同期限一般为1至3年，期满或双方约定的终止条件出现，即行终止。

集体合同或专项集体合同期满前3个月内，任何一方均可向对方提出重新签订或续订的要求。

第三十九条　双方协商代表协商一致，可以变更或解除集体合同或专项集体合同。

第四十条　有下列情形之一的，可以变更或解除集体合同或专项集体合同：

（一）用人单位因被兼并、解散、破产等原因，致使集体合同或专项集体合同无法履行的；

（二）因不可抗力等原因致使集体合同或专项集体合同无法履行或部分无法履行的；

（三）集体合同或专项集体合同约定的变更或解除条件出现的；

（四）法律、法规、规章规定的其他情形。

第四十一条　变更或解除集体合同或专项集体合同适用本规定的集体协商程序。

第六章　集体合同审查

第四十二条　集体合同或专项集体合同签订或变更后,应当自双方首席代表签字之日起10日内,由用人单位一方将文本一式三份报送劳动保障行政部门审查。

劳动保障行政部门对报送的集体合同或专项集体合同应当办理登记手续。

第四十三条　集体合同或专项集体合同审查实行属地管辖,具体管辖范围由省级劳动保障行政部门规定。

中央管辖的企业以及跨省、自治区、直辖市的用人单位的集体合同应当报送劳动保障部或劳动保障部指定的省级劳动保障行政部门。

第四十四条　劳动保障行政部门应当对报送的集体合同或专项集体合同的下列事项进行合法性审查:

(一)集体协商双方的主体资格是否符合法律、法规和规章规定;

(二)集体协商程序是否违反法律、法规、规章规定;

(三)集体合同或专项集体合同内容是否与国家规定相抵触。

第四十五条　劳动保障行政部门对集体合同或专项集体合同有异议的,应当自收到文本之日起15日内将《审查意见书》送达双方协商代表。《审查意见书》应当载明以下内容:

(一)集体合同或专项集体合同当事人双方的名称、地址;

(二)劳动保障行政部门收到集体合同或专项集体合同的时间;

(三)审查意见;

(四)作出审查意见的时间。

《审查意见书》应当加盖劳动保障行政部门印章。

第四十六条　用人单位与本单位职工就劳动保障行政部门提出异议的事项经集体协商重新签订集体合同或专项集体合同的,用人单位一方应当根据本规定第四十二条的规定将文本报送劳动保障行政部门审查。

第四十七条　劳动保障行政部门自收到文本之日起15日内未提出异议的,集体合同或专项集体合同即行生效。

第四十八条　生效的集体合同或专项集体合同,应当自其生效之日起由协商代表及时以适当的形式向本方全体人员公布。

第七章　集体协商争议的协调处理

第四十九条　集体协商过程中发生争议,双方当事人不能协商解决的,当事人一方或双方可以书面向劳动保障行政部门提出协调处理申请;未提出申请的,劳动保障行政部门认为必要时也可以进行协调处理。

第五十条 劳动保障行政部门应当组织同级工会和企业组织等三方面的人员,共同协调处理集体协商争议。

第五十一条 集体协商争议处理实行属地管辖,具体管辖范围由省级劳动保障行政部门规定。

中央管辖的企业以及跨省、自治区、直辖市用人单位因集体协商发生的争议,由劳动保障部指定的省级劳动保障行政部门组织同级工会和企业组织等三方面的人员协调处理,必要时,劳动保障部也可以组织有关方面协调处理。

第五十二条 协调处理集体协商争议,应当自受理协调处理申请之日起30日内结束协调处理工作。期满未结束的,可以适当延长协调期限,但延长期限不得超过15日。

第五十三条 协调处理集体协商争议应当按照以下程序进行:

(一)受理协调处理申请;

(二)调查了解争议的情况;

(三)研究制定协调处理争议的方案;

(四)对争议进行协调处理;

(五)制作《协调处理协议书》。

第五十四条 《协调处理协议书》应当载明协调处理申请、争议的事实和协调结果,双方当事人就某些协商事项不能达成一致的,应将继续协商的有关事项予以载明。《协调处理协议书》由集体协商争议协调处理人员和争议双方首席代表签字盖章后生效。争议双方均应遵守生效后的《协调处理协议书》。

第八章 附 则

第五十五条 因履行集体合同发生的争议,当事人协商解决不成的,可以依法向劳动争议仲裁委员会申请仲裁。

第五十六条 用人单位无正当理由拒绝工会或职工代表提出的集体协商要求的,按照《工会法》及有关法律、法规的规定处理。

第五十七条 本规定于2004年5月1日起实施。原劳动部1994年12月5日颁布的《集体合同规定》同时废止。

劳务派遣暂行规定

(2014年1月24日人力资源和社会保障部令第22号公布
自2014年3月1日起施行)

第一章 总 则

第一条 为规范劳务派遣，维护劳动者的合法权益，促进劳动关系和谐稳定，依据《中华人民共和国劳动合同法》(以下简称劳动合同法)和《中华人民共和国劳动合同法实施条例》(以下简称劳动合同法实施条例)等法律、行政法规，制定本规定。

第二条 劳务派遣单位经营劳务派遣业务，企业(以下称用工单位)使用被派遣劳动者，适用本规定。

依法成立的会计师事务所、律师事务所等合伙组织和基金会以及民办非企业单位等组织使用被派遣劳动者，依照本规定执行。

第二章 用工范围和用工比例

第三条 用工单位只能在临时性、辅助性或者替代性的工作岗位上使用被派遣劳动者。

前款规定的临时性工作岗位是指存续时间不超过6个月的岗位；辅助性工作岗位是指为主营业务岗位提供服务的非主营业务岗位；替代性工作岗位是指用工单位的劳动者因脱产学习、休假等原因无法工作的一定期间内，可以由其他劳动者替代工作的岗位。

用工单位决定使用被派遣劳动者的辅助性岗位，应当经职工代表大会或者全体职工讨论，提出方案和意见，与工会或者职工代表平等协商确定，并在用工单位内公示。

第四条 用工单位应当严格控制劳务派遣用工数量，使用的被派遣劳动者数量不得超过其用工总量的10%。

前款所称用工总量是指用工单位订立劳动合同人数与使用的被派遣劳动者人数之和。

计算劳务派遣用工比例的用工单位是指依照劳动合同法和劳动合同法实施条例可以与劳动者订立劳动合同的用人单位。

第三章 劳动合同、劳务派遣协议的订立和履行

第五条 劳务派遣单位应当依法与被派遣劳动者订立2年以上的固定期限书面劳动合同。

第六条 劳务派遣单位可以依法与被派遣劳动者约定试用期。劳务派遣单位与同一被派遣劳动者只能约定一次试用期。

第七条 劳务派遣协议应当载明下列内容：
（一）派遣的工作岗位名称和岗位性质；
（二）工作地点；
（三）派遣人员数量和派遣期限；
（四）按照同工同酬原则确定的劳动报酬数额和支付方式；
（五）社会保险费的数额和支付方式；
（六）工作时间和休息休假事项；
（七）被派遣劳动者工伤、生育或者患病期间的相关待遇；
（八）劳动安全卫生以及培训事项；
（九）经济补偿等费用；
（十）劳务派遣协议期限；
（十一）劳务派遣服务费的支付方式和标准；
（十二）违反劳务派遣协议的责任；
（十三）法律、法规、规章规定应当纳入劳务派遣协议的其他事项。

第八条 劳务派遣单位应当对被派遣劳动者履行下列义务：
（一）如实告知被派遣劳动者劳动合同法第八条规定的事项、应遵守的规章制度以及劳务派遣协议的内容；
（二）建立培训制度，对被派遣劳动者进行上岗知识、安全教育培训；
（三）按照国家规定和劳务派遣协议约定，依法支付被派遣劳动者的劳动报酬和相关待遇；
（四）按照国家规定和劳务派遣协议约定，依法为被派遣劳动者缴纳社会保险费，并办理社会保险相关手续；
（五）督促用工单位依法为被派遣劳动者提供劳动保护和劳动安全卫生条件；
（六）依法出具解除或者终止劳动合同的证明；
（七）协助处理被派遣劳动者与用工单位的纠纷；
（八）法律、法规和规章规定的其他事项。

第九条 用工单位应当按照劳动合同法第六十二条规定,向被派遣劳动者提供与工作岗位相关的福利待遇,不得歧视被派遣劳动者。

第十条 被派遣劳动者在用工单位因工作遭受事故伤害的,劳务派遣单位应当依法申请工伤认定,用工单位应当协助工伤认定的调查核实工作。劳务派遣单位承担工伤保险责任,但可以与用工单位约定补偿办法。

被派遣劳动者在申请进行职业病诊断、鉴定时,用工单位应当负责处理职业病诊断、鉴定事宜,并如实提供职业病诊断、鉴定所需的劳动者职业史和职业危害接触史、工作场所职业病危害因素检测结果等资料,劳务派遣单位应当提供被派遣劳动者职业病诊断、鉴定所需的其他材料。

第十一条 劳务派遣单位行政许可有效期未延续或者《劳务派遣经营许可证》被撤销、吊销的,已经与被派遣劳动者依法订立的劳动合同应当履行至期限届满。双方经协商一致,可以解除劳动合同。

第十二条 有下列情形之一的,用工单位可以将被派遣劳动者退回劳务派遣单位:

(一)用工单位有劳动合同法第四十条第三项、第四十一条规定情形的;

(二)用工单位被依法宣告破产、吊销营业执照、责令关闭、撤销、决定提前解散或者经营期限届满不再继续经营的;

(三)劳务派遣协议期满终止的。

被派遣劳动者退回后在无工作期间,劳务派遣单位应当按照不低于所在地人民政府规定的最低工资标准,向其按月支付报酬。

第十三条 被派遣劳动者有劳动合同法第四十二条规定情形的,在派遣期限届满前,用工单位不得依据本规定第十二条第一款第一项规定将被派遣劳动者退回劳务派遣单位;派遣期限届满的,应当延续至相应情形消失时方可退回。

第四章 劳动合同的解除和终止

第十四条 被派遣劳动者提前30日以书面形式通知劳务派遣单位,可以解除劳动合同。被派遣劳动者在试用期内提前3日通知劳务派遣单位,可以解除劳动合同。劳务派遣单位应当将被派遣劳动者通知解除劳动合同的情况及时告知用工单位。

第十五条 被派遣劳动者因本规定第十二条规定被用工单位退回,劳务派遣单位重新派遣时维持或者提高劳动合同约定条件,被派遣劳动者不同意的,劳务派遣单位可以解除劳动合同。

被派遣劳动者因本规定第十二条规定被用工单位退回,劳务派遣单位重新派遣时降低劳动合同约定条件,被派遣劳动者不同意的,劳务派遣单位不得解除劳动合同。但被派遣劳动者提出解除劳动合同的除外。

　　第十六条　劳务派遣单位被依法宣告破产、吊销营业执照、责令关闭、撤销、决定提前解散或者经营期限届满不再继续经营的,劳动合同终止。用工单位应当与劳务派遣单位协商妥善安置被派遣劳动者。

　　第十七条　劳务派遣单位因劳动合同法第四十六条或者本规定第十五条、第十六条规定的情形,与被派遣劳动者解除或者终止劳动合同的,应当依法向被派遣劳动者支付经济补偿。

第五章　跨地区劳务派遣的社会保险

　　第十八条　劳务派遣单位跨地区派遣劳动者的,应当在用工单位所在地为被派遣劳动者参加社会保险,按照用工单位所在地的规定缴纳社会保险费,被派遣劳动者按照国家规定享受社会保险待遇。

　　第十九条　劳务派遣单位在用工单位所在地设立分支机构的,由分支机构为被派遣劳动者办理参保手续,缴纳社会保险费。

　　劳务派遣单位未在用工单位所在地设立分支机构的,由用工单位代劳务派遣单位为被派遣劳动者办理参保手续,缴纳社会保险费。

第六章　法　律　责　任

　　第二十条　劳务派遣单位、用工单位违反劳动合同法和劳动合同法实施条例有关劳务派遣规定的,按照劳动合同法第九十二条规定执行。

　　第二十一条　劳务派遣单位违反本规定解除或者终止被派遣劳动者劳动合同的,按照劳动合同法第四十八条、第八十七条规定执行。

　　第二十二条　用工单位违反本规定第三条第三款规定的,由人力资源社会保障行政部门责令改正,给予警告;给被派遣劳动者造成损害的,依法承担赔偿责任。

　　第二十三条　劳务派遣单位违反本规定第六条规定的,按照劳动合同法第八十三条规定执行。

　　第二十四条　用工单位违反本规定退回被派遣劳动者的,按照劳动合同法第九十二条第二款规定执行。

第七章　附　　则

　　第二十五条　外国企业常驻代表机构和外国金融机构驻华代表机构等使

用被派遣劳动者的,以及船员用人单位以劳务派遣形式使用国际远洋海员的,不受临时性、辅助性、替代性岗位和劳务派遣用工比例的限制。

第二十六条 用人单位将本单位劳动者派往境外工作或者派往家庭、自然人处提供劳动的,不属于本规定所称劳务派遣。

第二十七条 用人单位以承揽、外包等名义,按劳务派遣用工形式使用劳动者的,按照本规定处理。

第二十八条 用工单位在本规定施行前使用被派遣劳动者数量超过其用工总量10%的,应当制定调整用工方案,于本规定施行之日起2年内降至规定比例。但是,《全国人民代表大会常务委员会关于修改〈中华人民共和国劳动合同法〉的决定》公布前已依法订立的劳动合同和劳务派遣协议期限届满日期在本规定施行之日起2年后的,可以依法继续履行至期限届满。

用工单位应当将制定的调整用工方案报当地人力资源社会保障行政部门备案。

用工单位未将本规定施行前使用的被派遣劳动者数量降至符合规定比例之前,不得新用被派遣劳动者。

第二十九条 本规定自2014年3月1日起施行。

二、薪酬福利

1. 工　　资

关于工资总额组成的规定

(1989年9月30日国务院批准
1990年1月1日国家统计局令第1号发布施行)

第一章　总　　则

第一条 为了统一工资总额的计算范围,保证国家对工资进行统一的统计核算和会计核算,有利于编制、检查计划和进行工资管理以及正确地反映职工的工资收入,制定本规定。

第二条 全民所有制和集体所有制企业、事业单位、各种合营单位、各级国家机关、政党机关和社会团体,在计划、统计、会计上有关工资总额范围的计算,均应遵守本规定。

第三条 工资总额是指各单位在一定时期内直接支付给本单位全部职工的劳动报酬总额。

工资总额的计算应以直接支付给职工的全部劳动报酬为根据。

第二章 工资总额的组成

第四条 工资总额由下列六个部分组成:

(一)计时工资;

(二)计件工资;

(三)奖金;

(四)津贴和补贴;

(五)加班加点工资;

(六)特殊情况下支付的工资。

第五条 计时工资是指按计时工资标准(包括地区生活费补贴)和工作时间支付给个人的劳动报酬。包括:

(一)对已做工作按计时工资标准支付的工资;

(二)实行结构工资制的单位支付给职工的基础工资和职务(岗位)工资;

(三)新参加工作职工的见习工资(学徒的生活费);

(四)运动员体育津贴。

第六条 计件工资是指对已做工作按计件单价支付的劳动报酬。包括:

(一)实行超额累进计件、直接无限计件、限额计件、超定额计件等工资制,按劳动部门或主管部门批准的定额和计件单价支付给个人的工资;

(二)按工作任务包干方法支付给个人的工资;

(三)按营业额提成或利润提成办法支付给个人的工资。

第七条 奖金是指支付给职工的超额劳动报酬和增收节支的劳动报酬。包括:

(一)生产奖;

(二)节约奖;

(三)劳动竞赛奖;

（四）机关、事业单位的奖励工资；

（五）其他奖金。

第八条 津贴和补贴是指为了补偿职工特殊或额外的劳动消耗和因其他特殊原因支付给职工的津贴，以及为了保证职工工资水平不受物价影响支付给职工的物价补贴。

（一）津贴。包括：补偿职工特殊或额外劳动消耗的津贴，保健性津贴，技术性津贴，年功性津贴及其他津贴。

（二）物价补贴。包括：为保证职工工资水平不受物价上涨或变动影响而支付的各种补贴。

第九条 加班加点工资是指按规定支付的加班工资和加点工资。

第十条 特殊情况下支付的工资。包括：

（一）根据国家法律、法规和政策规定，因病、工伤、产假、计划生育假、婚丧假、事假、探亲假、定期休假、停工学习、执行国家或社会义务等原因按计时工资标准或计时工资标准的一定比例支付的工资；

（二）附加工资、保留工资。

第三章 工资总额不包括的项目

第十一条 下列各项不列入工资总额的范围：

（一）根据国务院发布的有关规定颁发的创造发明奖、自然科学奖、科学技术进步奖和支付的合理化建议和技术改进奖以及支付给运动员、教练员的奖金；

（二）有关劳动保险和职工福利方面的各项费用；

（三）有关离休、退休、退职人员待遇的各项支出；

（四）劳动保护的各项支出；

（五）稿费、讲课费及其他专门工作报酬；

（六）出差伙食补助费、误餐补助、调动工作的旅费和安家费；

（七）对自带工具、牲畜来企业工作职工所支付的工具、牲畜等的补偿费用；

（八）实行租赁经营单位的承租人的风险性补偿收入；

（九）对购买本企业股票和债券的职工所支付的股息（包括股金分红）和利息；

（十）劳动合同制职工解除劳动合同时由企业支付的医疗补助费、生活补助费等；

（十一）因录用临时工而在工资以外向提供劳动力单位支付的手续费或管

理费;

（十二）支付给家庭工人的加工费和按加工订货办法支付给承包单位的发包费用；

（十三）支付给参加企业劳动的在校学生的补贴；

（十四）计划生育独生子女补贴。

第十二条 前条所列各项按照国家规定另行统计。

第四章 附　　则

第十三条 中华人民共和国境内的私营单位、华侨及港、澳、台工商业者经营单位和外商经营单位有关工资总额范围的计算，参照本规定执行。

第十四条 本规定由国家统计局负责解释。

第十五条 各地区、各部门可依据本规定制定有关工资总额组成的具体范围的规定。

第十六条 本规定自发布之日起施行。国务院1955年5月21日批准颁发的《关于工资总额组成的暂行规定》同时废止。

《关于工资总额组成的规定》
若干具体范围的解释

（1990年1月1日国家统计局发布　统制字〔1990〕1号）

一、关于工资总额的计算

工资总额的计算原则应以直接支付给职工的全部劳动报酬为根据。各单位支付给职工的劳动报酬以及其他根据有关规定支付的工资，不论是计入成本的，还是不计入成本的；不论是按国家规定列入计征奖金税项目的，还是未列入计征奖金税项目的；不论是以货币形式支付的还是以实物形式支付的，均应列入工资总额的计算范围。

二、关于奖金的范围

（一）生产（业务）奖包括超产奖、质量奖、安全（无事故）奖、考核各项经济指标的综合奖、提前竣工奖、外轮速遣奖、年终奖（劳动分红）等。

（二）节约奖包括各种动力、燃料、原材料等节约奖。

（三）劳动竞赛奖包括发给劳动模范、先进个人的各种奖金和实物奖励。

(四)其他奖金包括从兼课酬金和业余医疗卫生服务收入提成中支付的奖金等。

三、关于津贴和补贴的范围

(一)津贴。包括:

1. 补偿职工特殊或额外劳动消耗的津贴。具体有:高空津贴、井下津贴、流动施工津贴、野外工作津贴、林区津贴、高温作业临时补贴、海岛津贴、艰苦气象台(站)津贴、微波站津贴、高原地区临时补贴、冷库低温津贴、基层审计人员外勤工种补贴、邮电人员外勤津贴、夜班津贴、中班津贴、班(组)长津贴、学校班主任津贴、三种艺术(舞蹈、武功、管乐)人员工种补贴、运动队班(队)干部驻队补贴、公安干警值勤岗位津贴、环卫人员岗位津贴、广播电视天线岗位津贴、盐业岗位津贴、废品回收人员岗位津贴、殡葬特殊行业津贴、城市社会福利事业单位岗位津贴、环境监测津贴、收容遣送岗位津贴等。

2. 保健性津贴。具体有:卫生防疫津贴、医疗卫生津贴、科技保健津贴、各种社会福利院职工特殊保健津贴等。

3. 技术性津贴。具体有:特级教师补贴、科研津贴、工人技师津贴、中药老药工技术津贴、特殊教育津贴等。

4. 年功性津贴。具体有:工龄津贴、教龄津贴和护士工龄津贴等。

5. 其他津贴。具体有:直接支付给个人的伙食津贴(火车司机和乘务员的乘务津贴、航行和空勤人员伙食津贴、水产捕捞人员伙食津贴、专业车队汽车司机行车津贴、体育运动员和教练员伙食补助费、少数民族伙食津贴、小伙食单位补贴)、合同制职工的工资性补贴以及书报费等。

(二)补贴。包括:

为保证职工工资水平不受物价上涨或变动影响而支付的各种补贴,如肉类等价格补贴、副食品价格补贴、粮价补贴、煤价补贴、房贴、水电贴等。

四、关于工资总额不包括的项目的范围

(一)有关劳动保险和职工福利方面的费用。具体有:职工死亡丧葬费及抚恤费、医疗卫生费或公费医疗费用、职工生活困难补助费、集体福利事业补贴、工会文教费、集体福利费、探亲路费、冬季取暖补贴、上下班交通补贴以及洗理费等。

(二)劳动保护的各种支出。具体有:工作服、手套等劳保用品、解毒剂、清凉饮料,以及按照1963年7月19日劳动部第七单位规定的范围对接触有毒物质、矽尘作业、放射线作业和潜水、沉箱作业、高温作业等五类工种所享受的由劳动保护费开支的保健食品待遇。

五、关于标准工资(基本工资,下同)和非标准工资(辅助工资,下同)的定义

(一)标准工资是指按规定的工资标准计算的工资(包括实行结构工资制的基础工资、职务工资和工龄津贴)。

(二)非标准工资是指标准工资以外的各种工资。

六、奖金范围内的节约奖、从兼课酬金和医疗卫生服务收入提成中支付的奖金及津贴和补贴范围内的各种价格补贴,在统计报表中单列统计。

工资支付暂行规定

(1994年12月6日劳动部发布　劳部发〔1994〕489号
自1995年1月1日起施行)

第一条　为维护劳动者通过劳动获得劳动报酬的权利,规范用人单位的工资支付行为,根据《中华人民共和国劳动法》有关规定,制定本规定。

第二条　本规定适用于在中华人民共和国境内的企业、个体经济组织(以下统称用人单位)和与之形成劳动关系的劳动者。

国家机关、事业组织、社会团体和与之建立劳动合同关系的劳动者,依照本规定执行。

第三条　本规定所称工资是指用人单位依据劳动合同的规定,以各种形式支付给劳动者的工资报酬。

第四条　工资支付主要包括:工资支付项目、工资支付水平、工资支付形式、工资支付对象、工资支付时间以及特殊情况下的工资支付。

第五条　工资应当以法定货币支付。不得以实物及有价证券替代货币支付。

第六条　用人单位应将工资支付给劳动者本人。劳动者本人因故不能领取工资时,可由其亲属或委托他人代领。

用人单位可委托银行代发工资。

用人单位必须书面记录支付劳动者工资的数额、时间、领取者的姓名以及签字,并保存两年以上备查。用人单位在支付工资时应向劳动者提供一份其个人的工资清单。

第七条　工资必须在用人单位与劳动者约定的日期支付。如遇节假日或休息日,则应提前在最近的工作日支付。工资至少每月支付一次,实行周、日、小时工资制的可按周、日、小时支付工资。

第八条 对完成一次性临时劳动或某项具体工作的劳动者,用人单位应按有关协议或合同规定在其完成劳动任务后即支付工资。

第九条 劳动关系双方依法解除或终止劳动合同时,用人单位应在解除或终止劳动合同时一次付清劳动者工资。

第十条 劳动者在法定工作时间内依法参加社会活动期间,用人单位应视同其提供了正常劳动而支付工资。社会活动包括:依法行使选举权或被选举权;当选代表出席乡(镇)、区以上政府、党派、工会、青年团、妇女联合会等组织召开的会议;出任人民法庭证明人;出席劳动模范、先进工作者大会;《工会法》规定的不脱产工会基层委员会委员因工会活动占用的生产或工作时间;其他依法参加的社会活动。

第十一条 劳动者依法享受年休假、探亲假、婚假、丧假期间,用人单位应按劳动合同规定的标准支付劳动者工资。

第十二条 非因劳动者原因造成单位停工、停产在一个工资支付周期内的,用人单位应按劳动合同规定的标准支付劳动者工资。超过一个工资支付周期的,若劳动者提供了正常劳动,则支付给劳动者的劳动报酬不得低于当地的最低工资标准;若劳动者没有提供正常劳动,应按国家有关规定办理。

第十三条 用人单位在劳动者完成劳动定额或规定的工作任务后,根据实际需要安排劳动者在法定标准工作时间以外工作的,应按以下标准支付工资:

(一)用人单位依法安排劳动者在日法定标准工作时间以外延长工作时间的,按照不低于劳动合同规定的劳动者本人小时工资标准的百分之一百五十支付劳动者工资;

(二)用人单位依法安排劳动者在休息日工作,而又不能安排补休的,按照不低于劳动合同规定的劳动者本人日或小时工资标准的百分之二百支付劳动者工资;

(三)用人单位依法安排劳动者在法定休假节日工作的,按照不低于劳动合同规定的劳动者本人日或小时工资标准的百分之三百支付劳动者工资。

实行计件工资的劳动者,在完成计件定额任务后,由用人单位安排延长工作时间的,应根据上述规定的原则,分别按照不低于其本人法定工作时间计件单价的百分之一百五十、百分之二百、百分之三百支付其工资。

经劳动行政部门批准实行综合计算工时工作制的,其综合计算工作时间超过法定标准工作时间的部分,应视为延长工作时间,并应按本规定支付劳动者延长工作时间的工资。

实行不定时工时制度的劳动者,不执行上述规定。

第十四条 用人单位依法破产时,劳动者有权获得其工资。在破产清偿中用人单位应按《中华人民共和国企业破产法》规定的清偿顺序,首先支付欠付本单位劳动者的工资。

第十五条 用人单位不得克扣劳动者工资。有下列情况之一的,用人单位可以代扣劳动者工资:

(一)用人单位代扣代缴的个人所得税;

(二)用人单位代扣代缴的应由劳动者个人负担的各项社会保险费用;

(三)法院判决、裁定中要求代扣的抚养费、赡养费;

(四)法律、法规规定可以从劳动者工资中扣除的其他费用。

第十六条 因劳动者本人原因给用人单位造成经济损失的,用人单位可按照劳动合同的约定要求其赔偿经济损失。经济损失的赔偿,可从劳动者本人的工资中扣除。但每月扣除的部分不得超过劳动者当月工资的百分之二十。若扣除后的剩余工资部分低于当地月最低工资标准,则按最低工资标准支付。

第十七条 用人单位应根据本规定,通过与职工大会、职工代表大会或者其他形式协商制定内部的工资支付制度,并告知本单位全体劳动者,同时抄报当地劳动行政部门备案。

第十八条 各级劳动行政部门有权监察用人单位工资支付的情况。用人单位有下列侵害劳动者合法权益行为的,由劳动行政部门责令其支付劳动者工资和经济补偿,并可责令其支付赔偿金:

(一)克扣或者无故拖欠劳动者工资的;

(二)拒不支付劳动者延长工作时间工资的;

(三)低于当地最低工资标准支付劳动者工资的。

经济补偿和赔偿金的标准,按国家有关规定执行。

第十九条 劳动者与用人单位因工资支付发生劳动争议的,当事人可依法向劳动争议仲裁机关申请仲裁。对仲裁裁决不服的,可以向人民法院提起诉讼。

第二十条 本规定自1995年1月1日起执行。

对《工资支付暂行规定》有关问题的补充规定

(1995年5月12日劳动部印发 劳部发〔1995〕226号)

根据《工资支付暂行规定》(劳部发〔1994〕489号,以下简称《规定》)确定的原则,现就有关问题作出如下补充规定:

一、《规定》第十一条、第十二条、第十三条所称"按劳动合同规定的标准",系指劳动合同规定的劳动者本人所在的岗位(职位)相对应的工资标准。

因劳动合同制度尚处于推进的过程中,按上述条款规定执行确有困难的,地方或行业劳动行政部门可在不违反《规定》所确定的总的原则基础上,制定过渡措施。

二、关于加班加点的工资支付问题

1.《规定》第十三条第(一)、(二)、(三)款规定的在符合法定标准工作时间的制度工时以外延长工作时间及安排休息日和法定休假节日工作应支付的工资,是根据加班加点的多少,以劳动合同确定的正常工作时间工资标准的一定倍数所支付的劳动报酬,即凡是安排劳动者在法定工作日延长工作时间或安排在休息日工作而又不能补休的,均应支付给劳动者不低于劳动合同规定的劳动者本人小时或日工资标准百分之一百五十、百分之二百的工资;安排在法定休假节日工作的,应另外支付给劳动者不低于劳动合同规定的劳动者本人小时或日工资标准百分之三百的工资。

2. 关于劳动者日工资折算。由于劳动定额等劳动标准都与制度工时相联系,因此,劳动者日工资可统一按劳动者本人的月工资标准除以每月制度工作天数进行折算。

根据国家关于职工每日工作八小时,每周工作时间四十小时的规定,每月制度工时天数为二十一天半。考虑到国家允许施行每周四十小时工作制度有困难的企业最迟可以延期到1997年5月1日施行,因此,在过渡期内,实行每周四十四小时工时制度的企业,其日工资折算可仍按每月制度工作天数二十三天半执行。

三、《规定》第十五条中所称"克扣"系指用人单位无正当理由扣减劳动者应得工资(即在劳动者已提供正常劳动的前提下用人单位按劳动合同规定的标准应当支付给劳动者的全部劳动报酬)。不包括以下减发工资的情况:(1)国家的法律、法规中有明确规定的;(2)依法签订的劳动合同中有明确规定的;(3)用人单位依法制定并经职代会批准的厂规、厂纪中有明确规定的;(4)企业工资总额与经济效益相联系,经济效益下浮时,工资必须下浮的(但支付给劳动者工资不得低于当地的最低工资标准);(5)因劳动者请假等相应减发工资等。

四、《规定》第十八条所称"无故拖欠"系指用人单位无正当理由超过规定付薪时间未支付劳动者工资。不包括:(1)用人单位遇到非人力所能抗拒的自然灾害、战争等原因,无法按时支付工资;(2)用人单位确因生产经营困难、资金周转受到影响,在征得本单位工会同意后,可暂时延期支付劳动者工资,延期时间的最长限制可由各省、自治区、直辖市劳动行政部门根据各地情况确定。其他情况下拖欠工资均属无故拖欠。

五、关于特殊人员的工资支付问题

1. 劳动者受处分后的工资支付:(1)劳动者受行政处分后仍在原单位工作(如留用察看、降级等)或受刑事处分后重新就业的,应主要由用人单位根据具体情况自主确定其工资报酬;(2)劳动者受刑事处分期间,如收容审查、拘留(羁押)、缓刑、监外执行或劳动教养期间,其待遇按国家有关规定执行。

2. 学徒工、熟练工、大中专毕业生在学徒期、熟练期、见习期、试用期及转正定级后的工资待遇由用人单位自主确定。

3. 新就业复员军人的工资待遇由用人单位自主确定;分配到企业军队转业干部的工资待遇,按国家有关规定执行。

最低工资规定

(2004年1月20日劳动和社会保障部令第21号公布
自2004年3月1日起施行)

第一条 为了维护劳动者取得劳动报酬的合法权益,保障劳动者个人及其家庭成员的基本生活,根据劳动法和国务院有关规定,制定本规定。

第二条 本规定适用于在中华人民共和国境内的企业、民办非企业单位、有雇工的个体工商户(以下统称用人单位)和与之形成劳动关系的劳动者。

国家机关、事业单位、社会团体和与之建立劳动合同关系的劳动者,依照本规定执行。

第三条 本规定所称最低工资标准,是指劳动者在法定工作时间或依法签订的劳动合同约定的工作时间内提供了正常劳动的前提下,用人单位依法应支付的最低劳动报酬。

本规定所称正常劳动,是指劳动者按依法签订的劳动合同约定,在法定工作时间或劳动合同约定的工作时间内从事的劳动。劳动者依法享受带薪年休假、探亲假、婚丧假、生育(产)假、节育手术假等国家规定的假期间,以及法定工作时间内依法参加社会活动期间,视为提供了正常劳动。

第四条 县级以上地方人民政府劳动保障行政部门负责对本行政区域内用人单位执行本规定情况进行监督检查。

各级工会组织依法对本规定执行情况进行监督,发现用人单位支付劳动者工资违反本规定的,有权要求当地劳动保障行政部门处理。

第五条 最低工资标准一般采取月最低工资标准和小时最低工资标准的形式。月最低工资标准适用于全日制就业劳动者,小时最低工资标准适用于非全日制就业劳动者。

第六条 确定和调整月最低工资标准,应参考当地就业者及其赡养人口的最低生活费用、城镇居民消费价格指数、职工个人缴纳的社会保险费和住房公积金、职工平均工资、经济发展水平、就业状况等因素。

确定和调整小时最低工资标准,应在颁布的月最低工资标准的基础上,考虑单位应缴纳的基本养老保险费和基本医疗保险费因素,同时还应适当考虑非全日制劳动者在工作稳定性、劳动条件和劳动强度、福利等方面与全日制就业人员之间的差异。

月最低工资标准和小时最低工资标准具体测算方法见附件。

第七条 省、自治区、直辖市范围内的不同行政区域可以有不同的最低工资标准。

第八条 最低工资标准的确定和调整方案,由省、自治区、直辖市人民政府劳动保障行政部门会同同级工会、企业联合会/企业家协会研究拟订,并将拟订的方案报送劳动保障部。方案内容包括最低工资确定和调整的依据、适用范围、拟订标准和说明。劳动保障部在收到拟订方案后,应征求全国总工会、中国企业联合会/企业家协会的意见。

劳动保障部对方案可以提出修订意见,若在方案收到后14日内未提出修订意见的,视为同意。

第九条 省、自治区、直辖市劳动保障行政部门应将本地区最低工资标准方案报省、自治区、直辖市人民政府批准,并在批准后7日内在当地政府公报上和至少一种全地区性报纸上发布。省、自治区、直辖市劳动保障行政部门应在发布后 10 日内将最低工资标准报劳动保障部。

第十条 最低工资标准发布实施后，如本规定第六条所规定的相关因素发生变化，应当适时调整。最低工资标准每两年至少调整一次。

第十一条 用人单位应在最低工资标准发布后 10 日内将该标准向本单位全体劳动者公示。

第十二条 在劳动者提供正常劳动的情况下，用人单位应支付给劳动者的工资在剔除下列各项以后，不得低于当地最低工资标准：

（一）延长工作时间工资；

（二）中班、夜班、高温、低温、井下、有毒有害等特殊工作环境、条件下的津贴；

（三）法律、法规和国家规定的劳动者福利待遇等。

实行计件工资或提成工资等工资形式的用人单位，在科学合理的劳动定额基础上，其支付劳动者的工资不得低于相应的最低工资标准。

劳动者由于本人原因造成在法定工作时间内或依法签订的劳动合同约定的工作时间内未提供正常劳动的，不适用于本条规定。

第十三条 用人单位违反本规定第十一条规定的，由劳动保障行政部门责令其限期改正；违反本规定第十二条规定的，由劳动保障行政部门责令其限期补发所欠劳动者工资，并可责令其按所欠工资的 1 至 5 倍支付劳动者赔偿金。

第十四条 劳动者与用人单位之间就执行最低工资标准发生争议，按劳动争议处理有关规定处理。

第十五条 本规定自 2004 年 3 月 1 日起实施。1993 年 11 月 24 日原劳动部发布的《企业最低工资规定》同时废止。

附件：

最低工资标准测算方法

一、确定最低工资标准应考虑的因素

确定最低工资标准一般考虑城镇居民生活费用支出、职工个人缴纳社会保险费、住房公积金、职工平均工资、失业率、经济发展水平等因素。可用公式表示为：

$M = f(C、S、A、U、E、a)$

M　最低工资标准；

C 城镇居民人均生活费用；
S 职工个人缴纳社会保险费、住房公积金；
A 职工平均工资；
U 失业率；
E 经济发展水平；
a 调整因素。

二、确定最低工资标准的通用方法

1. 比重法 即根据城镇居民家计调查资料，确定一定比例的最低人均收入户为贫困户，统计出贫困户的人均生活费用支出水平，乘以每一就业者的赡养系数，再加上一个调整数。

2. 恩格尔系数法 即根据国家营养学会提供的年度标准食物谱及标准食物摄取量，结合标准食物的市场价格，计算出最低食物支出标准，除以恩格尔系数，得出最低生活费用标准，再乘以每一就业者的赡养系数，再加上一个调整数。

以上方法计算出月最低工资标准后，再考虑职工个人缴纳社会保险费、住房公积金、职工平均工资水平、社会救济金和失业保险金标准、就业状况、经济发展水平等进行必要的修正。

举例：某地区最低收入组人均每月生活费支出为 210 元，每一就业者赡养系数为 1.87，最低食物费用为 127 元，恩格尔系数为 0.604，平均工资为 900 元。

1. 按比重法计算得出该地区月最低工资标准为：

月最低工资标准 = 210 × 1.87 + a = 393 + a(元)　　　　　　(1)

2. 按恩格尔系数法计算得出该地区月最低工资标准为：

月最低工资标准 = 127 ÷ 0.604 × 1.87 + a = 393 + a(元)　　　(2)

公式(1)与(2)中 a 的调整因素主要考虑当地个人缴纳养老、失业、医疗保险费和住房公积金等费用。

另，按照国际上一般月最低工资标准相当于月平均工资的 40~60%，则该地区月最低工资标准范围应在 360 元~540 元之间。

小时最低工资标准 = [(月最低工资标准 ÷ 20.92 ÷ 8) × (1 + 单位应当缴纳的基本养老保险费、基本医疗保险费比例之和)] × (1 + 浮动系数)

浮动系数的确定主要考虑非全日制就业劳动者工作稳定性、劳动条件和劳动强度、福利等方面与全日制就业人员之间的差异。

各地可参照以上测算办法，根据当地实际情况合理确定月、小时最低工资标准。

保障农民工工资支付条例

(2019年12月30日国务院令第724号公布
自2020年5月1日起施行)

第一章 总 则

第一条 为了规范农民工工资支付行为,保障农民工按时足额获得工资,根据《中华人民共和国劳动法》及有关法律规定,制定本条例。

第二条 保障农民工工资支付,适用本条例。

本条例所称农民工,是指为用人单位提供劳动的农村居民。

本条例所称工资,是指农民工为用人单位提供劳动后应当获得的劳动报酬。

第三条 农民工有按时足额获得工资的权利。任何单位和个人不得拖欠农民工工资。

农民工应当遵守劳动纪律和职业道德,执行劳动安全卫生规程,完成劳动任务。

第四条 县级以上地方人民政府对本行政区域内保障农民工工资支付工作负责,建立保障农民工工资支付工作协调机制,加强监管能力建设,健全保障农民工工资支付工作目标责任制,并纳入对本级人民政府有关部门和下级人民政府进行考核和监督的内容。

乡镇人民政府、街道办事处应当加强对拖欠农民工工资矛盾的排查和调处工作,防范和化解矛盾,及时调解纠纷。

第五条 保障农民工工资支付,应当坚持市场主体负责、政府依法监管、社会协同监督,按照源头治理、预防为主、防治结合、标本兼治的要求,依法根治拖欠农民工工资问题。

第六条 用人单位实行农民工劳动用工实名制管理,与招用的农民工书面约定或者通过依法制定的规章制度规定工资支付标准、支付时间、支付方式等内容。

第七条 人力资源社会保障行政部门负责保障农民工工资支付工作的组织协调、管理指导和农民工工资支付情况的监督检查,查处有关拖欠农民工工资案件。

住房城乡建设、交通运输、水利等相关行业工程建设主管部门按照职责履行行业监管责任，督办因违法发包、转包、违法分包、挂靠、拖欠工程款等导致的拖欠农民工工资案件。

发展改革等部门按照职责负责政府投资项目的审批管理，依法审查政府投资项目的资金来源和筹措方式，按规定及时安排政府投资，加强社会信用体系建设，组织对拖欠农民工工资失信联合惩戒对象依法依规予以限制和惩戒。

财政部门负责政府投资资金的预算管理，根据经批准的预算按规定及时足额拨付政府投资资金。

公安机关负责及时受理、侦办涉嫌拒不支付劳动报酬刑事案件，依法处置因农民工工资拖欠引发的社会治安案件。

司法行政、自然资源、人民银行、审计、国有资产管理、税务、市场监管、金融监管等部门，按照职责做好与保障农民工工资支付相关的工作。

第八条 工会、共产主义青年团、妇女联合会、残疾人联合会等组织按照职责依法维护农民工获得工资的权利。

第九条 新闻媒体应当开展保障农民工工资支付法律法规政策的公益宣传和先进典型的报道，依法加强对拖欠农民工工资违法行为的舆论监督，引导用人单位增强依法用工、按时足额支付工资的法律意识，引导农民工依法维权。

第十条 被拖欠工资的农民工有权依法投诉，或者申请劳动争议调解仲裁和提起诉讼。

任何单位和个人对拖欠农民工工资的行为，有权向人力资源社会保障行政部门或者其他有关部门举报。

人力资源社会保障行政部门和其他有关部门应当公开举报投诉电话、网站等渠道，依法接受对拖欠农民工工资行为的举报、投诉。对于举报、投诉的处理实行首问负责制，属于本部门受理的，应当依法及时处理；不属于本部门受理的，应当及时转送相关部门，相关部门应当依法及时处理，并将处理结果告知举报、投诉人。

第二章 工资支付形式与周期

第十一条 农民工工资应当以货币形式，通过银行转账或者现金支付给农民工本人，不得以实物或者有价证券等其他形式替代。

第十二条 用人单位应当按照与农民工书面约定或者依法制定的规章制度规定的工资支付周期和具体支付日期足额支付工资。

第十三条 实行月、周、日、小时工资制的，按照月、周、日、小时为周期支付工资;实行计件工资制的,工资支付周期由双方依法约定。

第十四条 用人单位与农民工书面约定或者依法制定的规章制度规定的具体支付日期,可以在农民工提供劳动的当期或者次期。具体支付日期遇法定节假日或者休息日的,应当在法定节假日或者休息日前支付。

用人单位因不可抗力未能在支付日期支付工资的,应当在不可抗力消除后及时支付。

第十五条 用人单位应当按照工资支付周期编制书面工资支付台账,并至少保存3年。

书面工资支付台账应当包括用人单位名称、支付周期、支付日期、支付对象姓名、身份证号码、联系方式、工作时间、应发工资项目及数额、代扣、代缴、扣除项目和数额、实发工资数额、银行代发工资凭证或者农民工签字等内容。

用人单位向农民工支付工资时,应当提供农民工本人的工资清单。

第三章 工 资 清 偿

第十六条 用人单位拖欠农民工工资的,应当依法予以清偿。

第十七条 不具备合法经营资格的单位招用农民工,农民工已经付出劳动而未获得工资的,依照有关法律规定执行。

第十八条 用工单位使用个人、不具备合法经营资格的单位或者未依法取得劳务派遣许可证的单位派遣的农民工,拖欠农民工工资的,由用工单位清偿,并可以依法进行追偿。

第十九条 用人单位将工作任务发包给个人或者不具备合法经营资格的单位,导致拖欠所招用农民工工资的,依照有关法律规定执行。

用人单位允许个人、不具备合法经营资格或者未取得相应资质的单位以用人单位的名义对外经营,导致拖欠所招用农民工工资的,由用人单位清偿,并可以依法进行追偿。

第二十条 合伙企业、个人独资企业、个体经济组织等用人单位拖欠农民工工资的,应当依法予以清偿;不清偿的,由出资人依法清偿。

第二十一条 用人单位合并或者分立时,应当在实施合并或者分立前依法清偿拖欠的农民工工资;经与农民工书面协商一致的,可以由合并或者分立后承继其权利和义务的用人单位清偿。

第二十二条 用人单位被依法吊销营业执照或者登记证书、被责令关闭、被撤销或者依法解散的,应当在申请注销登记前依法清偿拖欠的农民工工资。

未依据前款规定清偿农民工工资的用人单位主要出资人,应当在注册新用人单位前清偿拖欠的农民工工资。

第四章 工程建设领域特别规定

第二十三条 建设单位应当有满足施工所需要的资金安排。没有满足施工所需要的资金安排的,工程建设项目不得开工建设;依法需要办理施工许可证的,相关行业工程建设主管部门不予颁发施工许可证。

政府投资项目所需资金,应当按照国家有关规定落实到位,不得由施工单位垫资建设。

第二十四条 建设单位应当向施工单位提供工程款支付担保。

建设单位与施工总承包单位依法订立书面工程施工合同,应当约定工程款计量周期、工程款进度结算办法以及人工费用拨付周期,并按照保障农民工工资按时足额支付的要求约定人工费用。人工费用拨付周期不得超过 1 个月。

建设单位与施工总承包单位应当将工程施工合同保存备查。

第二十五条 施工总承包单位与分包单位依法订立书面分包合同,应当约定工程款计量周期、工程款进度结算办法。

第二十六条 施工总承包单位应当按照有关规定开设农民工工资专用账户,专项用于支付该工程建设项目农民工工资。

开设、使用农民工工资专用账户有关资料应当由施工总承包单位妥善保存备查。

第二十七条 金融机构应当优化农民工工资专用账户开设服务流程,做好农民工工资专用账户的日常管理工作;发现资金未按约定拨付等情况的,及时通知施工总承包单位,由施工总承包单位报告人力资源社会保障行政部门和相关行业工程建设主管部门,并纳入欠薪预警系统。

工程完工且未拖欠农民工工资的,施工总承包单位公示 30 日后,可以申请注销农民工工资专用账户,账户内余额归施工总承包单位所有。

第二十八条 施工总承包单位或者分包单位应当依法与所招用的农民工订立劳动合同并进行用工实名登记,具备条件的行业应当通过相应的管理服务信息平台进行用工实名登记、管理。未与施工总承包单位或者分包单位订立劳动合同并进行用工实名登记的人员,不得进入项目现场施工。

施工总承包单位应当在工程项目部配备劳资专管员,对分包单位劳动用工实施监督管理,掌握施工现场用工、考勤、工资支付等情况,审核分包单位编制的农民工工资支付表,分包单位应当予以配合。

施工总承包单位、分包单位应当建立用工管理台账,并保存至工程完工且工资全部结清后至少3年。

第二十九条 建设单位应当按照合同约定及时拨付工程款,并将人工费用及时足额拨付至农民工工资专用账户,加强对施工总承包单位按时足额支付农民工工资的监督。

因建设单位未按照合同约定及时拨付工程款导致农民工工资拖欠的,建设单位应当以未结清的工程款为限先行垫付被拖欠的农民工工资。

建设单位应当以项目为单位建立保障农民工工资支付协调机制和工资拖欠预防机制,督促施工总承包单位加强劳动用工管理,妥善处理与农民工工资支付相关的矛盾纠纷。发生农民工集体讨薪事件的,建设单位应当会同施工总承包单位及时处理,并向项目所在地人力资源社会保障行政部门和相关行业工程建设主管部门报告有关情况。

第三十条 分包单位对所招用农民工的实名制管理和工资支付负直接责任。

施工总承包单位对分包单位劳动用工和工资发放等情况进行监督。

分包单位拖欠农民工工资的,由施工总承包单位先行清偿,再依法进行追偿。

工程建设项目转包,拖欠农民工工资的,由施工总承包单位先行清偿,再依法进行追偿。

第三十一条 工程建设领域推行分包单位农民工工资委托施工总承包单位代发制度。

分包单位应当按月考核农民工工作量并编制工资支付表,经农民工本人签字确认后,与当月工程进度等情况一并交施工总承包单位。

施工总承包单位根据分包单位编制的工资支付表,通过农民工工资专用账户直接将工资支付到农民工本人的银行账户,并向分包单位提供代发工资凭证。

用于支付农民工工资的银行账户所绑定的农民工本人社会保障卡或者银行卡,用人单位或者其他人员不得以任何理由扣押或者变相扣押。

第三十二条 施工总承包单位应当按照有关规定存储工资保证金,专项用于支付为所承包工程提供劳动的农民工被拖欠的工资。

工资保证金实行差异化存储办法,对一定时期内未发生工资拖欠的单位实行减免措施,对发生工资拖欠的单位适当提高存储比例。工资保证金可以用金融机构保函替代。

工资保证金的存储比例、存储形式、减免措施等具体办法,由国务院人力资源社会保障行政部门会同有关部门制定。

第三十三条　除法律另有规定外,农民工工资专用账户资金和工资保证金不得因支付为本项目提供劳动的农民工工资之外的原因被查封、冻结或者划拨。

第三十四条　施工总承包单位应当在施工现场醒目位置设立维权信息告示牌,明示下列事项:

(一)建设单位、施工总承包单位及所在项目部、分包单位、相关行业工程建设主管部门、劳资专管员等基本信息;

(二)当地最低工资标准、工资支付日期等基本信息;

(三)相关行业工程建设主管部门和劳动保障监察投诉举报电话、劳动争议调解仲裁申请渠道、法律援助申请渠道、公共法律服务热线等信息。

第三十五条　建设单位与施工总承包单位或者承包单位与分包单位因工程数量、质量、造价等产生争议的,建设单位不得因争议不按照本条例第二十四条的规定拨付工程款中的人工费用,施工总承包单位也不得因争议不按照规定代发工资。

第三十六条　建设单位或者施工总承包单位将建设工程发包或者分包给个人或者不具备合法经营资格的单位,导致拖欠农民工工资的,由建设单位或者施工总承包单位清偿。

施工单位允许其他单位和个人以施工单位的名义对外承揽建设工程,导致拖欠农民工工资的,由施工单位清偿。

第三十七条　工程建设项目违反国土空间规划、工程建设等法律法规,导致拖欠农民工工资的,由建设单位清偿。

第五章　监督检查

第三十八条　县级以上地方人民政府应当建立农民工工资支付监控预警平台,实现人力资源社会保障、发展改革、司法行政、财政、住房城乡建设、交通运输、水利等部门的工程项目审批、资金落实、施工许可、劳动用工、工资支付等信息及时共享。

人力资源社会保障行政部门根据水电燃气供应、物业管理、信贷、税收等反映企业生产经营相关指标的变化情况,及时监控和预警工资支付隐患并做好防范工作,市场监管、金融监管、税务等部门应当予以配合。

第三十九条　人力资源社会保障行政部门、相关行业工程建设主管部门和其他有关部门应当按照职责,加强对用人单位与农民工签订劳动合同、工资支付以及工程建设项目实行农民工实名制管理、农民工工资专用账户管理、施工总承包单位代发工资、工资保证金存储、维权信息公示等情况的监督检查,预防和减少拖欠农民工工资行为的发生。

第四十条 人力资源社会保障行政部门在查处拖欠农民工工资案件时,需要依法查询相关单位金融账户和相关当事人拥有房产、车辆等情况的,应当经设区的市级以上地方人民政府人力资源社会保障行政部门负责人批准,有关金融机构和登记部门应当予以配合。

第四十一条 人力资源社会保障行政部门在查处拖欠农民工工资案件时,发生用人单位拒不配合调查、清偿责任主体及相关当事人无法联系等情形的,可以请求公安机关和其他有关部门协助处理。

人力资源社会保障行政部门发现拖欠农民工工资的违法行为涉嫌构成拒不支付劳动报酬罪的,应当按照有关规定及时移送公安机关审查并作出决定。

第四十二条 人力资源社会保障行政部门作出责令支付被拖欠的农民工工资的决定,相关单位不支付的,可以依法申请人民法院强制执行。

第四十三条 相关行业工程建设主管部门应当依法规范本领域建设市场秩序,对违法发包、转包、违法分包、挂靠等行为进行查处,并对导致拖欠农民工工资的违法行为及时予以制止、纠正。

第四十四条 财政部门、审计机关和相关行业工程建设主管部门按照职责,依法对政府投资项目建设单位按照工程施工合同约定向农民工工资专用账户拨付资金情况进行监督。

第四十五条 司法行政部门和法律援助机构应当将农民工列为法律援助的重点对象,并依法为请求支付工资的农民工提供便捷的法律援助。

公共法律服务相关机构应当积极参与相关诉讼、咨询、调解等活动,帮助解决拖欠农民工工资问题。

第四十六条 人力资源社会保障行政部门、相关行业工程建设主管部门和其他有关部门应当按照"谁执法谁普法"普法责任制的要求,通过以案释法等多种形式,加大对保障农民工工资支付相关法律法规的普及宣传。

第四十七条 人力资源社会保障行政部门应当建立用人单位及相关责任人劳动保障守法诚信档案,对用人单位开展守法诚信等级评价。

用人单位有严重拖欠农民工工资违法行为的,由人力资源社会保障行政部门向社会公布,必要时可以通过召开新闻发布会等形式向媒体公开曝光。

第四十八条 用人单位拖欠农民工工资,情节严重或者造成严重不良社会影响的,有关部门应当将该用人单位及其法定代表人或者主要负责人、直接负责的主管人员和其他直接责任人员列入拖欠农民工工资失信联合惩戒对象名单,在政府资金支持、政府采购、招投标、融资贷款、市场准入、税收优惠、评优评先、交通出行等方面依法依规予以限制。

拖欠农民工工资需要列入失信联合惩戒名单的具体情形,由国务院人力资源社会保障行政部门规定。

第四十九条 建设单位未依法提供工程款支付担保或者政府投资项目拖欠工程款,导致拖欠农民工工资的,县级以上地方人民政府应当限制其新建项目,并记入信用记录,纳入国家信用信息系统进行公示。

第五十条 农民工与用人单位就拖欠工资存在争议,用人单位应当提供依法由其保存的劳动合同、职工名册、工资支付台账和清单等材料;不提供的,依法承担不利后果。

第五十一条 工会依法维护农民工工资权益,对用人单位工资支付情况进行监督;发现拖欠农民工工资的,可以要求用人单位改正,拒不改正的,可以请求人力资源社会保障行政部门和其他有关部门依法处理。

第五十二条 单位或者个人编造虚假事实或者采取非法手段讨要农民工工资,或者以拖欠农民工工资为名讨要工程款的,依法予以处理。

第六章　法　律　责　任

第五十三条 违反本条例规定拖欠农民工工资的,依照有关法律规定执行。

第五十四条 有下列情形之一的,由人力资源社会保障行政部门责令限期改正;逾期不改正的,对单位处2万元以上5万元以下的罚款,对法定代表人或者主要负责人、直接负责的主管人员和其他直接责任人员处1万元以上3万元以下的罚款:

(一)以实物、有价证券等形式代替货币支付农民工工资;

(二)未编制工资支付台账并依法保存,或者未向农民工提供工资清单;

(三)扣押或者变相扣押用于支付农民工工资的银行账户所绑定的农民工本人社会保障卡或者银行卡。

第五十五条 有下列情形之一的,由人力资源社会保障行政部门、相关行业工程建设主管部门按照职责责令限期改正;逾期不改正的,责令项目停工,并处5万元以上10万元以下的罚款;情节严重的,给予施工单位限制承接新工程、降低资质等级、吊销资质证书等处罚:

(一)施工总承包单位未按规定开设或者使用农民工工资专用账户;

（二）施工总承包单位未按规定存储工资保证金或者未提供金融机构保函的；

（三）施工总承包单位、分包单位未实行劳动用工实名制管理。

第五十六条 有下列情形之一的，由人力资源社会保障行政部门、相关行业工程建设主管部门按照职责责令限期改正；逾期不改正的，处5万元以上10万元以下的罚款：

（一）分包单位未按月考核农民工工作量、编制工资支付表并经农民工本人签字确认；

（二）施工总承包单位未对分包单位劳动用工实施监督管理；

（三）分包单位未配合施工总承包单位对其劳动用工进行监督管理；

（四）施工总承包单位未实行施工现场维权信息公示制度。

第五十七条 有下列情形之一的，由人力资源社会保障行政部门、相关行业工程建设主管部门按照职责责令限期改正；逾期不改正的，责令项目停工，并处5万元以上10万元以下的罚款：

（一）建设单位未依法提供工程款支付担保；

（二）建设单位未按约定及时足额向农民工工资专用账户拨付工程款中的人工费用；

（三）建设单位或者施工总承包单位拒不提供或者无法提供工程施工合同、农民工工资专用账户有关资料。

第五十八条 不依法配合人力资源社会保障行政部门查询相关单位金融账户的，由金融监管部门责令改正；拒不改正的，处2万元以上5万元以下的罚款。

第五十九条 政府投资项目政府投资资金不到位拖欠农民工工资的，由人力资源社会保障行政部门报本级人民政府批准，责令限期足额拨付所拖欠的资金；逾期不拨付的，由上一级人民政府人力资源社会保障行政部门约谈直接责任部门和相关监管部门负责人，必要时进行通报，约谈地方人民政府负责人。情节严重的，对地方人民政府及其有关部门负责人、直接负责的主管人员和其他直接责任人员依法依规给予处分。

第六十条 政府投资项目建设单位未经批准立项建设、擅自扩大建设规模、擅自增加投资概算、未及时拨付工程款等导致拖欠农民工工资的，除依法承担责任外，由人力资源社会保障行政部门、其他有关部门按照职责约谈建设单位负责人，并作为其业绩考核、薪酬分配、评优评先、职务晋升等的重要依据。

第六十一条 对于建设资金不到位、违法违规开工建设的社会投资工程建设项目拖欠农民工工资的，由人力资源社会保障行政部门、其他有关部门按照职责依法对建设单位进行处罚;对建设单位负责人依法依规给予处分。相关部门工作人员未依法履行职责的,由有关机关依法依规给予处分。

第六十二条 县级以上地方人民政府人力资源社会保障、发展改革、财政、公安等部门和相关行业工程建设主管部门工作人员,在履行农民工工资支付监督管理职责过程中滥用职权、玩忽职守、徇私舞弊的,依法依规给予处分;构成犯罪的,依法追究刑事责任。

第七章 附 则

第六十三条 用人单位一时难以支付拖欠的农民工工资或者拖欠农民工工资逃匿的,县级以上地方人民政府可以动用应急周转金,先行垫付用人单位拖欠的农民工部分工资或者基本生活费。对已经垫付的应急周转金,应当依法向拖欠农民工工资的用人单位进行追偿。

人力资源社会保障部
关于职工全年月平均工作时间
和工资折算问题的通知

(2025 年 1 月 1 日　人社部发〔2025〕2 号)

各省、自治区、直辖市及新疆生产建设兵团人力资源社会保障厅(局):

根据《国务院关于修改〈全国年节及纪念日放假办法〉的决定》(国务院令第 795 号)的规定,全体公民的节日假期由原来的 11 天增设为 13 天。据此,职工全年月平均制度工作时间和工资折算办法分别调整如下:

一、制度工作时间的计算

年工作日:365 天 - 104 天(休息日) - 13 天(法定节假日) = 248 天

季工作日:248 天 ÷ 4 季 = 62 天/季

月工作日:248 天 ÷ 12 月 = 20.67 天/月

工作小时数的计算:以月、季、年的工作日乘以每日的 8 小时。

二、日工资、小时工资的折算

按照劳动法第五十一条的规定,法定节假日用人单位应当依法支付工资,即折算日工资、小时工资时不剔除国家规定的 13 天法定节假日。据此,日工资、

小时工资的折算为:

日工资:月工资收入÷月计薪天数

小时工资:月工资收入÷(月计薪天数×8小时)

月计薪天数:(365天－104天)÷12月＝21.75天

三、废止文件

2008年1月3日原劳动和社会保障部发布的《关于职工全年月平均工作时间和工资折算问题的通知》(劳社部发〔2008〕3号)同时废止。

2. 工　　时

国务院关于职工工作时间的规定

(1994年2月3日国务院令第146号公布　根据1995年3月25日国务院令第174号《关于修改〈国务院关于职工工作时间的规定〉的决定》修订)

第一条　为了合理安排职工的工作和休息时间,维护职工的休息权利,调动职工的积极性,促进社会主义现代化建设的事业的发展,根据宪法有关规定,制定本规定。

第二条　本规定适用于在中华人民共和国境内的国家机关、社会团体、企业事业单位以及其他组织的职工。

第三条　职工每日工作8小时、每周工作40小时。

第四条　在特殊条件下从事劳动和有特殊情况,需要适当缩短工作时间的,按照国家有关规定执行。

第五条　因工作性质或者生产特点的限制,不能实行每日工作8小时、每周工作40小时标准工时制度的,按照国家有关规定,可以实行其他工作和休息办法。

第六条　任何单位和个人不得擅自延长职工工作时间。因特殊情况和紧急任务确需延长工作时间的,按照国家有关规定执行。

第七条　国家机关、事业单位实行统一的工作时间,星期六和星期日为周休息日。企业和不能实行前款规定的统一工作时间的事业单位,可以根据实际情况灵活安排周休息日。

第八条 本规定由劳动部、人事部负责解释,实施办法由劳动部、人事部制定。

第九条 本规定自1995年5月1日起施行,1995年5月1日施行有困难的企业、事业单位,可以适当延期,但是,事业单位最迟应当自1996年1月1日起施行,企业最迟应当自1997年5月1日起施行。

劳动部贯彻《国务院关于职工工作时间的规定》的实施办法

(1995年3月25日劳动部颁发 劳部发〔1995〕143号)

第一条 根据《国务院关于职工工作时间的规定》(以下简称《规定》),制定本办法。

第二条 本办法适用于中华人民共和国境内的企业的职工和个体经济组织的劳动者(以下统称职工)。

第三条 职工每日工作8小时、每周工作40小时。实行这一工时制度,应保证完成生产和工作任务,不减少职工的收入。

第四条 在特殊条件下从事劳动和有特殊情况,需要在每周工作40小时的基础上再适当缩短工作时间的,应在保证完成生产和工作任务的前提下,根据《中华人民共和国劳动法》第三十六条的规定,由企业根据实际情况决定。

第五条 因工作性质或生产特点的限制,不能实行每日工作8小时、每周工作40小时标准工时制度的,可以实行不定时工作制或综合计算工时工作制等其他工作和休息办法,并按照劳动部《关于企业实行不定时工作制和综合计算工时工作制的审批办法》执行。

第六条 任何单位和个人不得擅自延长职工工作时间。企业由于生产经营需要而延长职工工作时间的,应按《中华人民共和国劳动法》第四十一条的规定执行。

第七条 有下列特殊情形和紧急任务之一的,延长工作时间不受本办法第六条规定的限制:

(一)发生自然灾害、事故或者因其他原因,使人民的安全健康和国家资财

遭到严重威胁,需要紧急处理的;

(二)生产设备、交通运输线路、公共设施发生故障,影响生产和公众利益,必须及时抢修的;

(三)必须利用法定节日或公休假日的停产期间进行设备检修、保养的;

(四)为完成国防紧急任务,或者完成上级在国家计划外安排的其他紧急生产任务,以及商业、供销企业在旺季完成收购、运输、加工农副产品紧急任务的。

第八条 根据本办法第六条、第七条延长工作时间的,企业应当按照《中华人民共和国劳动法》第四十四条的规定,给职工支付工资报酬或安排补休。

第九条 企业根据所在地的供电、供水和交通等实际情况,经与工会和职工协商后,可以灵活安排周休息日。

第十条 县级以上各级人民政府劳动行政部门对《规定》实施的情况进行监督检查。

第十一条 各省、自治区、直辖市人民政府劳动行政部门和国务院行业主管部门应根据《规定》和本办法及本地区、本行业的实际情况制定实施步骤,并报劳动部备案。

第十二条 本办法与《规定》同时实施。从1995年5月1日起施行每周四十小时工时制度有困难的企业,可以延期实行,但最迟应当于1997年5月1日起施行。在本办法施行前劳动部、人事部于1994年2月8日共同颁发的《〈国务院关于职工工作时间的规定〉的实施办法》继续有效。

《国务院关于职工工作时间的规定》问题解答

(1995年4月22日劳动部发布 劳部发〔1995〕187号)

一、问:1995年2月17日《国务院关于职工工作时间的规定》(以下简称《规定》)发布后,企业职工每周工作时间不超过四十小时,是否一定要每周休息两天?

答:有条件的企业应尽可能实行职工每日工作八小时、每周工作四十小时这一标准工时制度。有些企业因工作性质和生产特点不能实行标准工时制度的,应将贯彻《规定》和贯彻《劳动法》结合起来,保证职工每周工作时间不超过四十小时,每周至少休息一天;有些企业还可以实行不定时工作制、综合计算工时工作制等其他工作和休息办法。

二、问:实行新工时制后,企业职工原有的年休假还实行吗?

答:劳动法第四十五条规定:"国家实行带薪年休假制度。劳动者连续工作一年以上的,享受带薪年休假。具体办法由国务院规定"。在国务院没有发布企业职工年休假规定以前,1991年6月15日中共中央、国务院共同发出的《关于职工休假问题的通知》应继续贯彻执行。

三、问:《规定》第九条中"1995年5月1日施行有困难的企业"主要指的是哪些?

答:贯彻执行《规定》有一个很重要的原则,这就是既要维护职工的休息权利,也要保证生产和工作任务的完成,确保全国生产工作秩序的正常,以促进社会主义现代化建设事业的发展。《规定》所提到的有困难的企业主要是指:需要连续生产作业,而劳动组织、班制一时难以调整到位的关系国计民生的行业、企业;确有较多业务技术骨干需经较长时间培训合格上岗才能进一步缩短工时的企业;如立即实行新工时制,可能要严重影响企业完成生产任务、企业信誉和企业职工收入,确需一段准备过渡时间的企业。

这里特别需要指出的是,对于上述暂时存在困难的企业,各地区、各部门务必加强领导,精心指导,帮助他们制定切实可行的实施步骤;上述企业也应立足自身,挖掘潜力,积极创造条件,力争早日实行新工时制度,而不要非拖到1997年5月1日再实行。

四、问:如果有些企业只因极少数技术骨干轮换不过来而影响《规定》的贯彻实施,能不能用加班加点的办法予以解决?

答:为了使更多的企业职工能够实施新工时制度,企业首先要抓紧进行业务、技术骨干的培养,以便有足够的技术力量轮换顶班。只有这样才能既保证全体职工的健康和休息权利,也能保证正常的生产和工作秩序。在抓紧培养技术骨干的同时,为使企业绝大多数职工能尽早实行新工时制度,可以采取一些过渡性措施,即对极少数技术骨干发加班工资或补休。但是,一要与工会和劳动者本人协商,做好工作;二要保障技术骨干的身体健康;三不能无限期地延续下去,必须尽快招聘合格人才或抓紧培养合格人才。

五、问:哪些企业职工可实行不定时工作制?

答:不定时工作制是针对因生产特点、工作特殊需要或职责范围的关系,无法按标准工作时间衡量或需要机动作业的职工所采用的一种工时制度。例如:企业中从事高级管理、推销、货运、装卸、长途运输驾驶、押运、非生产性值班和特殊工作形式的个体工作岗位的职工,出租车驾驶员等,可实行不定时工作制。

鉴于每个企业的情况不同,企业可依据上述原则结合企业的实际情况进行研究,并按有关规定报批。

六、问:哪些企业职工可实行综合计算工时工作制?

答:综合计算工时工作制是针对因工作性质特殊,需连续作业或受季节及自然条件限制的企业的部分职工,采用的以周、月、季、年等为周期综合计算工作时间的一种工时制度,但其平均日工作时间和平均周工作时间应与法定标准工作时间基本相同。主要是指:交通、铁路、邮电、水运、航空、渔业等行业中因工作性质特殊,需要连续作业的职工;地质、石油及资源勘探、建筑、制盐、制糖、旅游等季节和自然条件限制的行业的部分职工;亦工亦农或由于受能源、原材料供应等条件限制难以均衡生产的乡镇企业的职工等。另外,对于那些在市场竞争中,由于外界因素影响,生产任务不均衡的企业的部分职工也可以参照综合计算工时工作制的办法实施。

对于因工作性质或生产特点的限制,实行不定时工作制或综合计算工时工作制等其他工作和休息办法的职工,企业都应根据《中华人民共和国劳动法》和《规定》的有关条款,在保障职工身体健康并充分听取职工意见的基础上,采取集中工作、集中休息、轮休调休、弹性工作时间等适当的工作和休息方式,确保职工的休息休假权利和生产、工作任务的完成。同时,各企业主管部门也应积极创造条件,尽可能使企业的生产任务均衡合理,帮助企业解决贯彻《规定》中的实际问题。

七、问:在特殊条件下从事劳动和有特殊情况的,是否可以进一步缩短工作时间?

答:在特殊条件下从事劳动和有特殊情况,需要在每周工作四十小时的基础上再适当缩短工作时间的,应在保证完成生产和工作任务的前提下,根据《中华人民共和国劳动法》第三十六条的规定,由企业根据实际情况决定。

八、问:中外合营企业中外籍人员,应如何执行《规定》?

答:根据《中华人民共和国涉外经济合同法》第四十条规定:"在中华人民共和国境内履行,经国家批准成立的中外合资经营企业合同、中外合作经营企业合同、中外合作勘探开发自然资源合同,在法律有新的规定时,可以仍然按照合同的规定执行"。因此,在《规定》发布前,凡以合同形式聘用的外籍员工,其工作时间仍可按原合同执行。

九、问:企业因生产经营需要延长工作时间是在每周四十小时,还是在每周四十四小时基础上计算?

答:1997年5月1日以前,以企业所执行的工时制度为基础。即实行每周四十小时工作制度的企业，以每周四十小时为基础计算加班加点时间；实行每周四十四小时工时制度的企业，以每周四十四小时为基础计算加班加点时间。上述加班加点，仍然按《劳动法》的有关规定执行。

1997年5月1日以后，一律应以每周四十小时为基础计算。

关于企业实行不定时工作制和综合计算工时工作制的审批办法

(1994年12月14日劳动部发布　劳部发〔1994〕503号
自1995年1月1日起施行)

第一条　根据《中华人民共和国劳动法》第三十九条的规定，制定本办法。

第二条　本办法适用于中华人民共和国境内的企业。

第三条　企业因生产特点不能实行《中华人民共和国劳动法》第三十六条、第三十八条规定的，可以实行不定时工作制或综合计算工时工作制等其他工作和休息办法。

第四条　企业对符合下列条件之一的职工，可以实行不定时工作制。

（一）企业中的高级管理人员、外勤人员、推销人员、部分值班人员和其他因工作无法按标准工作时间衡量的职工；

（二）企业中的长途运输人员、出租汽车司机和铁路、港口、仓库的部分装卸人员以及因工作性质特殊，需机动作业的职工；

（三）其他因生产特点、工作特殊需要或职责范围的关系，适合实行不定时工作制的职工。

第五条　企业对符合下列条件之一的职工，可实行综合计算工时工作制，即分别以周、月、季、年等为周期，综合计算工作时间，但其平均日工作时间和平均周工作时间应与法定标准工作时间基本相同。

（一）交通、铁路、邮电、水运、航空、渔业等行业中因工作性质特殊，需连续作业的职工；

（二）地质及资源勘探、建筑、制盐、制糖、旅游等受季节和自然条件限制的行业的部分职工；

（三）其他适合实行综合计算工时工作制的职工。

第六条　对于实行不定时工作制和综合计算工时工作制等其他工作和休

息办法的职工,企业应根据《中华人民共和国劳动法》第一章、第四章有关规定,在保障职工身体健康并充分听取职工意见的基础上,采用集中工作、集中休息、轮休调休、弹性工作时间等适当方式,确保职工的休息休假权利和生产、工作任务的完成。

第七条 中央直属企业实行不定时工作制和综合计算工时工作制等其他工作和休息办法的,经国务院行业主管部门审核,报国务院劳动行政部门批准。

地方企业实行不定时工作制和综合计算工时工作制等其他工作和休息办法的审批办法,由各省、自治区、直辖市人民政府劳动行政部门制定,报国务院劳动行政部门备案。

第八条 本办法自1995年1月1日起实行。

劳动部关于职工工作时间有关问题的复函

(1997年9月10日 劳部发〔1997〕271号)

广州市劳动局:

你局《关于职工工作时间有关问题的请示》(穗劳函字〔1997〕127号)收悉,经研究,函复如下:

一、企业和部分不能实行统一工作时间的事业单位,可否不实行"双休日"而安排每周工作六天,每天工作不超过6小时40分钟?

根据《劳动法》和《国务院关于职工工作时间的规定》(国务院令第174号)的规定,我国目前实行劳动者每日工作8小时、每周工作40小时这一标准工时制度。有条件的企业应实行标准工时制度。有些企业因工作性质和生产特点不能实行标准工时制度,应保证劳动者每天工作不超过8小时、每周工作不超过40小时、每周至少休息一天。此外,根据一些企业的生产实际情况还可实行不定时工作制和综合计算工作制。实行不定时工作制和综合计算工时工作制的企业应按劳动部《关于企业实行不定时工作制和综合计算工时工作制的审批办法》(劳部发〔1994〕503号)的规定办理审批手续。

二、用人单位要求劳动者每周工作超过40小时但不超过44小时,且不作延长工作时间处理,劳动行政机关可否认定其违法并依据《劳动法》第九十、九十一条和劳部发〔1994〕489、532号文件的规定予以处罚?

《国务院关于职工工作时间的规定》(国务院令第 174 号)是依据《劳动法》第三十六条的规定,按照我国经济和社会发展的需要,在标准工时制度方面进一步作出的规定。如果用人单位要求劳动者每周工作超过 40 小时但不超过 44 小时,且不作延长工作时间处理,劳动行政机关有权要求其改正。

三、《劳动法》第四十一、四十四条中的"延长工作时间"是否仅指加点,而不包括休息日或节日等法定休假日的加班(即是否加班不受《劳动法》的第四十一条限制)?

《劳动法》第四十一条有关延长工作时间的限制包括正常工作日的加点、休息日和法定休假日的加班。即每月工作日的加点、休息日和法定休假日的加班的总时数不得超过 36 小时。在国家立法部门没有作出立法解释前,应按此精神执行。

四、休息日或法定休假日加班,用人单位可否不支付加班费而给予补休?补休的标准如何确定?

依据《劳动法》第四十四条规定,休息日安排劳动者加班工作的,应首先安排补休,不能补休时,则应支付不低于工资的百分之二百的工资报酬。补休时间应等同于加班时间。法定休假日安排劳动者加班工作的,应另外支付不低于工资的百分之三百的工资报酬,一般不安排补休。

五、经批准实行综合计算工时工作制的用人单位,在计算周期内若日(或周)的平均工作时间没超过法定标准工作时间,但某一具体日(或周)的实际工作时间工作超过 8 小时(或 40 小时),"超过"部分是否视为加点(或加班)且受《劳动法》第四十一条的限制?

依据劳动部《关于企业实行不定时工作制和综合计算工时工作制的审批办法》第五条的规定,综合计算工时工作制采用的是以周、月、季、年等为周期综合计算工作时间,但其平均日工作时间和平均周工作时间应与法定标准工作时间基本相同。也就是说,在综合计算周期内,某一具体日(或周)的实际工作时间可以超过 8 小时(或 40 小时),但综合计算周期内的总实际工作时间不应超过总法定标准工作时间,超过部分应视为延长工作时间并按《劳动法》第四十四条第一款的规定支付工资报酬,其中法定休假日安排劳动者工作的,按《劳动法》第四十四条第三款的规定支付工资报酬。而且,延长工作时间的小时数平均每月不得超过 36 小时。

六、若甲企业经批准以季为周期综合计算工时(总工时应为 40 时/周×12 周/季=480 时/季)。若乙职工在该季的第一、二月份刚好完成了 480 小时的工作,第三个月整月休息。甲企业这样做是否合法且不存在着延长工作时间问题,该季各月的工资及加班费(若认定为延长工作时间的话)应如何计发?

某企业经劳动行政部门批准以季为周期综合计算工时(总工时应为508小时/季)。该企业因生产任务需要,经商工会和劳动者同意,安排劳动者在该季的第一、二月份刚好完成了508小时的工作,第三个月整月休息。该企业这样做应视为合法且没有延长工作时间。对于这种打破常规的工作时间安排,一定要取得工会和劳动者的同意,并且注意劳逸结合,切实保障劳动者身体健康。

工时计算方法应为:

1. 工作日的计算

年工作日:365天/年 – 104天/年(休息日) – 7天/年(法定休假日) = 254天/年

季工作日:254天/年 ÷ 4季 = 63.5天

月工作日:254天/年 ÷ 12月 = 21.16天

2. 工作小时数的计算

以每周、月、季、年的工作日乘以每日的8小时。

七、劳部发〔1994〕489号文第十三条中"其综合工作时间超过法定标准工作时间部分"是指日(或周)平均工作时间超过,还是指某一具体日(或周)实际工作时间超过?

实行综合计算工时工作制的企业,在综合计算周期内,如果劳动者的实际工作时间总数超过该周期的法定标准工作时间总数,超过部分应视为延长工作时间。如果在整个综合计算周期内的实际工作时间总数不超过该周期的法定标准工作时间总数,只是该综合计算周期内的某一具体日(或周、或月、或季)超过法定标准工作时间,其超过部分不应视为延长工作时间。

八、实行不定时工作制的工资如何计发?其休息休假如何确定?

对于实行不定时工作制的劳动者,企业应当根据标准工时制度合理确定劳动者的劳动定额或其他考核标准,以便安排劳动者休息。其工资由企业按照本单位的工资制度和工资分配办法,根据劳动者的实际工作时间和完成劳动定额情况计发。对于符合带薪年休假条件的劳动者,企业可安排其享受带薪年休假。

九、本市拟在审批综合计算工时过程中强制性地附加"保证劳动者每周至少休息一天"和"每日实际工作时间不得超过11小时"两个条件,是否妥当?

实行综合计算工时工作制是从部分企业生产实际出发,允许实行相对集中工作、集中休息的工作制度,以保证生产的正常进行和劳动者的合法权益。因此,在审批综合计算工时工作制过程中不宜再要求企业实行符合标准工时工作

制的规定。但是,在审批综合计算工时工作制过程中应要求企业做到以下两点:

1. 企业实行综合计算工时工作制以及在实行综合计算工时工作中采取何种工作方式,一定要与工会和劳动者协商。

2. 对于第三级以上(含第三级)体力劳动强度的工作岗位,劳动者每日连续工作时间不得超过 11 小时,而且每周至少休息一天。

3. 休假、退休

职工带薪年休假条例

(2007 年 12 月 14 日国务院令第 514 号公布
自 2008 年 1 月 1 日起施行)

第一条 为了维护职工休息休假权利,调动职工工作积极性,根据劳动法和公务员法,制定本条例。

第二条 机关、团体、企业、事业单位、民办非企业单位、有雇工的个体工商户等单位的职工连续工作 1 年以上的,享受带薪年休假(以下简称年休假)。单位应当保证职工享受年休假。职工在年休假期间享受与正常工作期间相同的工资收入。

第三条 职工累计工作已满 1 年不满 10 年的,年休假 5 天;已满 10 年不满 20 年的,年休假 10 天;已满 20 年的,年休假 15 天。

国家法定休假日、休息日不计入年休假的假期。

第四条 职工有下列情形之一的,不享受当年的年休假:

(一)职工依法享受寒暑假,其休假天数多于年休假天数的;

(二)职工请事假累计 20 天以上且单位按照规定不扣工资的;

(三)累计工作满 1 年不满 10 年的职工,请病假累计 2 个月以上的;

(四)累计工作满 10 年不满 20 年的职工,请病假累计 3 个月以上的;

(五)累计工作满 20 年以上的职工,请病假累计 4 个月以上的。

第五条 单位根据生产、工作的具体情况,并考虑职工本人意愿,统筹安排职工年休假。

年休假在1个年度内可以集中安排,也可以分段安排,一般不跨年度安排。单位因生产、工作特点确有必要跨年度安排职工年休假的,可以跨1个年度安排。

单位确因工作需要不能安排职工休年休假的,经职工本人同意,可以不安排职工休年休假。对职工应休未休的年休假天数,单位应当按照该职工日工资收入的300%支付年休假工资报酬。

第六条 县级以上地方人民政府人事部门、劳动保障部门应当依据职权对单位执行本条例的情况主动进行监督检查。

工会组织依法维护职工的年休假权利。

第七条 单位不安排职工休年休假又不依照本条例规定给予年休假工资报酬的,由县级以上地方人民政府人事部门或者劳动保障部门依据职权责令限期改正;对逾期不改正的,除责令该单位支付年休假工资报酬外,单位还应当按照年休假工资报酬的数额向职工加付赔偿金;对拒不支付年休假工资报酬、赔偿金的,属于公务员和参照公务员法管理的人员所在单位的,对直接负责的主管人员以及其他直接责任人员依法给予处分;属于其他单位的,由劳动保障部门、人事部门或者职工申请人民法院强制执行。

第八条 职工与单位因年休假发生的争议,依照国家有关法律、行政法规的规定处理。

第九条 国务院人事部门、国务院劳动保障部门依据职权,分别制定本条例的实施办法。

第十条 本条例自2008年1月1日起施行。

企业职工带薪年休假实施办法

(2008年9月18日人力资源和社会保障部令第1号发布施行)

第一条 为了实施《职工带薪年休假条例》(以下简称条例),制定本实施办法。

第二条 中华人民共和国境内的企业、民办非企业单位、有雇工的个体工商户等单位(以下称用人单位)和与其建立劳动关系的职工,适用本办法。

第三条 职工连续工作满12个月以上的,享受带薪年休假(以下简称年休假。

第四条 年休假天数根据职工累计工作时间确定。职工在同一或者不同用人单位工作期间，以及依照法律、行政法规或者国务院规定视同工作期间，应当计为累计工作时间。

第五条 职工新进用人单位且符合本办法第三条规定的，当年度年休假天数，按照在本单位剩余日历天数折算确定，折算后不足1整天的部分不享受年休假。

前款规定的折算方法为：（当年度在本单位剩余日历天数÷365天）×职工本人全年应当享受的年休假天数。

第六条 职工依法享受的探亲假、婚丧假、产假等国家规定的假期以及因工伤停工留薪期间不计入年休假假期。

第七条 职工享受寒暑假天数多于其年休假天数的，不享受当年的年休假。确因工作需要，职工享受的寒暑假天数少于其年休假天数的，用人单位应当安排补足年休假天数。

第八条 职工已享受当年的年休假，年度内又出现条例第四条第（二）、（三）、（四）、（五）项规定情形之一的，不享受下一年度的年休假。

第九条 用人单位根据生产、工作的具体情况，并考虑职工本人意愿，统筹安排年休假。用人单位确因工作需要不能安排职工年休假或者跨1个年度安排年休假的，应征得职工本人同意。

第十条 用人单位经职工同意不安排年休假或者安排职工年休假天数少于应休年休假天数，应当在本年度内对职工应休未休年休假天数，按照其日工资收入的300%支付未休年休假工资报酬，其中包含用人单位支付职工正常工作期间的工资收入。

用人单位安排职工休年休假，但是职工因本人原因且书面提出不休年休假的，用人单位可以只支付其正常工作期间的工资收入。

第十一条 计算未休年休假工资报酬的日工资收入按照职工本人的月工资除以月计薪天数（21.75天）进行折算。

前款所称月工资是指职工在用人单位支付其未休年休假工资报酬前12个月剔除加班工资后的月平均工资。在本用人单位工作时间不满12个月的，按实际月份计算月平均工资。

职工在年休假期间享受与正常工作期间相同的工资收入。实行计件工资、提成工资或者其他绩效工资制的职工，日工资收入的计发办法按照本条第一款、第二款的规定执行。

第十二条 用人单位与职工解除或者终止劳动合同时,当年度未安排职工休满应休年休假的,应当按照职工当年已工作时间折算应休未休年休假天数并支付未休年休假工资报酬,但折算后不足1整天的部分不支付未休年休假工资报酬。

前款规定的折算方法为:(当年度在本单位已过日历天数÷365天)×职工本人全年应当享受的年休假天数－当年度已安排年休假天数。

用人单位当年已安排职工年休假的,多于折算应休年休假的天数不再扣回。

第十三条 劳动合同、集体合同约定的或者用人单位规章制度规定的年休假天数、未休年休假工资报酬高于法定标准的,用人单位应当按照有关约定或者规定执行。

第十四条 劳务派遣单位的职工符合本办法第三条规定条件的,享受年休假。

被派遣职工在劳动合同期限内无工作期间由劳务派遣单位依法支付劳动报酬的天数多于其全年应当享受的年休假天数的,不享受当年的年休假;少于其全年应当享受的年休假天数的,劳务派遣单位、用工单位应当协商安排补足被派遣职工年休假天数。

第十五条 县级以上地方人民政府劳动行政部门应当依法监督检查用人单位执行条例及本办法的情况。

用人单位不安排职工休年休假又不依照条例及本办法规定支付未休年休假工资报酬的,由县级以上地方人民政府劳动行政部门依据职权责令限期改正;对逾期不改正的,除责令该用人单位支付未休年休假工资报酬外,用人单位还应当按照未休年休假工资报酬的数额向职工加付赔偿金;对拒不执行支付未休年休假工资报酬、赔偿金行政处理决定的,由劳动行政部门申请人民法院强制执行。

第十六条 职工与用人单位因年休假发生劳动争议的,依照劳动争议处理的规定处理。

第十七条 除法律、行政法规或者国务院另有规定外,机关、事业单位、社会团体和与其建立劳动关系的职工,依照本办法执行。

船员的年休假按《中华人民共和国船员条例》执行。

第十八条 本办法中的"年度"是指公历年度。

第十九条 本办法自发布之日起施行。

人力资源和社会保障部办公厅关于《企业职工带薪年休假实施办法》有关问题的复函

(2009年4月15日 人社厅函〔2009〕149号)

上海市人力资源和社会保障局：

你局《关于〈企业职工带薪年休假实施办法〉若干问题的请示》(沪人社福字〔2008〕15号)收悉。经研究，现函复如下：

一、关于带薪年休假的享受条件

《企业职工带薪年休假实施办法》第三条中的"职工连续工作满12个月以上"，既包括职工在同一用人单位连续工作满12个月以上的情形，也包括职工在不同用人单位连续工作满12个月以上的情形。

二、关于累计工作时间的确定

《企业职工带薪年休假实施办法》第四条中的"累计工作时间"，包括职工在机关、团体、企业、事业单位、民办非企业单位、有雇工的个体工商户等单位从事全日制工作期间，以及依法服兵役和其他按照国家法律、行政法规和国务院规定可以计算为工龄的期间(视同工作期间)。职工的累计工作时间可以根据档案记载、单位缴纳社保费记录、劳动合同或者其他具有法律效力的证明材料确定。

全国年节及纪念日放假办法

(1949年12月23日政务院公布 根据1999年9月18日国务院令第270号《关于修改〈全国年节及纪念日放假办法〉的决定》第一次修订 根据2007年12月14日国务院令第513号《关于修改〈全国年节及纪念日放假办法〉的决定》第二次修订 根据2013年12月11日国务院令第644号《关于修改〈全国年节及纪念日放假办法〉的决定》第三次修订 根据2024年11月10日国务院令第795号《关于修改〈全国年节及纪念日放假办法〉的决定》第四次修订)

第一条 为统一全国年节及纪念日的假期,制定本办法。

第二条 全体公民放假的节日:

(一)元旦,放假1天(1月1日);

(二)春节,放假4天(农历除夕、正月初一至初三);

(三)清明节,放假1天(农历清明当日);

(四)劳动节,放假2天(5月1日、2日);

(五)端午节,放假1天(农历端午当日);

(六)中秋节,放假1天(农历中秋当日);

(七)国庆节,放假3天(10月1日至3日)。

第三条 部分公民放假的节日及纪念日:

(一)妇女节(3月8日),妇女放假半天;

(二)青年节(5月4日),14周岁以上的青年放假半天;

(三)儿童节(6月1日),不满14周岁的少年儿童放假1天;

(四)中国人民解放军建军纪念日(8月1日),现役军人放假半天。

第四条 少数民族习惯的节日,由各少数民族聚居地区的地方人民政府,按照各该民族习惯,规定放假日期。

第五条 二七纪念日、五卅纪念日、七七抗战纪念日、九三抗战胜利纪念日、九一八纪念日、教师节、护士节、记者节、植树节等其他节日、纪念日,均不放假。

第六条 全体公民放假的假日,如果适逢周六、周日,应当在工作日补假。部分公民放假的假日,如果适逢周六、周日,则不补假。

第七条　全体公民放假的假日,可合理安排统一放假调休,结合落实带薪年休假等制度,实际形成较长假期。除个别特殊情形外,法定节假日假期前后连续工作一般不超过6天。

第八条　本办法自公布之日起施行。

企业职工患病或非因工负伤医疗期规定

(1994年12月1日劳动部发布　劳部发〔1994〕479号
自1995年1月1日起施行)

第一条　为了保障企业职工在患病或非因工负伤期间的合法权益,根据《中华人民共和国劳动法》第二十六、二十九条规定,制定本规定。

第二条　医疗期是指企业职工因患病或非因工负伤停止工作治病休息不得解除劳动合同的时限。

第三条　企业职工因患病或非因工负伤,需要停止工作医疗时,根据本人实际参加工作年限和在本单位工作年限,给予三个月到二十四个月的医疗期:

(一)实际工作年限十年以下的,在本单位工作年限五年以下的为三个月;五年以上的为六个月。

(二)实际工作年限十年以上的,在本单位工作年限五年以下的为六个月;五年以上十年以下的为九个月;十年以上十五年以下的为十二个月;十五年以上二十年以下的为十八个月;二十年以上的为二十四个月。

第四条　医疗期三个月的按六个月内累计病休时间计算;六个月的按十二个月内累计病休时间计算;九个月的按十五个月内累计病休时间计算;十二个月的按十八个月内累计病休时间计算;十八个月的按二十四个月内累计病休时间计算;二十四个月的按三十个月内累计病休时间计算。

第五条　企业职工在医疗期内,其病假工资、疾病救济费和医疗待遇按照有关规定执行。

第六条　企业职工非因工致残和经医生或医疗机构认定患有难以治疗的疾病,在医疗期内医疗终结,不能从事原工作,也不能从事用人单位另行安排的工作的,应当由劳动鉴定委员会参照工伤与职业病致残程度鉴定标准进行劳动能力的鉴定。被鉴定为一至四级的,应当退出劳动岗位,终止劳动关系,办理退休、退职手续，享受退休、退职待遇；被鉴定为五至十级的，医疗期内不得解除劳动合同。

第七条 企业职工非因工致残和经医生或医疗机构认定患有难以治疗的疾病，医疗期满，应当由劳动鉴定委员会参照工伤与职业病致残程度鉴定标准进行劳动能力的鉴定。被鉴定为一至四级的，应当退出劳动岗位，解除劳动关系，并办理退休、退职手续，享受退休、退职待遇。

第八条 医疗期满尚未痊愈者，被解除劳动合同的经济补偿问题按照有关规定执行。

第九条 本规定自1995年1月1日起施行。

劳动部关于贯彻《企业职工患病或非因工负伤医疗期规定》的通知

（1995年5月23日 劳部发〔1995〕236号）

各省、自治区、直辖市及计划单列市劳动（劳动人事）厅（局）：

1994年12月1日，我部发布了《企业职工患病或非因工负伤医疗期规定》（劳部发〔1994〕479号，以下简称《医疗期规定》）后，一些企业和地方劳动部门反映，《医疗期规定》中医疗期最长为24个月，时间过短，限制较死，在实际执行中遇到一定困难，要求适当延长医疗期，并要求进一步明确计算医疗期的起止时间。经研究，现对贯彻《医疗期规定》提出以下意见：

一、关于医疗期的计算问题

1. 医疗期计算应从病休第一天开始，累计计算。如：应享受三个月医疗期的职工，如果从1995年3月5日起第一次病休，那么，该职工的医疗期应在3月5日至9月5日之间确定在此期间累计病休三个月即视为医疗期满。其他依此类推。

2. 病休期间，公休、假日和法定节日包括在内。

二、关于特殊疾病的医疗期问题

根据目前的实际情况，对某些患特殊疾病（如癌症、精神病、瘫痪等）的职工，在24个月内尚不能痊愈的，经企业和劳动主管部门批准，可以适当延长医疗期。

各省、自治区、直辖市在实施《医疗期规定》时，可根据当地实际情况，抓紧制定具体细则，并及时报我部备案。

全国人民代表大会常务委员会关于实施渐进式延迟法定退休年龄的决定

(2024年9月13日第十四届全国人民代表大会常务委员会第十一次会议通过 自2025年1月1日起施行)

为了深入贯彻落实党中央关于渐进式延迟法定退休年龄的决策部署,适应我国人口发展新形势,充分开发利用人力资源,根据宪法,第十四届全国人民代表大会常务委员会第十一次会议决定:

一、同步启动延迟男、女职工的法定退休年龄,用十五年时间,逐步将男职工的法定退休年龄从原六十周岁延迟至六十三周岁,将女职工的法定退休年龄从原五十周岁、五十五周岁分别延迟至五十五周岁、五十八周岁。

二、实施渐进式延迟法定退休年龄坚持小步调整、弹性实施、分类推进、统筹兼顾的原则。

三、各级人民政府应当积极应对人口老龄化,鼓励和支持劳动者就业创业,切实保障劳动者权益,协调推进养老托育等相关工作。

四、批准《国务院关于渐进式延迟法定退休年龄的办法》。国务院根据实际需要,可以对落实本办法进行补充和细化。

五、本决定自2025年1月1日起施行。第五届全国人民代表大会常务委员会第二次会议批准的《国务院关于安置老弱病残干部的暂行办法》和《国务院关于工人退休、退职的暂行办法》中有关退休年龄的规定不再施行。

国务院关于渐进式延迟法定退休年龄的办法

坚持以习近平新时代中国特色社会主义思想为指导,深入贯彻党的二十大和二十届二中、三中全会精神,综合考虑我国人均预期寿命、健康水平、人口结构、国民受教育程度、劳动力供给等因素,按照小步调整、弹性实施、分类推进、统筹兼顾的原则,实施渐进式延迟法定退休年龄。为了做好这项工作,特制定本办法。

第一条 从2025年1月1日起,男职工和原法定退休年龄为五十五周岁的女职工,法定退休年龄每四个月延迟一个月,分别逐步延迟至六十三周岁和五十八周岁;原法定退休年龄为五十周岁的女职工,法定退休年龄每二个月延迟一个月,逐步延迟至五十五周岁。国家另有规定的,从其规定。

第二条 从2030年1月1日起,将职工按月领取基本养老金最低缴费年限由十五年逐步提高至二十年,每年提高六个月。职工达到法定退休年龄但不满最低缴费年限的,可以按照规定通过延长缴费或者一次性缴费的办法达到最低缴费年限,按月领取基本养老金。

第三条 职工达到最低缴费年限,可以自愿选择弹性提前退休,提前时间最长不超过三年,且退休年龄不得低于女职工五十周岁、五十五周岁及男职工六十周岁的原法定退休年龄。职工达到法定退休年龄,所在单位与职工协商一致的,可以弹性延迟退休,延迟时间最长不超过三年。国家另有规定的,从其规定。实施中不得违背职工意愿,违法强制或者变相强制职工选择退休年龄。

第四条 国家健全养老保险激励机制。鼓励职工长缴多得、多缴多得、晚退多得。基础养老金计发比例与个人累计缴费年限挂钩,基础养老金计发基数与个人实际缴费挂钩,个人账户养老金根据个人退休年龄、个人账户储存额等因素确定。

第五条 国家实施就业优先战略,促进高质量充分就业。完善就业公共服务体系,健全终身职业技能培训制度。支持青年人就业创业,强化大龄劳动者就业岗位开发,完善困难人员就业援助制度。加强对就业年龄歧视的防范和治理,激励用人单位吸纳更多大龄劳动者就业。

第六条 用人单位招用超过法定退休年龄的劳动者,应当保障劳动者获得劳动报酬、休息休假、劳动安全卫生、工伤保障等基本权益。

国家加强灵活就业和新就业形态劳动者权益保障。

国家完善带薪年休假制度。

第七条 对领取失业保险金且距法定退休年龄不足一年的人员,领取失业保险金年限延长至法定退休年龄,在实施渐进式延迟法定退休年龄期间,由失业保险基金按照规定为其缴纳养老保险费。

第八条 国家规范完善特殊工种等提前退休政策。从事井下、高空、高温、特别繁重体力劳动等国家规定的特殊工种,以及在高海拔地区工作的职工,符合条件的可以申请提前退休。

第九条 国家建立居家社区机构相协调、医养康养相结合的养老服务体系，大力发展普惠托育服务体系。

附件：1. 男职工延迟法定退休年龄对照表
2. 原法定退休年龄五十五周岁的女职工延迟法定退休年龄对照表
3. 原法定退休年龄五十周岁的女职工延迟法定退休年龄对照表
4. 提高最低缴费年限情况表

附件1：

男职工延迟法定退休年龄对照表

延迟法定退休年龄每4个月延迟1个月				延迟法定退休年龄每4个月延迟1个月			
出生时间	改革后法定退休年龄	改革后退休时间	延迟月数	出生时间	改革后法定退休年龄	改革后退休时间	延迟月数
1965年1月	60岁1个月	2025年2月	1	1966年1月	60岁4个月	2026年5月	4
1965年2月		2025年3月		1966年2月		2026年6月	
1965年3月		2025年4月		1966年3月		2026年7月	
1965年4月		2025年5月		1966年4月		2026年8月	
1965年5月	60岁2个月	2025年7月	2	1966年5月	60岁5个月	2026年10月	5
1965年6月		2025年8月		1966年6月		2026年11月	
1965年7月		2025年9月		1966年7月		2026年12月	
1965年8月		2025年10月		1966年8月		2027年1月	
1965年9月	60岁3个月	2025年12月	3	1966年9月	60岁6个月	2027年3月	6
1965年10月		2026年1月		1966年10月		2027年4月	
1965年11月		2026年2月		1966年11月		2027年5月	
1965年12月		2026年3月		1966年12月		2027年6月	

续表

出生时间	改革后法定退休年龄	改革后退休时间	延迟月数	出生时间	改革后法定退休年龄	改革后退休时间	延迟月数
1967年1月	60岁7个月	2027年8月	7	1969年1月	61岁1个月	2030年2月	13
1967年2月		2027年9月		1969年2月		2030年3月	
1967年3月		2027年10月		1969年3月		2030年4月	
1967年4月		2027年11月		1969年4月		2030年5月	
1967年5月	60岁8个月	2028年1月	8	1969年5月	61岁2个月	2030年7月	14
1967年6月		2028年2月		1969年6月		2030年8月	
1967年7月		2028年3月		1969年7月		2030年9月	
1967年8月		2028年4月		1969年8月		2030年10月	
1967年9月	60岁9个月	2028年6月	9	1969年9月	61岁3个月	2030年12月	15
1967年10月		2028年7月		1969年10月		2031年1月	
1967年11月		2028年8月		1969年11月		2031年2月	
1967年12月		2028年9月		1969年12月		2031年3月	
1968年1月	60岁10个月	2028年11月	10	1970年1月	61岁4个月	2031年5月	16
1968年2月		2028年12月		1970年2月		2031年6月	
1968年3月		2029年1月		1970年3月		2031年7月	
1968年4月		2029年2月		1970年4月		2031年8月	
1968年5月	60岁11个月	2029年4月	11	1970年5月	61岁5个月	2031年10月	17
1968年6月		2029年5月		1970年6月		2031年11月	
1968年7月		2029年6月		1970年7月		2031年12月	
1968年8月		2029年7月		1970年8月		2032年1月	
1968年9月	61岁	2029年9月	12	1970年9月	61岁6个月	2032年3月	18
1968年10月		2029年10月		1970年10月		2032年4月	
1968年11月		2029年11月		1970年11月		2032年5月	
1968年12月		2029年12月		1970年12月		2032年6月	

续表

延迟法定退休年龄每4个月延迟1个月				延迟法定退休年龄每4个月延迟1个月			
出生时间	改革后法定退休年龄	改革后退休时间	延迟月数	出生时间	改革后法定退休年龄	改革后退休时间	延迟月数
1971年1月	61岁7个月	2032年8月	19	1973年1月	62岁1个月	2035年2月	25
1971年2月		2032年9月		1973年2月		2035年3月	
1971年3月		2032年10月		1973年3月		2035年4月	
1971年4月		2032年11月		1973年4月		2035年5月	
1971年5月	61岁8个月	2033年1月	20	1973年5月	62岁2个月	2035年7月	26
1971年6月		2033年2月		1973年6月		2035年8月	
1971年7月		2033年3月		1973年7月		2035年9月	
1971年8月		2033年4月		1973年8月		2035年10月	
1971年9月	61岁9个月	2033年6月	21	1973年9月	62岁3个月	2035年12月	27
1971年10月		2033年7月		1973年10月		2036年1月	
1971年11月		2033年8月		1973年11月		2036年2月	
1971年12月		2033年9月		1973年12月		2036年3月	
1972年1月	61岁10个月	2033年11月	22	1974年1月	62岁4个月	2036年5月	28
1972年2月		2033年12月		1974年2月		2036年6月	
1972年3月		2034年1月		1974年3月		2036年7月	
1972年4月		2034年2月		1974年4月		2036年8月	
1972年5月	61岁11个月	2034年4月	23	1974年5月	62岁5个月	2036年10月	29
1972年6月		2034年5月		1974年6月		2036年11月	
1972年7月		2034年6月		1974年7月		2036年12月	
1972年8月		2034年7月		1974年8月		2037年1月	
1972年9月	62岁	2034年9月	24	1974年9月	62岁6个月	2037年3月	30
1972年10月		2034年10月		1974年10月		2037年4月	
1972年11月		2034年11月		1974年11月		2037年5月	
1972年12月		2034年12月		1974年12月		2037年6月	

续表

延迟法定退休年龄每4个月延迟1个月				延迟法定退休年龄每4个月延迟1个月			
出生时间	改革后法定退休年龄	改革后退休时间	延迟月数	出生时间	改革后法定退休年龄	改革后退休时间	延迟月数
1975年1月	62岁7个月	2037年8月	31	1976年1月	62岁10个月	2038年11月	34
1975年2月		2037年9月		1976年2月		2038年12月	
1975年3月		2037年10月		1976年3月		2039年1月	
1975年4月		2037年11月		1976年4月		2039年2月	
1975年5月	62岁8个月	2038年1月	32	1976年5月	62岁11个月	2039年4月	35
1975年6月		2038年2月		1976年6月		2039年5月	
1975年7月		2038年3月		1976年7月		2039年6月	
1975年8月		2038年4月		1976年8月		2039年7月	
1975年9月	62岁9个月	2038年6月	33	1976年9月	63岁	2039年9月	36
1975年10月		2038年7月		1976年10月		2039年10月	
1975年11月		2038年8月		1976年11月		2039年11月	
1975年12月		2038年9月		1976年12月		2039年12月	

附件2：

原法定退休年龄五十五周岁的女职工延迟法定退休年龄对照表

延迟法定退休年龄每4个月延迟1个月				延迟法定退休年龄每4个月延迟1个月			
出生时间	改革后法定退休年龄	改革后退休时间	延迟月数	出生时间	改革后法定退休年龄	改革后退休时间	延迟月数
1970年1月	55岁1个月	2025年2月	1	1970年5月	55岁2个月	2025年7月	2
1970年2月		2025年3月		1970年6月		2025年8月	
1970年3月		2025年4月		1970年7月		2025年9月	
1970年4月		2025年5月		1970年8月		2025年10月	

续表

延迟法定退休年龄每4个月延迟1个月				延迟法定退休年龄每4个月延迟1个月			
出生时间	改革后法定退休年龄	改革后退休时间	延迟月数	出生时间	改革后法定退休年龄	改革后退休时间	延迟月数
1970年9月	55岁3个月	2025年12月	3	1972年9月	55岁9个月	2028年6月	9
1970年10月		2026年1月		1972年10月		2028年7月	
1970年11月		2026年2月		1972年11月		2028年8月	
1970年12月		2026年3月		1972年12月		2028年9月	
1971年1月	55岁4个月	2026年5月	4	1973年1月	55岁10个月	2028年11月	10
1971年2月		2026年6月		1973年2月		2028年12月	
1971年3月		2026年7月		1973年3月		2029年1月	
1971年4月		2026年8月		1973年4月		2029年2月	
1971年5月	55岁5个月	2026年10月	5	1973年5月	55岁11个月	2029年4月	11
1971年6月		2026年11月		1973年6月		2029年5月	
1971年7月		2026年12月		1973年7月		2029年6月	
1971年8月		2027年1月		1973年8月		2029年7月	
1971年9月	55岁6个月	2027年3月	6	1973年9月	56岁	2029年9月	12
1971年10月		2027年4月		1973年10月		2029年10月	
1971年11月		2027年5月		1973年11月		2029年11月	
1971年12月		2027年6月		1973年12月		2029年12月	
1972年1月	55岁7个月	2027年8月	7	1974年1月	56岁1个月	2030年2月	13
1972年2月		2027年9月		1974年2月		2030年3月	
1972年3月		2027年10月		1974年3月		2030年4月	
1972年4月		2027年11月		1974年4月		2030年5月	
1972年5月	55岁8个月	2028年1月	8	1974年5月	56岁2个月	2030年7月	14
1972年6月		2028年2月		1974年6月		2030年8月	
1972年7月		2028年3月		1974年7月		2030年9月	
1972年8月		2028年4月		1974年8月		2030年10月	

续表

出生时间	改革后法定退休年龄	改革后退休时间	延迟月数	出生时间	改革后法定退休年龄	改革后退休时间	延迟月数
1974年9月	56岁3个月	2030年12月	15	1976年9月	56岁9个月	2033年6月	21
1974年10月		2031年1月		1976年10月		2033年7月	
1974年11月		2031年2月		1976年11月		2033年8月	
1974年12月		2031年3月		1976年12月		2033年9月	
1975年1月	56岁4个月	2031年5月	16	1977年1月	56岁10个月	2033年11月	22
1975年2月		2031年6月		1977年2月		2033年12月	
1975年3月		2031年7月		1977年3月		2034年1月	
1975年4月		2031年8月		1977年4月		2034年2月	
1975年5月	56岁5个月	2031年10月	17	1977年5月	56岁11个月	2034年4月	23
1975年6月		2031年11月		1977年6月		2034年5月	
1975年7月		2031年12月		1977年7月		2034年6月	
1975年8月		2032年1月		1977年8月		2034年7月	
1975年9月	56岁6个月	2032年3月	18	1977年9月	57岁	2034年9月	24
1975年10月		2032年4月		1977年10月		2034年10月	
1975年11月		2032年5月		1977年11月		2034年11月	
1975年12月		2032年6月		1977年12月		2034年12月	
1976年1月	56岁7个月	2032年8月	19	1978年1月	57岁1个月	2035年2月	25
1976年2月		2032年9月		1978年2月		2035年3月	
1976年3月		2032年10月		1978年3月		2035年4月	
1976年4月		2032年11月		1978年4月		2035年5月	
1976年5月	56岁8个月	2033年1月	20	1978年5月	57岁2个月	2035年7月	26
1976年6月		2033年2月		1978年6月		2035年8月	
1976年7月		2033年3月		1978年7月		2035年9月	
1976年8月		2033年4月		1978年8月		2035年10月	

续表

出生时间	改革后法定退休年龄	改革后退休时间	延迟月数	出生时间	改革后法定退休年龄	改革后退休时间	延迟月数
延迟法定退休年龄每4个月延迟1个月				延迟法定退休年龄每4个月延迟1个月			
1978年9月	57岁3个月	2035年12月	27	1980年5月	57岁8个月	2038年1月	32
1978年10月		2036年1月		1980年6月		2038年2月	
1978年11月		2036年2月		1980年7月		2038年3月	
1978年12月		2036年3月		1980年8月		2038年4月	
1979年1月	57岁4个月	2036年5月	28	1980年9月	57岁9个月	2038年6月	33
1979年2月		2036年6月		1980年10月		2038年7月	
1979年3月		2036年7月		1980年11月		2038年8月	
1979年4月		2036年8月		1980年12月		2038年9月	
1979年5月	57岁5个月	2036年10月	29	1981年1月	57岁10个月	2038年11月	34
1979年6月		2036年11月		1981年2月		2038年12月	
1979年7月		2036年12月		1981年3月		2039年1月	
1979年8月		2037年1月		1981年4月		2039年2月	
1979年9月	57岁6个月	2037年3月	30	1981年5月	57岁11个月	2039年4月	35
1979年10月		2037年4月		1981年6月		2039年5月	
1979年11月		2037年5月		1981年7月		2039年6月	
1979年12月		2037年6月		1981年8月		2039年7月	
1980年1月	57岁7个月	2037年8月	31	1981年9月	58岁	2039年9月	36
1980年2月		2037年9月		1981年10月		2039年10月	
1980年3月		2037年10月		1981年11月		2039年11月	
1980年4月		2037年11月		1981年12月		2039年12月	

附件3：

原法定退休年龄五十周岁的女职工延迟法定退休年龄对照表

延迟法定退休年龄每2个月延迟1个月				延迟法定退休年龄每2个月延迟1个月			
出生时间	改革后法定退休年龄	改革后退休时间	延迟月数	出生时间	改革后法定退休年龄	改革后退休时间	延迟月数
1975年1月	50岁1个月	2025年2月	1	1977年1月	51岁1个月	2028年2月	13
1975年2月		2025年3月		1977年2月		2028年3月	
1975年3月	50岁2个月	2025年5月	2	1977年3月	51岁2个月	2028年5月	14
1975年4月		2025年6月		1977年4月		2028年6月	
1975年5月	50岁3个月	2025年8月	3	1977年5月	51岁3个月	2028年8月	15
1975年6月		2025年9月		1977年6月		2028年9月	
1975年7月	50岁4个月	2025年11月	4	1977年7月	51岁4个月	2028年11月	16
1975年8月		2025年12月		1977年8月		2028年12月	
1975年9月	50岁5个月	2026年2月	5	1977年9月	51岁5个月	2029年2月	17
1975年10月		2026年3月		1977年10月		2029年3月	
1975年11月	50岁6个月	2026年5月	6	1977年11月	51岁6个月	2029年5月	18
1975年12月		2026年6月		1977年12月		2029年6月	
1976年1月	50岁7个月	2026年8月	7	1978年1月	51岁7个月	2029年8月	19
1976年2月		2026年9月		1978年2月		2029年9月	
1976年3月	50岁8个月	2026年11月	8	1978年3月	51岁8个月	2029年11月	20
1976年4月		2026年12月		1978年4月		2029年12月	
1976年5月	50岁9个月	2027年2月	9	1978年5月	51岁9个月	2030年2月	21
1976年6月		2027年3月		1978年6月		2030年3月	
1976年7月	50岁10个月	2027年5月	10	1978年7月	51岁10个月	2030年5月	22
1976年8月		2027年6月		1978年8月		2030年6月	
1976年9月	50岁11个月	2027年8月	11	1978年9月	51岁11个月	2030年8月	23
1976年10月		2027年9月		1978年10月		2030年9月	
1976年11月	51岁	2027年11月	12	1978年11月	52岁	2030年11月	24
1976年12月		2027年12月		1978年12月		2030年12月	

续表

延迟法定退休年龄每2个月延迟1个月				延迟法定退休年龄每2个月延迟1个月			
出生时间	改革后法定退休年龄	改革后退休时间	延迟月数	出生时间	改革后法定退休年龄	改革后退休时间	延迟月数
1979年1月	52岁1个月	2031年2月	25	1981年3月	53岁2个月	2034年5月	38
1979年2月		2031年3月		1981年4月		2034年6月	
1979年3月	52岁2个月	2031年5月	26	1981年5月	53岁3个月	2034年8月	39
1979年4月		2031年6月		1981年6月		2034年9月	
1979年5月	52岁3个月	2031年8月	27	1981年7月	53岁4个月	2034年11月	40
1979年6月		2031年9月		1981年8月		2034年12月	
1979年7月	52岁4个月	2031年11月	28	1981年9月	53岁5个月	2035年2月	41
1979年8月		2031年12月		1981年10月		2035年3月	
1979年9月	52岁5个月	2032年2月	29	1981年11月	53岁6个月	2035年5月	42
1979年10月		2032年3月		1981年12月		2035年6月	
1979年11月	52岁6个月	2032年5月	30	1982年1月	53岁7个月	2035年8月	43
1979年12月		2032年6月		1982年2月		2035年9月	
1980年1月	52岁7个月	2032年8月	31	1982年3月	53岁8个月	2035年11月	44
1980年2月		2032年9月		1982年4月		2035年12月	
1980年3月	52岁8个月	2032年11月	32	1982年5月	53岁9个月	2036年2月	45
1980年4月		2032年12月		1982年6月		2036年3月	
1980年5月	52岁9个月	2033年2月	33	1982年7月	53岁10个月	2036年5月	46
1980年6月		2033年3月		1982年8月		2036年6月	
1980年7月	52岁10个月	2033年5月	34	1982年9月	53岁11个月	2036年8月	47
1980年8月		2033年6月		1982年10月		2036年9月	
1980年9月	52岁11个月	2033年8月	35	1982年11月	54岁	2036年11月	48
1980年10月		2033年9月		1982年12月		2036年12月	
1980年11月	53岁	2033年11月	36	1983年1月	54岁1个月	2037年2月	49
1980年12月		2033年12月		1983年2月		2037年3月	
1981年1月	53岁1个月	2034年2月	37	1983年3月	54岁2个月	2037年5月	50
1981年2月		2034年3月		1983年4月		2037年6月	

续表

延迟法定退休年龄每2个月延迟1个月				延迟法定退休年龄每2个月延迟1个月			
出生时间	改革后法定退休年龄	改革后退休时间	延迟月数	出生时间	改革后法定退休年龄	改革后退休时间	延迟月数
1983年5月	54岁3个月	2037年8月	51	1983年11月	54岁6个月	2038年5月	54
1983年6月		2037年9月		1983年12月		2038年6月	
1983年7月	54岁4个月	2037年11月	52	1984年1月	54岁7个月	2038年8月	55
1983年8月		2037年12月		1984年2月		2038年9月	
1983年9月	54岁5个月	2038年2月	53	1984年3月	54岁8个月	2038年11月	56
1983年10月		2038年3月		1984年4月		2038年12月	

附件4：

提高最低缴费年限情况表

年份	当年最低缴费年限
2025年	15年
2026年	15年
2027年	15年
2028年	15年
2029年	15年
2030年	15年+6个月
2031年	16年
2032年	16年+6个月
2033年	17年
2034年	17年+6个月
2035年	18年
2036年	18年+6个月
2037年	19年
2038年	19年+6个月
2039年	20年

三、劳动保护

使用有毒物品作业场所劳动保护条例

(2002年5月12日国务院令第352号公布　根据2024年12月6日国务院令第797号《关于修改和废止部分行政法规的决定》修订)

第一章　总　则

第一条　为了保证作业场所安全使用有毒物品,预防、控制和消除职业中毒危害,保护劳动者的生命安全、身体健康及其相关权益,根据职业病防治法和其他有关法律、行政法规的规定,制定本条例。

第二条　作业场所使用有毒物品可能产生职业中毒危害的劳动保护,适用本条例。

第三条　按照有毒物品产生的职业中毒危害程度,有毒物品分为一般有毒物品和高毒物品。国家对作业场所使用高毒物品实行特殊管理。

一般有毒物品目录、高毒物品目录由国务院卫生行政部门会同有关部门依据国家标准制定、调整并公布。

第四条　从事使用有毒物品作业的用人单位(以下简称用人单位)应当使用符合国家标准的有毒物品,不得在作业场所使用国家明令禁止使用的有毒物品或者使用不符合国家标准的有毒物品。

用人单位应当尽可能使用无毒物品;需要使用有毒物品的,应当优先选择使用低毒物品。

第五条　用人单位应当依照本条例和其他有关法律、行政法规的规定,采取有效的防护措施,预防职业中毒事故的发生,依法参加工伤保险,保障劳动者的生命安全和身体健康。

第六条　国家鼓励研制、开发、推广、应用有利于预防、控制、消除职业中毒危害和保护劳动者健康的新技术、新工艺、新材料;限制使用或者淘汰有关职业中毒危害严重的技术、工艺、材料;加强对有关职业病的机理和发生规律的基础研究，提高有关职业病防治科学技术水平。

第七条 禁止使用童工。

用人单位不得安排未成年人和孕期、哺乳期的女职工从事使用有毒物品的作业。

第八条 工会组织应当督促并协助用人单位开展职业卫生宣传教育和培训，对用人单位的职业卫生工作提出意见和建议，与用人单位就劳动者反映的职业病防治问题进行协调并督促解决。

工会组织对用人单位违反法律、法规，侵犯劳动者合法权益的行为，有权要求纠正；产生严重职业中毒危害时，有权要求用人单位采取防护措施，或者向政府有关部门建议采取强制性措施；发生职业中毒事故时，有权参与事故调查处理；发现危及劳动者生命、健康的情形时，有权建议用人单位组织劳动者撤离危险现场，用人单位应当立即作出处理。

第九条 县级以上人民政府卫生行政、疾病预防控制部门及其他有关行政部门应当依据各自的职责，监督用人单位严格遵守本条例和其他有关法律、法规的规定，加强作业场所使用有毒物品的劳动保护，防止职业中毒事故发生，确保劳动者依法享有的权利。

第十条 各级人民政府应当加强对使用有毒物品作业场所职业卫生安全及相关劳动保护工作的领导，督促、支持卫生行政、疾病预防控制部门及其他有关行政部门依法履行监督检查职责，及时协调、解决有关重大问题；在发生职业中毒事故时，应当采取有效措施，控制事故危害的蔓延并消除事故危害，并妥善处理有关善后工作。

第二章　作业场所的预防措施

第十一条 用人单位的设立，应当符合有关法律、行政法规规定的设立条件，并依法办理有关手续，取得营业执照。

用人单位的使用有毒物品作业场所，除应当符合职业病防治法规定的职业卫生要求外，还必须符合下列要求：

（一）作业场所与生活场所分开，作业场所不得住人；

（二）有害作业与无害作业分开，高毒作业场所与其他作业场所隔离；

（三）设置有效的通风装置；可能突然泄漏大量有毒物品或者易造成急性中毒的作业场所，设置自动报警装置和事故通风设施；

（四）高毒作业场所设置应急撤离通道和必要的泄险区。

第十二条 使用有毒物品作业场所应当设置黄色区域警示线、警示标识和中文警示说明。警示说明应当载明产生职业中毒危害的种类、后果、预防以及应急救治措施等内容。

高毒作业场所应当设置红色区域警示线、警示标识和中文警示说明,并设置通讯报警设备。

第十三条 新建、扩建、改建的建设项目和技术改造、技术引进项目(以下统称建设项目),可能产生职业中毒危害的,应当依照职业病防治法的规定进行职业中毒危害预评价;可能产生职业中毒危害的建设项目的职业中毒危害防护设施应当与主体工程同时设计,同时施工,同时投入生产和使用;建设项目竣工验收前,应当进行职业中毒危害控制效果评价;建设项目的职业中毒危害防护设施经依法组织验收合格后,方可投入生产和使用。

可能产生职业中毒危害的建设项目的职业中毒危害防护设施设计应当符合国家职业卫生标准和卫生要求。

第十四条 用人单位应当按照国务院卫生行政部门的规定,向卫生行政部门及时、如实申报存在职业中毒危害项目。

从事使用高毒物品作业的用人单位,在申报使用高毒物品作业项目时,应当向卫生行政部门提交下列有关资料:

(一)职业中毒危害控制效果评价报告;

(二)职业卫生管理制度和操作规程等材料;

(三)职业中毒事故应急救援预案。

从事使用高毒物品作业的用人单位变更所使用的高毒物品品种的,应当依照前款规定向原受理申报的卫生行政部门重新申报。

第十五条 用人单位变更名称、法定代表人或者负责人的,应当向原受理申报的卫生行政部门备案。

第十六条 从事使用高毒物品作业的用人单位,应当配备应急救援人员和必要的应急救援器材、设备,制定事故应急救援预案,并根据实际情况变化对应急救援预案适时进行修订,定期组织演练。事故应急救援预案和演练记录应当报当地卫生行政部门、应急管理部门和公安部门备案。

第三章 劳动过程的防护

第十七条 用人单位应当依照职业病防治法的有关规定,采取有效的职业卫生防护管理措施,加强劳动过程中的防护与管理。

从事使用高毒物品作业的用人单位,应当配备专职的或者兼职的职业卫生医师和护士;不具备配备专职的或者兼职的职业卫生医师和护士条件的,应当与依法取得资质认证的职业卫生技术服务机构签订合同,由其提供职业卫生服务。

第十八条 用人单位应当与劳动者订立劳动合同,将工作过程中可能产生的职业中毒危害及其后果、职业中毒危害防护措施和待遇等如实告知劳动者,并在劳动合同中写明,不得隐瞒或者欺骗。

劳动者在已订立劳动合同期间因工作岗位或者工作内容变更,从事劳动合同中未告知的存在职业中毒危害的作业时,用人单位应当依照前款规定,如实告知劳动者,并协商变更原劳动合同有关条款。

用人单位违反前两款规定的,劳动者有权拒绝从事存在职业中毒危害的作业,用人单位不得因此单方面解除或者终止与劳动者所订立的劳动合同。

第十九条 用人单位有关管理人员应当熟悉有关职业病防治的法律、法规以及确保劳动者安全使用有毒物品作业的知识。

用人单位应当对劳动者进行上岗前的职业卫生培训和在岗期间的定期职业卫生培训,普及有关职业卫生知识,督促劳动者遵守有关法律、法规和操作规程,指导劳动者正确使用职业中毒危害防护设备和个人使用的职业中毒危害防护用品。

劳动者经培训考核合格,方可上岗作业。

第二十条 用人单位应当确保职业中毒危害防护设备、应急救援设施、通讯报警装置处于正常适用状态,不得擅自拆除或者停止运行。

用人单位应当对前款所列设施进行经常性的维护、检修,定期检测其性能和效果,确保其处于良好运行状态。

职业中毒危害防护设备、应急救援设施和通讯报警装置处于不正常状态时,用人单位应当立即停止使用有毒物品作业;恢复正常状态后,方可重新作业。

第二十一条 用人单位应当为从事使用有毒物品作业的劳动者提供符合国家职业卫生标准的防护用品,并确保劳动者正确使用。

第二十二条 有毒物品必须附具说明书,如实载明产品特性、主要成分、存在的职业中毒危害因素、可能产生的危害后果、安全使用注意事项、职业中毒危害防护以及应急救治措施等内容;没有说明书或者说明书不符合要求的,不得向用人单位销售。

用人单位有权向生产、经营有毒物品的单位索取说明书。

第二十三条 有毒物品的包装应当符合国家标准,并以易于劳动者理解的方式加贴或者拴挂有毒物品安全标签。有毒物品的包装必须有醒目的警示标识和中文警示说明。

经营、使用有毒物品的单位,不得经营、使用没有安全标签、警示标识和中文警示说明的有毒物品。

第二十四条 用人单位维护、检修存在高毒物品的生产装置,必须事先制订维护、检修方案,明确职业中毒危害防护措施,确保维护、检修人员的生命安全和身体健康。

维护、检修存在高毒物品的生产装置,必须严格按照维护、检修方案和操作规程进行。维护、检修现场应当有专人监护,并设置警示标志。

第二十五条 需要进入存在高毒物品的设备、容器或者狭窄封闭场所作业时,用人单位应当事先采取下列措施:

(一)保持作业场所良好的通风状态,确保作业场所职业中毒危害因素浓度符合国家职业卫生标准;

(二)为劳动者配备符合国家职业卫生标准的防护用品;

(三)设置现场监护人员和现场救援设备。

未采取前款规定措施或者采取的措施不符合要求的,用人单位不得安排劳动者进入存在高毒物品的设备、容器或者狭窄封闭场所作业。

第二十六条 用人单位应当按照国务院卫生行政部门的规定,定期对使用有毒物品作业场所职业中毒危害因素进行检测、评价。检测、评价结果存入用人单位职业卫生档案,定期向所在地卫生行政部门报告并向劳动者公布。

从事使用高毒物品作业的用人单位应当至少每一个月对高毒作业场所进行一次职业中毒危害因素检测;至少每半年进行一次职业中毒危害控制效果评价。

高毒作业场所职业中毒危害因素不符合国家职业卫生标准和卫生要求时,用人单位必须立即停止高毒作业,并采取相应的治理措施;经治理,职业中毒危害因素符合国家职业卫生标准和卫生要求的,方可重新作业。

第二十七条 从事使用高毒物品作业的用人单位应当设置淋浴间和更衣室,并设置清洗、存放或者处理从事使用高毒物品作业劳动者的工作服、工作鞋帽等物品的专用间。

劳动者结束作业时,其使用的工作服、工作鞋帽等物品必须存放在高毒作业区域内,不得穿戴到非高毒作业区域。

第二十八条 用人单位应当按照规定对从事使用高毒物品作业的劳动者进行岗位轮换。

用人单位应当为从事使用高毒物品作业的劳动者提供岗位津贴。

第二十九条 用人单位转产、停产、停业或者解散、破产的,应当采取有效措施,妥善处理留存或者残留有毒物品的设备、包装物和容器。

第三十条 用人单位应当对本单位执行本条例规定的情况进行经常性的监督检查;发现问题,应当及时依照本条例规定的要求进行处理。

第四章 职业健康监护

第三十一条 用人单位应当组织从事使用有毒物品作业的劳动者进行上岗前职业健康检查。

用人单位不得安排未经上岗前职业健康检查的劳动者从事使用有毒物品的作业,不得安排有职业禁忌的劳动者从事其所禁忌的作业。

第三十二条 用人单位应当对从事使用有毒物品作业的劳动者进行定期职业健康检查。

用人单位发现有职业禁忌或者有与所从事职业相关的健康损害的劳动者,应当将其及时调离原工作岗位,并妥善安置。

用人单位对需要复查和医学观察的劳动者,应当按照体检机构的要求安排其复查和医学观察。

第三十三条 用人单位应当对从事使用有毒物品作业的劳动者进行离岗时的职业健康检查;对离岗时未进行职业健康检查的劳动者,不得解除或者终止与其订立的劳动合同。

用人单位发生分立、合并、解散、破产等情形的,应当对从事使用有毒物品作业的劳动者进行健康检查,并按照国家有关规定妥善安置职业病病人。

第三十四条 用人单位对受到或者可能受到急性职业中毒危害的劳动者,应当及时组织进行健康检查和医学观察。

第三十五条 劳动者职业健康检查和医学观察的费用,由用人单位承担。

第三十六条 用人单位应当建立职业健康监护档案。

职业健康监护档案应当包括下列内容:

(一)劳动者的职业史和职业中毒危害接触史;

(二)相应作业场所职业中毒危害因素监测结果;

(三)职业健康检查结果及处理情况;

(四)职业病诊疗等劳动者健康资料。

第五章 劳动者的权利与义务

第三十七条 从事使用有毒物品作业的劳动者在存在威胁生命安全或者

身体健康危险的情况下,有权通知用人单位并从使用有毒物品造成的危险现场撤离。

用人单位不得因劳动者依据前款规定行使权利,而取消或者减少劳动者在正常工作时享有的工资、福利待遇。

第三十八条 劳动者享有下列职业卫生保护权利:

(一)获得职业卫生教育、培训;

(二)获得职业健康检查、职业病诊疗、康复等职业病防治服务;

(三)了解工作场所产生或者可能产生的职业中毒危害因素、危害后果和应当采取的职业中毒危害防护措施;

(四)要求用人单位提供符合防治职业病要求的职业中毒危害防护设施和个人使用的职业中毒危害防护用品,改善工作条件;

(五)对违反职业病防治法律、法规,危及生命、健康的行为提出批评、检举和控告;

(六)拒绝违章指挥和强令进行没有职业中毒危害防护措施的作业;

(七)参与用人单位职业卫生工作的民主管理,对职业病防治工作提出意见和建议。

用人单位应当保障劳动者行使前款所列权利。禁止因劳动者依法行使正当权利而降低其工资、福利等待遇或者解除、终止与其订立的劳动合同。

第三十九条 劳动者有权在正式上岗前从用人单位获得下列资料:

(一)作业场所使用的有毒物品的特性、有害成分、预防措施、教育和培训资料;

(二)有毒物品的标签、标识及有关资料;

(三)有毒物品安全使用说明书;

(四)可能影响安全使用有毒物品的其他有关资料。

第四十条 劳动者有权查阅、复印其本人职业健康监护档案。

劳动者离开用人单位时,有权索取本人健康监护档案复印件;用人单位应当如实、无偿提供,并在所提供的复印件上签章。

第四十一条 用人单位按照国家规定参加工伤保险的,患职业病的劳动者有权按照国家有关工伤保险的规定,享受下列工伤保险待遇:

(一)医疗费:因患职业病进行诊疗所需费用,由工伤保险基金按照规定标准支付;

(二)住院伙食补助费:由用人单位按照当地因公出差伙食标准的一定比例支付;

(三)康复费:由工伤保险基金按照规定标准支付;

(四)残疾用具费:因残疾需要配置辅助器具的,所需费用由工伤保险基金按照普及型辅助器具标准支付;

(五)停工留薪期待遇:原工资、福利待遇不变,由用人单位支付;

(六)生活护理补助费:经评残并确认需要生活护理的,生活护理补助费由工伤保险基金按照规定标准支付;

(七)一次性伤残补助金:经鉴定为十级至一级伤残的,按照伤残等级享受相当于6个月至24个月的本人工资的一次性伤残补助金,由工伤保险基金支付;

(八)伤残津贴:经鉴定为四级至一级伤残的,按照规定享受相当于本人工资75%至90%的伤残津贴,由工伤保险基金支付;

(九)死亡补助金:因职业中毒死亡的,由工伤保险基金按照不低于48个月的统筹地区上年度职工月平均工资的标准一次支付;

(十)丧葬补助金:因职业中毒死亡的,由工伤保险基金按照6个月的统筹地区上年度职工月平均工资的标准一次支付;

(十一)供养亲属抚恤金:因职业中毒死亡的,对由死者生前提供主要生活来源的亲属由工伤保险基金支付抚恤金:对其配偶每月按照统筹地区上年度职工月平均工资的40%发给,对其生前供养的直系亲属每人每月按照统筹地区上年度职工月平均工资的30%发给;

(十二)国家规定的其他工伤保险待遇。

本条例施行后,国家对工伤保险待遇的项目和标准作出调整时,从其规定。

第四十二条 用人单位未参加工伤保险的,其劳动者从事有毒物品作业患职业病的,用人单位应当按照国家有关工伤保险规定的项目和标准,保证劳动者享受工伤待遇。

第四十三条 用人单位无营业执照以及被依法吊销营业执照,其劳动者从事使用有毒物品作业患职业病的,应当按照国家有关工伤保险规定的项目和标准,给予劳动者一次性赔偿。

第四十四条 用人单位分立、合并的,承继单位应当承担由原用人单位对患职业病的劳动者承担的补偿责任。

用人单位解散、破产的,应当依法从其清算财产中优先支付患职业病的劳动者的补偿费用。

第四十五条 劳动者除依法享有工伤保险外,依照有关民事法律的规定,尚有获得赔偿的权利的,有权向用人单位提出赔偿要求。

第四十六条 劳动者应当学习和掌握相关职业卫生知识，遵守有关劳动保护的法律、法规和操作规程，正确使用和维护职业中毒危害防护设施及其用品；发现职业中毒事故隐患时，应当及时报告。

作业场所出现使用有毒物品产生的危险时，劳动者应当采取必要措施，按照规定正确使用防护设施，将危险加以消除或者减少到最低限度。

第六章 监督管理

第四十七条 县级以上人民政府卫生行政、疾病预防控制部门应当依照本条例的规定和国家有关职业卫生要求，依据职责划分，对作业场所使用有毒物品作业及职业中毒危害检测、评价活动进行监督检查。

卫生行政、疾病预防控制部门实施监督检查，不得收取费用，不得接受用人单位的财物或者其他利益。

第四十八条 卫生行政、疾病预防控制部门应当建立、健全监督制度，核查反映用人单位有关劳动保护的材料，履行监督责任。

用人单位应当向卫生行政、疾病预防控制部门如实、具体提供反映有关劳动保护的材料；必要时，卫生行政、疾病预防控制部门可以查阅或者要求用人单位报送有关材料。

第四十九条 卫生行政、疾病预防控制部门应当监督用人单位严格执行有关职业卫生规范。

卫生行政、疾病预防控制部门应当依照本条例的规定对使用有毒物品作业场所的职业卫生防护设备、设施的防护性能进行定期检验和不定期的抽查；发现职业卫生防护设备、设施存在隐患时，应当责令用人单位立即消除隐患；消除隐患期间，应当责令其停止作业。

第五十条 卫生行政、疾病预防控制部门应当采取措施，鼓励对用人单位的违法行为进行举报、投诉、检举和控告。

卫生行政、疾病预防控制部门对举报、投诉、检举和控告应当及时核实，依法作出处理，并将处理结果予以公布。

卫生行政、疾病预防控制部门对举报人、投诉人、检举人和控告人负有保密的义务。

第五十一条 职业卫生监督执法人员依法执行职务时，应当出示执法证件。

职业卫生监督执法人员应当忠于职守，秉公执法；涉及用人单位秘密的，应当为其保密。

第五十二条 疾病预防控制部门依法实施罚款的行政处罚，应当依照有关法律、行政法规的规定，实施罚款决定与罚款收缴分离；收缴的罚款以及依法没收的经营所得，必须全部上缴国库。

第五十三条 卫生行政、疾病预防控制部门履行监督检查职责时，有权采取下列措施：

（一）进入用人单位和使用有毒物品作业场所现场，了解情况，调查取证，进行抽样检查、检测、检验，进行实地检查；

（二）查阅或者复制与违反本条例行为有关的资料，采集样品；

（三）责令违反本条例规定的单位和个人停止违法行为。

第五十四条 发生职业中毒事故或者有证据证明职业中毒危害状态可能导致事故发生时，卫生行政、疾病预防控制部门有权采取下列临时控制措施：

（一）责令暂停导致职业中毒事故的作业；

（二）封存造成职业中毒事故或者可能导致事故发生的物品；

（三）组织控制职业中毒事故现场。

在职业中毒事故或者危害状态得到有效控制后，卫生行政、疾病预防控制部门应当及时解除控制措施。

第五十五条 职业卫生监督执法人员依法执行职务时，被检查单位应当接受检查并予以支持、配合，不得拒绝和阻碍。

第五十六条 疾病预防控制部门应当加强队伍建设，提高职业卫生监督执法人员的政治、业务素质，依照本条例的规定，建立、健全内部监督制度，对职业卫生监督执法人员执行法律、法规和遵守纪律的情况进行监督检查。

第七章 罚 则

第五十七条 卫生行政、疾病预防控制部门的工作人员有下列行为之一，导致职业中毒事故发生的，依照刑法关于滥用职权罪、玩忽职守罪或者其他罪的规定，依法追究刑事责任；造成职业中毒危害但尚未导致职业中毒事故发生，不够刑事处罚的，根据不同情节，依法给予降级、撤职或者开除的处分：

（一）对用人单位不履行监督检查职责，或者发现用人单位存在违反本条例的行为不予查处的；

（二）发现用人单位存在职业中毒危害，可能造成职业中毒事故，不及时依法采取控制措施的。

第五十八条 用人单位违反本条例的规定，有下列情形之一的，由疾病预防控制部门给予警告，责令限期改正；逾期不改正的，处10万元以上50万元以下的罚款;情节严重的,提请有关人民政府按照国务院规定的权限责令停建、予以关闭;造成严重职业中毒危害或者导致职业中毒事故发生的,对负有责任的主管人员和其他直接责任人员依照刑法关于重大劳动安全事故罪或者其他罪的规定,依法追究刑事责任:

(一)可能产生职业中毒危害的建设项目,未依照职业病防治法的规定进行职业中毒危害预评价的;

(二)职业中毒危害防护设施未与主体工程同时设计,同时施工,同时投入生产和使用的;

(三)建设项目竣工验收前,未进行职业中毒危害控制效果评价,或者职业中毒危害防护设施未经依法组织验收合格,擅自投入生产和使用的;

(四)可能产生职业中毒危害的建设项目,其职业中毒危害防护设施设计不符合国家职业卫生标准和卫生要求的。

第五十九条 用人单位违反本条例的规定,有下列情形之一的,由疾病预防控制部门给予警告,责令限期改正;逾期不改正的,处5万元以上20万元以下的罚款;情节严重的,提请有关人民政府按照国务院规定的权限予以关闭;造成严重职业中毒危害或者导致职业中毒事故发生的,对负有责任的主管人员和其他直接责任人员依照刑法关于重大劳动安全事故罪或者其他罪的规定,依法追究刑事责任:

(一)使用有毒物品作业场所未按照规定设置警示标识和中文警示说明的;

(二)未对职业卫生防护设备、应急救援设施、通讯报警装置进行维护、检修和定期检测,导致上述设施处于不正常状态的;

(三)未依照本条例的规定进行职业中毒危害因素检测和职业中毒危害控制效果评价的;

(四)未向从事使用有毒物品作业的劳动者提供符合国家职业卫生标准的防护用品,或者未保证劳动者正确使用的。

用人单位违反本条例的规定,有下列情形之一的,由疾病预防控制部门给予警告,责令限期改正,处5万元以上20万元以下的罚款;逾期不改正的,提请有关人民政府按照国务院规定的权限予以关闭;造成严重职业中毒危害或者导致职业中毒事故发生的,对负有责任的主管人员和其他直接责任人员依照刑法关于重大劳动安全事故罪或者其他罪的规定,依法追究刑事责任:

(一)高毒作业场所未按照规定设置撤离通道和泄险区的;

(二)高毒作业场所未按照规定设置警示线的。

第六十条 用人单位违反本条例的规定,有下列情形之一的,由疾病预防控制部门给予警告,责令限期改正,处5万元以上30万元以下的罚款;逾期不改正的,提请有关人民政府按照国务院规定的权限予以关闭;造成严重职业中毒危害或者导致职业中毒事故发生的,对负有责任的主管人员和其他直接责任人员依照刑法关于重大责任事故罪、重大劳动安全事故罪或者其他罪的规定,依法追究刑事责任:

(一)使用有毒物品作业场所未设置有效通风装置的,或者可能突然泄漏大量有毒物品或者易造成急性中毒的作业场所未设置自动报警装置或者事故通风设施的;

(二)职业卫生防护设备、应急救援设施、通讯报警装置处于不正常状态而不停止作业,或者擅自拆除或者停止运行职业卫生防护设备、应急救援设施、通讯报警装置的。

第六十一条 从事使用高毒物品作业的用人单位违反本条例的规定,有下列行为之一的,由疾病预防控制部门给予警告,责令限期改正,处5万元以上20万元以下的罚款;逾期不改正的,提请有关人民政府按照国务院规定的权限予以关闭;造成严重职业中毒危害或者导致职业中毒事故发生的,对负有责任的主管人员和其他直接责任人员依照刑法关于重大责任事故罪或者其他罪的规定,依法追究刑事责任:

(一)作业场所职业中毒危害因素不符合国家职业卫生标准和卫生要求而不立即停止高毒作业并采取相应的治理措施的,或者职业中毒危害因素治理不符合国家职业卫生标准和卫生要求重新作业的;

(二)未依照本条例的规定维护、检修存在高毒物品的生产装置的;

(三)未采取本条例规定的措施,安排劳动者进入存在高毒物品的设备、容器或者狭窄封闭场所作业的。

第六十二条 在作业场所使用国家明令禁止使用的有毒物品或者使用不符合国家标准的有毒物品的,由疾病预防控制部门责令立即停止使用,处5万元以上30万元以下的罚款;情节严重的,责令停止使用有毒物品作业,或者提请有关人民政府按照国务院规定的权限予以关闭;造成严重职业中毒危害或者导致职业中毒事故发生的,对负有责任的主管人员和其他直接责任人员依照刑法关于危险物品肇事罪、重大责任事故罪或者其他罪的规定,依法追究刑事责任。

第六十三条 用人单位违反本条例的规定,有下列行为之一的,由疾病预防控制部门责令限期改正,处5万元以上30万元以下的罚款;情节严重的,责令停止使用有毒物品作业,或者提请有关人民政府按照国务院规定的权限予以关闭;造成严重职业中毒危害或者导致职业中毒事故发生的,对负有责任的主管

人员和其他直接责任人员依照刑法关于重大责任事故罪或者其他罪的规定,依法追究刑事责任:

(一)未组织从事使用有毒物品作业的劳动者进行上岗前职业健康检查,安排未经上岗前职业健康检查的劳动者从事使用有毒物品作业的;

(二)使用未经培训考核合格的劳动者从事高毒作业的;

(三)安排有职业禁忌的劳动者从事所禁忌的作业的;

(四)发现有职业禁忌或者有与所从事职业相关的健康损害的劳动者,未及时调离原工作岗位,并妥善安置的;

(五)安排未成年人或者孕期、哺乳期的女职工从事使用有毒物品作业的;

(六)使用童工的。

第六十四条 从事使用有毒物品作业的用人单位违反本条例的规定,在转产、停产、停业或者解散、破产时未采取有效措施,妥善处理留存或者残留高毒物品的设备、包装物和容器的,由疾病预防控制部门责令改正,处2万元以上10万元以下的罚款;触犯刑律的,对负有责任的主管人员和其他直接责任人员依照刑法关于污染环境罪、危险物品肇事罪或者其他罪的规定,依法追究刑事责任。

第六十五条 用人单位违反本条例的规定,有下列情形之一的,由疾病预防控制部门给予警告,责令限期改正,处5000元以上2万元以下的罚款;逾期不改正的,责令停止使用有毒物品作业,或者提请有关人民政府按照国务院规定的权限予以关闭;造成严重职业中毒危害或者导致职业中毒事故发生的,对负有责任的主管人员和其他直接责任人员依照刑法关于重大劳动安全事故罪、危险物品肇事罪或者其他罪的规定,依法追究刑事责任:

(一)使用有毒物品作业场所未与生活场所分开或者在作业场所住人的;

(二)未将有害作业与无害作业分开的;

(三)高毒作业场所未与其他作业场所有效隔离的;

(四)从事高毒作业未按照规定配备应急救援设施或者制定事故应急救援预案的。

第六十六条 用人单位违反本条例的规定,有下列情形之一的,由疾病预防控制部门给予警告,责令限期改正,处2万元以上5万元以下的罚款;逾期不改正的,提请有关人民政府按照国务院规定的权限予以关闭:

(一)未按照规定向卫生行政部门申报高毒作业项目的;

(二)变更使用高毒物品品种,未按照规定向原受理申报的卫生行政部门重新申报,或者申报不及时、有虚假的。

第六十七条 用人单位违反本条例的规定,有下列行为之一的,由疾病预防控制部门给予警告,责令限期改正,可以并处5万元以上10万元以下的罚款;逾期不改正的,责令停止使用有毒物品作业,或者提请有关人民政府按照国务院规定的权限予以关闭:

(一)未组织从事使用有毒物品作业的劳动者进行定期职业健康检查的;

(二)未组织从事使用有毒物品作业的劳动者进行离岗职业健康检查的;

(三)对未进行离岗职业健康检查的劳动者,解除或者终止与其订立的劳动合同的;

(四)发生分立、合并、解散、破产情形,未对从事使用有毒物品作业的劳动者进行健康检查,并按照国家有关规定妥善安置职业病病人的;

(五)对受到或者可能受到急性职业中毒危害的劳动者,未及时组织进行健康检查和医学观察的;

(六)未建立职业健康监护档案的;

(七)劳动者离开用人单位时,用人单位未如实、无偿提供职业健康监护档案的;

(八)未依照职业病防治法和本条例的规定将工作过程中可能产生的职业中毒危害及其后果、有关职业卫生防护措施和待遇等如实告知劳动者并在劳动合同中写明的;

(九)劳动者在存在威胁生命、健康危险的情况下,从危险现场中撤离,而被取消或者减少应当享有的待遇的。

第六十八条 用人单位违反本条例的规定,有下列行为之一的,由疾病预防控制部门给予警告,责令限期改正,处5000元以上2万元以下的罚款;逾期不改正的,责令停止使用有毒物品作业,或者提请有关人民政府按照国务院规定的权限予以关闭:

(一)未按照规定配备或者聘请职业卫生医师和护士的;

(二)未为从事使用高毒物品作业的劳动者设置淋浴间、更衣室或者未设置清洗、存放和处理工作服、工作鞋帽等物品的专用间,或者不能正常使用的;

(三)未安排从事使用高毒物品作业一定年限的劳动者进行岗位轮换的。

第八章 附 则

第六十九条 涉及作业场所使用有毒物品可能产生职业中毒危害的劳动保护的有关事项,本条例未作规定的,依照职业病防治法和其他有关法律、行政法规的规定执行。

有毒物品的生产、经营、储存、运输、使用和废弃处置的安全管理,依照危险化学品安全管理条例执行。

第七十条　本条例自公布之日起施行。

女职工劳动保护特别规定

(2012年4月28日国务院令第619号公布施行)

第一条　为了减少和解决女职工在劳动中因生理特点造成的特殊困难,保护女职工健康,制定本规定。

第二条　中华人民共和国境内的国家机关、企业、事业单位、社会团体、个体经济组织以及其他社会组织等用人单位及其女职工,适用本规定。

第三条　用人单位应当加强女职工劳动保护,采取措施改善女职工劳动安全卫生条件,对女职工进行劳动安全卫生知识培训。

第四条　用人单位应当遵守女职工禁忌从事的劳动范围的规定。用人单位应当将本单位属于女职工禁忌从事的劳动范围的岗位书面告知女职工。

女职工禁忌从事的劳动范围由本规定附录列示。国务院安全生产监督管理部门会同国务院人力资源社会保障行政部门、国务院卫生行政部门根据经济社会发展情况,对女职工禁忌从事的劳动范围进行调整。

第五条　用人单位不得因女职工怀孕、生育、哺乳降低其工资、予以辞退、与其解除劳动或者聘用合同。

第六条　女职工在孕期不能适应原劳动的,用人单位应当根据医疗机构的证明,予以减轻劳动量或者安排其他能够适应的劳动。

对怀孕7个月以上的女职工,用人单位不得延长劳动时间或者安排夜班劳动,并应当在劳动时间内安排一定的休息时间。

怀孕女职工在劳动时间内进行产前检查,所需时间计入劳动时间。

第七条　女职工生育享受98天产假,其中产前可以休假15天;难产的,增加产假15天;生育多胞胎的,每多生育1个婴儿,增加产假15天。

女职工怀孕未满4个月流产的,享受15天产假;怀孕满4个月流产的,享受42天产假。

第八条　女职工产假期间的生育津贴,对已经参加生育保险的,按照用人单位上年度职工月平均工资的标准由生育保险基金支付;对未参加生育保险的,按照女职工产假前工资的标准由用人单位支付。

女职工生育或者流产的医疗费用,按照生育保险规定的项目和标准,对已经参加生育保险的,由生育保险基金支付;对未参加生育保险的,由用人单位支付。

第九条 对哺乳未满1周岁婴儿的女职工,用人单位不得延长劳动时间或者安排夜班劳动。

用人单位应当在每天的劳动时间内为哺乳期女职工安排1小时哺乳时间;女职工生育多胞胎的,每多哺乳1个婴儿每天增加1小时哺乳时间。

第十条 女职工比较多的用人单位应当根据女职工的需要,建立女职工卫生室、孕妇休息室、哺乳室等设施,妥善解决女职工在生理卫生、哺乳方面的困难。

第十一条 在劳动场所,用人单位应当预防和制止对女职工的性骚扰。

第十二条 县级以上人民政府人力资源社会保障行政部门、安全生产监督管理部门按照各自职责负责对用人单位遵守本规定的情况进行监督检查。

工会、妇女组织依法对用人单位遵守本规定的情况进行监督。

第十三条 用人单位违反本规定第六条第二款、第七条、第九条第一款规定的,由县级以上人民政府人力资源社会保障行政部门责令限期改正,按照受侵害女职工每人1000元以上5000元以下的标准计算,处以罚款。

用人单位违反本规定附录第一条、第二条规定的,由县级以上人民政府安全生产监督管理部门责令限期改正,按照受侵害女职工每人1000元以上5000元以下的标准计算,处以罚款。用人单位违反本规定附录第三条、第四条规定的,由县级以上人民政府安全生产监督管理部门责令限期治理,处5万元以上30万元以下的罚款;情节严重的,责令停止有关作业,或者提请有关人民政府按照国务院规定的权限责令关闭。

第十四条 用人单位违反本规定,侵害女职工合法权益的,女职工可以依法投诉、举报、申诉,依法向劳动人事争议调解仲裁机构申请调解仲裁,对仲裁裁决不服的,依法向人民法院提起诉讼。

第十五条 用人单位违反本规定,侵害女职工合法权益,造成女职工损害的,依法给予赔偿;用人单位及其直接负责的主管人员和其他直接责任人员构成犯罪的,依法追究刑事责任。

第十六条 本规定自公布之日起施行。1988年7月21日国务院发布的《女职工劳动保护规定》同时废止。

附录：

女职工禁忌从事的劳动范围

一、女职工禁忌从事的劳动范围：
（一）矿山井下作业；
（二）体力劳动强度分级标准中规定的第四级体力劳动强度的作业；
（三）每小时负重6次以上、每次负重超过20公斤的作业，或者间断负重、每次负重超过25公斤的作业。

二、女职工在经期禁忌从事的劳动范围：
（一）冷水作业分级标准中规定的第二级、第三级、第四级冷水作业；
（二）低温作业分级标准中规定的第二级、第三级、第四级低温作业；
（三）体力劳动强度分级标准中规定的第三级、第四级体力劳动强度的作业；
（四）高处作业分级标准中规定的第三级、第四级高处作业。

三、女职工在孕期禁忌从事的劳动范围：
（一）作业场所空气中铅及其化合物、汞及其化合物、苯、镉、铍、砷、氰化物、氮氧化物、一氧化碳、二硫化碳、氯、己内酰胺、氯丁二烯、氯乙烯、环氧乙烷、苯胺、甲醛等有毒物质浓度超过国家职业卫生标准的作业；
（二）从事抗癌药物、己烯雌酚生产，接触麻醉剂气体等的作业；
（三）非密封源放射性物质的操作，核事故与放射事故的应急处置；
（四）高处作业分级标准中规定的高处作业；
（五）冷水作业分级标准中规定的冷水作业；
（六）低温作业分级标准中规定的低温作业；
（七）高温作业分级标准中规定的第三级、第四级的作业；
（八）噪声作业分级标准中规定的第三级、第四级的作业；
（九）体力劳动强度分级标准中规定的第三级、第四级体力劳动强度的作业；
（十）在密闭空间、高压室作业或者潜水作业，伴有强烈振动的作业，或者需要频繁弯腰、攀高、下蹲的作业。

四、女职工在哺乳期禁忌从事的劳动范围：
（一）孕期禁忌从事的劳动范围的第一项、第三项、第九项；
（二）作业场所空气中锰、氟、溴、甲醇、有机磷化合物、有机氯化合物等有毒物质浓度超过国家职业卫生标准的作业。

禁止使用童工规定

(2002年10月1日国务院令第364号公布
自2002年12月1日起施行)

第一条 为保护未成年人的身心健康,促进义务教育制度的实施,维护未成年人的合法权益,根据宪法和劳动法、未成年人保护法,制定本规定。

第二条 国家机关、社会团体、企业事业单位、民办非企业单位或者个体工商户(以下统称用人单位)均不得招用不满16周岁的未成年人(招用不满16周岁的未成年人,以下统称使用童工)。

禁止任何单位或者个人为不满16周岁的未成年人介绍就业。

禁止不满16周岁的未成年人开业从事个体经营活动。

第三条 不满16周岁的未成年人的父母或者其他监护人应当保护其身心健康,保障其接受义务教育的权利,不得允许其被用人单位非法招用。

不满16周岁的未成年人的父母或者其他监护人允许其被用人单位非法招用的,所在地的乡(镇)人民政府、城市街道办事处以及村民委员会、居民委员会应当给予批评教育。

第四条 用人单位招用人员时,必须核查被招用人员的身份证;对不满16周岁的未成年人,一律不得录用。用人单位录用人员的录用登记、核查材料应当妥善保管。

第五条 县级以上各级人民政府劳动保障行政部门负责本规定执行情况的监督检查。

县级以上各级人民政府公安、工商行政管理、教育、卫生等行政部门在各自职责范围内对本规定的执行情况进行监督检查,并对劳动保障行政部门的监督检查给予配合。

工会、共青团、妇联等群众组织应当依法维护未成年人的合法权益。

任何单位或者个人发现使用童工的,均有权向县级以上人民政府劳动保障行政部门举报。

第六条 用人单位使用童工的,由劳动保障行政部门按照每使用一名童工每月处5000元罚款的标准给予处罚;在使用有毒物品的作业场所使用童工的,按照《使用有毒物品作业场所劳动保护条例》规定的罚款幅度,或者按照每使用一名童工每月处 5000 元罚款的标准，从重处罚。劳动保障行政部门并应当责令用人单位限期将童工送回原居住地交其父母或者其他监护人，所需交通和食宿费用全部由用人单位承担。

用人单位经劳动保障行政部门依照前款规定责令限期改正，逾期仍不将童工送交其父母或者其他监护人的，从责令限期改正之日起，由劳动保障行政部门按照每使用一名童工每月处 1 万元罚款的标准处罚，并由工商行政管理部门吊销其营业执照或者由民政部门撤销民办非企业单位登记；用人单位是国家机关、事业单位的，由有关单位依法对直接负责的主管人员和其他直接责任人员给予降级或者撤职的行政处分或者纪律处分。

第七条 单位或者个人为不满 16 周岁的未成年人介绍就业的，由劳动保障行政部门按照每介绍一人处 5000 元罚款的标准给予处罚；职业中介机构为不满 16 周岁的未成年人介绍就业的，并由劳动保障行政部门吊销其职业介绍许可证。

第八条 用人单位未按照本规定第四条的规定保存录用登记材料，或者伪造录用登记材料的，由劳动保障行政部门处 1 万元的罚款。

第九条 无营业执照、被依法吊销营业执照的单位以及未依法登记、备案的单位使用童工或者介绍童工就业的，依照本规定第六条、第七条、第八条规定的标准加一倍罚款，该非法单位由有关的行政主管部门予以取缔。

第十条 童工患病或者受伤的，用人单位应当负责送到医疗机构治疗，并负担治疗期间的全部医疗和生活费用。

童工伤残或者死亡的，用人单位由工商行政管理部门吊销营业执照或者由民政部门撤销民办非企业单位登记；用人单位是国家机关、事业单位的，由有关单位依法对直接负责的主管人员和其他直接责任人员给予降级或者撤职的行政处分或者纪律处分；用人单位还应当一次性地对伤残的童工、死亡童工的直系亲属给予赔偿，赔偿金额按照国家工伤保险的有关规定计算。

第十一条 拐骗童工，强迫童工劳动，使用童工从事高空、井下、放射性、高毒、易燃易爆以及国家规定的第四级体力劳动强度的劳动，使用不满 14 周岁的童工，或者造成童工死亡或者严重伤残的，依照刑法关于拐卖儿童罪、强迫劳动罪或者其他罪的规定，依法追究刑事责任。

第十二条 国家行政机关工作人员有下列行为之一的，依法给予记大过或者降级的行政处分；情节严重的，依法给予撤职或者开除的行政处分；构成犯罪的，依照刑法关于滥用职权罪、玩忽职守罪或者其他罪的规定，依法追究刑事责任：

（一）劳动保障等有关部门工作人员在禁止使用童工的监督检查工作中发现使用童工的情况，不予制止、纠正、查处的；

（二）公安机关的人民警察违反规定发放身份证或者在身份证上登录虚假出生年月的；

（三）工商行政管理部门工作人员发现申请人是不满16周岁的未成年人，仍然为其从事个体经营发放营业执照的。

第十三条 文艺、体育单位经未成年人的父母或者其他监护人同意，可以招用不满16周岁的专业文艺工作者、运动员。用人单位应当保障被招用的不满16周岁的未成年人的身心健康，保障其接受义务教育的权利。文艺、体育单位招用不满16周岁的专业文艺工作者、运动员的办法，由国务院劳动保障行政部门会同国务院文化、体育行政部门制定。

学校、其他教育机构以及职业培训机构按照国家有关规定组织不满16周岁的未成年人进行不影响其人身安全和身心健康的教育实践劳动、职业技能培训劳动，不属于使用童工。

第十四条 本规定自2002年12月1日起施行。1991年4月15日国务院发布的《禁止使用童工规定》同时废止。

未成年工特殊保护规定

（1994年12月9日劳动部发布 劳部发〔1994〕498号
自1995年1月1日起施行）

第一条 为维护未成年工的合法权益，保护其在生产劳动中的健康，根据《中华人民共和国劳动法》的有关规定，制定本规定。

第二条 未成年工是指年满16周岁，未满18周岁的劳动者。

未成年工的特殊保护是针对未成年工处于生长发育期的特点，以及接受义务教育的需要，采取的特殊劳动保护措施。

第三条 用人单位不得安排未成年工从事以下范围的劳动：

（一）《生产性粉尘作业危害程度分级》国家标准中第一级以上的接尘作业；

（二）《有毒作业分级》国家标准中第一级以上的有毒作业；

（三）《高处作业分级》国家标准中第二级以上的高处作业；

（四）《冷水作业分级》国家标准中第二级以上的冷水作业；

(五)《高温作业分级》国家标准中第三级以上的高温作业;

(六)《低温作业分级》国家标准中第三级以上的低温作业;

(七)《体力劳动强度分级》国家标准中第四级体力劳动强度的作业;

(八)矿山井下及矿山地面采石作业;

(九)森林业中的伐木、流放及守林作业;

(十)工作场所接触放射性物质的作业;

(十一)有易燃易爆、化学性烧伤和热烧伤等危险性大的作业;

(十二)地质勘探和资源勘探的野外作业;

(十三)潜水、涵洞、涵道作业和海拔 3000 米以上的高原作业(不包括世居高原者);

(十四)连续负重每小时在六次以上并每次超过 20 公斤,间断负重每次超过 25 公斤的作业;

(十五)使用凿岩机、捣固机、气镐、气铲、铆钉机、电锤的作业;

(十六)工作中需要长时间保持低头、弯腰、上举、下蹲等强迫体位和动作频率每分钟大于五十次的流水线作业;

(十七)锅炉司炉。

第四条 未成年工患有某种疾病或具有某些生理缺陷(非残疾型)时,用人单位不得安排其从事以下范围的劳动:

(一)《高处作业分级》国家标准中第一级以上的高处作业;

(二)《低温作业分级》国家标准中第二级以上的低温作业;

(三)《高温作业分级》国家标准中第二级以上的高温作业;

(四)《体力劳动强度分级》国家标准中第三级以上体力劳动强度的作业;

(五)接触铅、苯、汞、甲醛、二硫化碳等易引起过敏反应的作业。

第五条 患有某种疾病或具有某些生理缺陷(非残疾型)的未成年工,是指有以下一种或一种以上情况者:

(一)心血管系统

1. 先天性心脏病;

2. 克山病;

3. 收缩期或舒张期二级以上心脏杂音。

(二)呼吸系统

1. 中度以上气管炎或支气管哮喘;

2. 呼吸音明显减弱;

3. 各类结核病;

4. 体弱儿,呼吸道反复感染者。

(三)消化系统

1. 各类肝炎;

2. 肝、脾肿大;

3. 胃、十二指肠溃疡;

4. 各种消化道疝。

(四)泌尿系统

1. 急、慢性肾炎;

2. 泌尿系感染。

(五)内分泌系统

1. 甲状腺机能亢进;

2. 中度以上糖尿病。

(六)精神神经系统

1. 智力明显低下;

2. 精神忧郁或狂暴。

(七)肌肉、骨骼运动系统

1. 身高和体重低于同龄人标准;

2. 一个及一个以上肢体存在明显功能障碍;

3. 躯干1/4以上部位活动受限,包括强直或不能旋转。

(八)其他

1. 结核性胸膜炎;

2. 各类重度关节炎;

3. 血吸虫病;

4. 严重贫血,其血色素每升低于95克(9.5g/dL)。

第六条 用人单位应按下列要求对未成年工定期进行健康检查:

(一)安排工作岗位之前;

(二)工作满1年;

(三)年满18周岁,距前一次的体检时间已超过半年。

第七条 未成年工的健康检查,应按本规定所附《未成年工健康检查表》列出的项目进行。

第八条 用人单位应根据未成年工的健康检查结果安排其从事适合的劳动,对不能胜任原劳动岗位的,应根据医务部门的证明,予以减轻劳动量或安排其他劳动。

第九条 对未成年工的使用和特殊保护实行登记制度。

（一）用人单位招收使用未成年工，除符合一般用工要求外，还须向所在地的县级以上劳动行政部门办理登记。劳动行政部门根据《未成年工健康检查表》、《未成年工登记表》，核发《未成年工登记证》。

（二）各级劳动行政部门须按本规定第三、四、五、七条的有关规定，审核体检情况和拟安排的劳动范围。

（三）未成年工须持《未成年工登记证》上岗。

（四）《未成年工登记证》由国务院劳动行政部门统一印制。

第十条 未成年工上岗前用人单位应对其进行有关的职业安全卫生教育、培训；未成年工体检和登记，由用人单位统一办理和承担费用。

第十一条 县级以上劳动行政部门对用人单位执行本规定的情况进行监督检查，对违反本规定的行为依照有关法规进行处罚。

各级工会组织对本规定的执行情况进行监督。

第十二条 省、自治区、直辖市劳动行政部门可以根据本规定制定实施办法。

第十三条 本规定自1995年1月1日起施行。

四、社　会　保　险

中华人民共和国社会保险法

（2010年10月28日第十一届全国人民代表大会常务委员会第十七次会议通过　根据2018年12月29日第十三届全国人民代表大会常务委员会第七次会议《关于修改〈中华人民共和国社会保险法〉的决定》修正）

目　录

第一章　总　　则
第二章　基本养老保险
第三章　基本医疗保险

第四章　工伤保险
第五章　失业保险
第六章　生育保险
第七章　社会保险费征缴
第八章　社会保险基金
第九章　社会保险经办
第十章　社会保险监督
第十一章　法律责任
第十二章　附　　则

第一章　总　　则

第一条　【立法目的】为了规范社会保险关系，维护公民参加社会保险和享受社会保险待遇的合法权益，使公民共享发展成果，促进社会和谐稳定，根据宪法，制定本法。

第二条　【社会保险制度与权利】国家建立基本养老保险、基本医疗保险、工伤保险、失业保险、生育保险等社会保险制度，保障公民在年老、疾病、工伤、失业、生育等情况下依法从国家和社会获得物质帮助的权利。

第三条　【制度方针】社会保险制度坚持广覆盖、保基本、多层次、可持续的方针，社会保险水平应当与经济社会发展水平相适应。

第四条　【权利和义务】中华人民共和国境内的用人单位和个人依法缴纳社会保险费，有权查询缴费记录、个人权益记录，要求社会保险经办机构提供社会保险咨询等相关服务。

个人依法享受社会保险待遇，有权监督本单位为其缴费情况。

第五条　【财政保障】县级以上人民政府将社会保险事业纳入国民经济和社会发展规划。

国家多渠道筹集社会保险资金。县级以上人民政府对社会保险事业给予必要的经费支持。

国家通过税收优惠政策支持社会保险事业。

第六条　【社保基金监督管理】国家对社会保险基金实行严格监管。

国务院和省、自治区、直辖市人民政府建立健全社会保险基金监督管理制度，保障社会保险基金安全、有效运行。

县级以上人民政府采取措施，鼓励和支持社会各方面参与社会保险基金的监督。

第七条 【职责分工】国务院社会保险行政部门负责全国的社会保险管理工作,国务院其他有关部门在各自的职责范围内负责有关的社会保险工作。

县级以上地方人民政府社会保险行政部门负责本行政区域的社会保险管理工作,县级以上地方人民政府其他有关部门在各自的职责范围内负责有关的社会保险工作。

第八条 【经办机构职责】社会保险经办机构提供社会保险服务,负责社会保险登记、个人权益记录、社会保险待遇支付等工作。

第九条 【工会职责】工会依法维护职工的合法权益,有权参与社会保险重大事项的研究,参加社会保险监督委员会,对与职工社会保险权益有关的事项进行监督。

第二章 基本养老保险

第十条 【参保范围和缴费主体】职工应当参加基本养老保险,由用人单位和职工共同缴纳基本养老保险费。

无雇工的个体工商户、未在用人单位参加基本养老保险的非全日制从业人员以及其他灵活就业人员可以参加基本养老保险,由个人缴纳基本养老保险费。

公务员和参照公务员法管理的工作人员养老保险的办法由国务院规定。

第十一条 【制度模式和筹资方式】基本养老保险实行社会统筹与个人账户相结合。

基本养老保险基金由用人单位和个人缴费以及政府补贴等组成。

第十二条 【缴费基数和比例】用人单位应当按照国家规定的本单位职工工资总额的比例缴纳基本养老保险费,记入基本养老保险统筹基金。

职工应当按照国家规定的本人工资的比例缴纳基本养老保险费,记入个人账户。

无雇工的个体工商户、未在用人单位参加基本养老保险的非全日制从业人员以及其他灵活就业人员参加基本养老保险的,应当按照国家规定缴纳基本养老保险费,分别记入基本养老保险统筹基金和个人账户。

第十三条 【财政责任】国有企业、事业单位职工参加基本养老保险前,视同缴费年限期间应当缴纳的基本养老保险费由政府承担。

基本养老保险基金出现支付不足时,政府给予补贴。

第十四条 【个人账户养老金】个人账户不得提前支取,记账利率不得低于银行定期存款利率,免征利息税。个人死亡的,个人账户余额可以继承。

第十五条 【基本养老金的构成及确定因素】基本养老金由统筹养老金和个人账户养老金组成。

基本养老金根据个人累计缴费年限、缴费工资、当地职工平均工资、个人账户金额、城镇人口平均预期寿命等因素确定。

第十六条 【最低缴费年限和制度接转】参加基本养老保险的个人，达到法定退休年龄时累计缴费满十五年的，按月领取基本养老金。

参加基本养老保险的个人，达到法定退休年龄时累计缴费不足十五年的，可以缴费至满十五年，按月领取基本养老金；也可以转入新型农村社会养老保险或者城镇居民社会养老保险，按照国务院规定享受相应的养老保险待遇。

第十七条 【因病或者非因工致残的待遇】参加基本养老保险的个人，因病或者非因工死亡的，其遗属可以领取丧葬补助金和抚恤金；在未达到法定退休年龄时因病或者非因工致残完全丧失劳动能力的，可以领取病残津贴。所需资金从基本养老保险基金中支付。

第十八条 【养老金调整机制】国家建立基本养老金正常调整机制。根据职工平均工资增长、物价上涨情况，适时提高基本养老保险待遇水平。

第十九条 【转移接续制度】个人跨统筹地区就业的，其基本养老保险关系随本人转移，缴费年限累计计算。个人达到法定退休年龄时，基本养老金分段计算、统一支付。具体办法由国务院规定。

第二十条 【农村社会养老保险制度】国家建立和完善新型农村社会养老保险制度。

新型农村社会养老保险实行个人缴费、集体补助和政府补贴相结合。

第二十一条 【农村社会养老保险待遇】新型农村社会养老保险待遇由基础养老金和个人账户养老金组成。

参加新型农村社会养老保险的农村居民，符合国家规定条件的，按月领取新型农村社会养老保险待遇。

第二十二条 【城镇居民社会养老保险】国家建立和完善城镇居民社会养老保险制度。

省、自治区、直辖市人民政府根据实际情况，可以将城镇居民社会养老保险和新型农村社会养老保险合并实施。

第三章 基本医疗保险

第二十三条 【参保范围和缴费主体】职工应当参加职工基本医疗保险，由用人单位和职工按照国家规定共同缴纳基本医疗保险费。

无雇工的个体工商户、未在用人单位参加职工基本医疗保险的非全日制从业人员以及其他灵活就业人员可以参加职工基本医疗保险,由个人按照国家规定缴纳基本医疗保险费。

第二十四条 【新型农村合作医疗】国家建立和完善新型农村合作医疗制度。

新型农村合作医疗的管理办法,由国务院规定。

第二十五条 【城镇居民基本医疗保险】国家建立和完善城镇居民基本医疗保险制度。

城镇居民基本医疗保险实行个人缴费和政府补贴相结合。

享受最低生活保障的人、丧失劳动能力的残疾人、低收入家庭六十周岁以上的老年人和未成年人等所需个人缴费部分,由政府给予补贴。

第二十六条 【待遇标准】职工基本医疗保险、新型农村合作医疗和城镇居民基本医疗保险的待遇标准按照国家规定执行。

第二十七条 【退休后医疗保险待遇】参加职工基本医疗保险的个人,达到法定退休年龄时累计缴费达到国家规定年限的,退休后不再缴纳基本医疗保险费,按照国家规定享受基本医疗保险待遇;未达到国家规定年限的,可以缴费至国家规定年限。

第二十八条 【支付范围】符合基本医疗保险药品目录、诊疗项目、医疗服务设施标准以及急诊、抢救的医疗费用,按照国家规定从基本医疗保险基金中支付。

第二十九条 【医疗费用的直接结算】参保人员医疗费用中应当由基本医疗保险基金支付的部分,由社会保险经办机构与医疗机构、药品经营单位直接结算。

社会保险行政部门和卫生行政部门应当建立异地就医医疗费用结算制度,方便参保人员享受基本医疗保险待遇。

第三十条 【不纳入支付范围】下列医疗费用不纳入基本医疗保险基金支付范围:

(一)应当从工伤保险基金中支付的;

(二)应当由第三人负担的;

(三)应当由公共卫生负担的;

(四)在境外就医的。

医疗费用依法应当由第三人负担,第三人不支付或者无法确定第三人的,由基本医疗保险基金先行支付。基本医疗保险基金先行支付后,有权向第三人追偿。

第三十一条 【服务协议】社会保险经办机构根据管理服务的需要,可以与医疗机构、药品经营单位签订服务协议,规范医疗服务行为。

医疗机构应当为参保人员提供合理、必要的医疗服务。

第三十二条 【转移接续】个人跨统筹地区就业的,其基本医疗保险关系随本人转移,缴费年限累计计算。

第四章 工 伤 保 险

第三十三条 【参保范围和缴费主体】职工应当参加工伤保险,由用人单位缴纳工伤保险费,职工不缴纳工伤保险费。

第三十四条 【费率确定】国家根据不同行业的工伤风险程度确定行业的差别费率,并根据使用工伤保险基金、工伤发生率等情况在每个行业内确定费率档次。行业差别费率和行业内费率档次由国务院社会保险行政部门制定,报国务院批准后公布施行。

社会保险经办机构根据用人单位使用工伤保险基金、工伤发生率和所属行业费率档次等情况,确定用人单位缴费费率。

第三十五条 【工伤保险费缴纳数额】用人单位应当按照本单位职工工资总额,根据社会保险经办机构确定的费率缴纳工伤保险费。

第三十六条 【享受工伤保险待遇的条件】职工因工作原因受到事故伤害或者患职业病,且经工伤认定的,享受工伤保险待遇;其中,经劳动能力鉴定丧失劳动能力的,享受伤残待遇。

工伤认定和劳动能力鉴定应当简捷、方便。

第三十七条 【不认定为工伤的情形】职工因下列情形之一导致本人在工作中伤亡的,不认定为工伤:

(一)故意犯罪;

(二)醉酒或者吸毒;

(三)自残或者自杀;

(四)法律、行政法规规定的其他情形。

第三十八条 【工伤保险基金支付的待遇】因工伤发生的下列费用,按照国家规定从工伤保险基金中支付:

(一)治疗工伤的医疗费用和康复费用;

(二)住院伙食补助费;

(三)到统筹地区以外就医的交通食宿费;

（四）安装配置伤残辅助器具所需费用；

（五）生活不能自理的，经劳动能力鉴定委员会确认的生活护理费；

（六）一次性伤残补助金和一至四级伤残职工按月领取的伤残津贴；

（七）终止或者解除劳动合同时，应当享受的一次性医疗补助金；

（八）因工死亡的，其遗属领取的丧葬补助金、供养亲属抚恤金和因工死亡补助金；

（九）劳动能力鉴定费。

第三十九条 【用人单位支付的待遇】因工伤发生的下列费用，按照国家规定由用人单位支付：

（一）治疗工伤期间的工资福利；

（二）五级、六级伤残职工按月领取的伤残津贴；

（三）终止或者解除劳动合同时，应当享受的一次性伤残就业补助金。

第四十条 【与职工基本养老保险的衔接】工伤职工符合领取基本养老金条件的，停发伤残津贴，享受基本养老保险待遇。基本养老保险待遇低于伤残津贴的，从工伤保险基金中补足差额。

第四十一条 【单位未缴费的工伤处理】职工所在用人单位未依法缴纳工伤保险费，发生工伤事故的，由用人单位支付工伤保险待遇。用人单位不支付的，从工伤保险基金中先行支付。

从工伤保险基金中先行支付的工伤保险待遇应当由用人单位偿还。用人单位不偿还的，社会保险经办机构可以依照本法第六十三条的规定追偿。

第四十二条 【第三人造成工伤的处理】由于第三人的原因造成工伤，第三人不支付工伤医疗费用或者无法确定第三人的，由工伤保险基金先行支付。工伤保险基金先行支付后，有权向第三人追偿。

第四十三条 【停止享受待遇的情形】工伤职工有下列情形之一的，停止享受工伤保险待遇：

（一）丧失享受待遇条件的；

（二）拒不接受劳动能力鉴定的；

（三）拒绝治疗的。

第五章 失业保险

第四十四条 【参保范围和缴费主体】职工应当参加失业保险，由用人单位和职工按照国家规定共同缴纳失业保险费。

第四十五条 【领取待遇的条件】失业人员符合下列条件的，从失业保险基

金中领取失业保险金:

(一)失业前用人单位和本人已经缴纳失业保险费满一年的;

(二)非因本人意愿中断就业的;

(三)已经进行失业登记,并有求职要求的。

第四十六条 【领取待遇的期限】失业人员失业前用人单位和本人累计缴费满一年不足五年的,领取失业保险金的期限最长为十二个月;累计缴费满五年不足十年的,领取失业保险金的期限最长为十八个月;累计缴费十年以上的,领取失业保险金的期限最长为二十四个月。重新就业后,再次失业的,缴费时间重新计算,领取失业保险金的期限与前次失业应当领取而尚未领取的失业保险金的期限合并计算,最长不超过二十四个月。

第四十七条 【失业保险金标准】失业保险金的标准,由省、自治区、直辖市人民政府确定,不得低于城市居民最低生活保障标准。

第四十八条 【失业期间的医疗保险】失业人员在领取失业保险金期间,参加职工基本医疗保险,享受基本医疗保险待遇。

失业人员应当缴纳的基本医疗保险费从失业保险基金中支付,个人不缴纳基本医疗保险费。

第四十九条 【失业期间的丧葬补助金和抚恤金】失业人员在领取失业保险金期间死亡的,参照当地对在职职工死亡的规定,向其遗属发给一次性丧葬补助金和抚恤金。所需资金从失业保险基金中支付。

个人死亡同时符合领取基本养老保险丧葬补助金、工伤保险丧葬补助金和失业保险丧葬补助金条件的,其遗属只能选择领取其中的一项。

第五十条 【待遇领取程序】用人单位应当及时为失业人员出具终止或者解除劳动关系的证明,并将失业人员的名单自终止或者解除劳动关系之日起十五日内告知社会保险经办机构。

失业人员应当持本单位为其出具的终止或者解除劳动关系的证明,及时到指定的公共就业服务机构办理失业登记。

失业人员凭失业登记证明和个人身份证明,到社会保险经办机构办理领取失业保险金的手续。失业保险金领取期限自办理失业登记之日起计算。

第五十一条 【停止领取待遇的情形】失业人员在领取失业保险金期间有下列情形之一的,停止领取失业保险金,并同时停止享受其他失业保险待遇:

(一)重新就业的;

(二)应征服兵役的;

(三)移居境外的;

（四）享受基本养老保险待遇的；

（五）无正当理由，拒不接受当地人民政府指定部门或者机构介绍的适当工作或者提供的培训的。

第五十二条 【失业保险关系的转移接续】职工跨统筹地区就业的，其失业保险关系随本人转移，缴费年限累计计算。

第六章 生 育 保 险

第五十三条 【参保范围和缴费主体】职工应当参加生育保险，由用人单位按照国家规定缴纳生育保险费，职工不缴纳生育保险费。

第五十四条 【生育保险待遇】用人单位已经缴纳生育保险费的，其职工享受生育保险待遇；职工未就业配偶按照国家规定享受生育医疗费用待遇。所需资金从生育保险基金中支付。

生育保险待遇包括生育医疗费用和生育津贴。

第五十五条 【生育医疗费用】生育医疗费用包括下列各项：

（一）生育的医疗费用；

（二）计划生育的医疗费用；

（三）法律、法规规定的其他项目费用。

第五十六条 【生育津贴】职工有下列情形之一的，可以按照国家规定享受生育津贴：

（一）女职工生育享受产假；

（二）享受计划生育手术休假；

（三）法律、法规规定的其他情形。

生育津贴按照职工所在用人单位上年度职工月平均工资计发。

第七章 社会保险费征缴

第五十七条 【社会保险登记要求】用人单位应当自成立之日起三十日内凭营业执照、登记证书或者单位印章，向当地社会保险经办机构申请办理社会保险登记。社会保险经办机构应当自收到申请之日起十五日内予以审核，发给社会保险登记证件。

用人单位的社会保险登记事项发生变更或者用人单位依法终止的，应当自变更或者终止之日起三十日内，到社会保险经办机构办理变更或者注销社会保险登记。

市场监督管理部门、民政部门和机构编制管理机关应当及时向社会保险经办机构通报用人单位的成立、终止情况,公安机关应当及时向社会保险经办机构通报个人的出生、死亡以及户口登记、迁移、注销等情况。

第五十八条 【办理社会保险登记的不同情形】用人单位应当自用工之日起三十日内为其职工向社会保险经办机构申请办理社会保险登记。未办理社会保险登记的,由社会保险经办机构核定其应当缴纳的社会保险费。

自愿参加社会保险的无雇工的个体工商户、未在用人单位参加社会保险的非全日制从业人员以及其他灵活就业人员,应当向社会保险经办机构申请办理社会保险登记。

国家建立全国统一的个人社会保障号码。个人社会保障号码为公民身份号码。

第五十九条 【社会保险费征收】县级以上人民政府加强社会保险费的征收工作。

社会保险费实行统一征收,实施步骤和具体办法由国务院规定。

第六十条 【社会保险费的缴纳】用人单位应当自行申报、按时足额缴纳社会保险费,非因不可抗力等法定事由不得缓缴、减免。职工应当缴纳的社会保险费由用人单位代扣代缴,用人单位应当按月将缴纳社会保险费的明细情况告知本人。

无雇工的个体工商户、未在用人单位参加社会保险的非全日制从业人员以及其他灵活就业人员,可以直接向社会保险费征收机构缴纳社会保险费。

第六十一条 【按时足额征收】社会保险费征收机构应当依法按时足额征收社会保险费,并将缴费情况定期告知用人单位和个人。

第六十二条 【社会保险费的核定】用人单位未按规定申报应当缴纳的社会保险费数额的,按照该单位上月缴费额的百分之一百一十确定应当缴纳数额;缴费单位补办申报手续后,由社会保险费征收机构按照规定结算。

第六十三条 【未按时足额缴纳的行政处理】用人单位未按时足额缴纳社会保险费的,由社会保险费征收机构责令其限期缴纳或者补足。

用人单位逾期仍未缴纳或者补足社会保险费的,社会保险费征收机构可以向银行和其他金融机构查询其存款账户;并可以申请县级以上有关行政部门作出划拨社会保险费的决定,书面通知其开户银行或者其他金融机构划拨社会保险费。用人单位账户余额少于应当缴纳的社会保险费的,社会保险费征收机构可以要求该用人单位提供担保,签订延期缴费协议。

用人单位未足额缴纳社会保险费且未提供担保的,社会保险费征收机构可以申请人民法院扣押、查封、拍卖其价值相当于应当缴纳社会保险费的财产,以拍卖所得抵缴社会保险费。

第八章　社会保险基金

第六十四条　【基金财务管理和统筹层次】社会保险基金包括基本养老保险基金、基本医疗保险基金、工伤保险基金、失业保险基金和生育保险基金。除基本医疗保险基金与生育保险基金合并建账及核算外,其他各项社会保险基金按照社会保险险种分别建账,分账核算。社会保险基金执行国家统一的会计制度。

社会保险基金专款专用,任何组织和个人不得侵占或者挪用。

基本养老保险基金逐步实行全国统筹,其他社会保险基金逐步实行省级统筹,具体时间、步骤由国务院规定。

第六十五条　【基金的收支平衡和政府责任】社会保险基金通过预算实现收支平衡。

县级以上人民政府在社会保险基金出现支付不足时,给予补贴。

第六十六条　【基金预算】社会保险基金按照统筹层次设立预算。除基本医疗保险基金与生育保险基金预算合并编制外,其他社会保险基金预算按照社会保险项目分别编制。

第六十七条　【基金预算、决算程序】社会保险基金预算、决算草案的编制、审核和批准,依照法律和国务院规定执行。

第六十八条　【基金存入财政专户】社会保险基金存入财政专户,具体管理办法由国务院规定。

第六十九条　【基金的保值增值】社会保险基金在保证安全的前提下,按照国务院规定投资运营实现保值增值。

社会保险基金不得违规投资运营,不得用于平衡其他政府预算,不得用于兴建、改建办公场所和支付人员经费、运行费用、管理费用,或者违反法律、行政法规规定挪作其他用途。

第七十条　【基金信息公开】社会保险经办机构应当定期向社会公布参加社会保险情况以及社会保险基金的收入、支出、结余和收益情况。

第七十一条　【全国社会保障基金】国家设立全国社会保障基金,由中央财政预算拨款以及国务院批准的其他方式筹集的资金构成,用于社会保障支出的补充、调剂。全国社会保障基金由全国社会保障基金管理运营机构负责管理运营,在保证安全的前提下实现保值增值。

全国社会保障基金应当定期向社会公布收支、管理和投资运营的情况。国务院财政部门、社会保险行政部门、审计机关对全国社会保障基金的收支、管理和投资运营情况实施监督。

第九章 社会保险经办

第七十二条 【经办机构的设立和经费保障】统筹地区设立社会保险经办机构。社会保险经办机构根据工作需要,经所在地的社会保险行政部门和机构编制管理机关批准,可以在本统筹地区设立分支机构和服务网点。

社会保险经办机构的人员经费和经办社会保险发生的基本运行费用、管理费用,由同级财政按照国家规定予以保障。

第七十三条 【经办机构的管理制度和职责】社会保险经办机构应当建立健全业务、财务、安全和风险管理制度。

社会保险经办机构应当按时足额支付社会保险待遇。

第七十四条 【经办机构权利义务】社会保险经办机构通过业务经办、统计、调查获取社会保险工作所需的数据,有关单位和个人应当及时、如实提供。

社会保险经办机构应当及时为用人单位建立档案,完整、准确地记录参加社会保险的人员、缴费等社会保险数据,妥善保管登记、申报的原始凭证和支付结算的会计凭证。

社会保险经办机构应当及时、完整、准确地记录参加社会保险的个人缴费和用人单位为其缴费,以及享受社会保险待遇等个人权益记录,定期将个人权益记录单免费寄送本人。

用人单位和个人可以免费向社会保险经办机构查询、核对其缴费和享受社会保险待遇记录,要求社会保险经办机构提供社会保险咨询等相关服务。

第七十五条 【信息系统建设】全国社会保险信息系统按照国家统一规划,由县级以上人民政府按照分级负责的原则共同建设。

第十章 社会保险监督

第七十六条 【人大常委会监督】各级人民代表大会常务委员会听取和审议本级人民政府对社会保险基金的收支、管理、投资运营以及监督检查情况的专项工作报告,组织对本法实施情况的执法检查等,依法行使监督职权。

第七十七条 【社会保险行政部门监督】县级以上人民政府社会保险行政部门应当加强对用人单位和个人遵守社会保险法律、法规情况的监督检查。

社会保险行政部门实施监督检查时,被检查的用人单位和个人应当如实提供与社会保险有关的资料,不得拒绝检查或者谎报、瞒报。

第七十八条　【财政部门、审计机关的监督】财政部门、审计机关按照各自职责,对社会保险基金的收支、管理和投资运营情况实施监督。

第七十九条　【社会保险行政部门的职责】社会保险行政部门对社会保险基金的收支、管理和投资运营情况进行监督检查,发现存在问题的,应当提出整改建议,依法作出处理决定或者向有关行政部门提出处理建议。社会保险基金检查结果应当定期向社会公布。

社会保险行政部门对社会保险基金实施监督检查,有权采取下列措施:

(一)查阅、记录、复制与社会保险基金收支、管理和投资运营相关的资料,对可能被转移、隐匿或者灭失的资料予以封存;

(二)询问与调查事项有关的单位和个人,要求其对与调查事项有关的问题作出说明、提供有关证明材料;

(三)对隐匿、转移、侵占、挪用社会保险基金的行为予以制止并责令改正。

第八十条　【社会保险监督委员会的监督】统筹地区人民政府成立由用人单位代表、参保人员代表,以及工会代表、专家等组成的社会保险监督委员会,掌握、分析社会保险基金的收支、管理和投资运营情况,对社会保险工作提出咨询意见和建议,实施社会监督。

社会保险经办机构应当定期向社会保险监督委员会汇报社会保险基金的收支、管理和投资运营情况。社会保险监督委员会可以聘请会计师事务所对社会保险基金的收支、管理和投资运营情况进行年度审计和专项审计。审计结果应当向社会公开。

社会保险监督委员会发现社会保险基金收支、管理和投资运营中存在问题的,有权提出改正建议;对社会保险经办机构及其工作人员的违法行为,有权向有关部门提出依法处理建议。

第八十一条　【信息保密责任】社会保险行政部门和其他有关行政部门、社会保险经办机构、社会保险费征收机构及其工作人员,应当依法为用人单位和个人的信息保密,不得以任何形式泄露。

第八十二条　【对违法行为的举报、投诉】任何组织或者个人有权对违反社会保险法律、法规的行为进行举报、投诉。

社会保险行政部门、卫生行政部门、社会保险经办机构、社会保险费征收机构和财政部门、审计机关对属于本部门、本机构职责范围的举报、投诉,应当依法处理;对不属于本部门、本机构职责范围的,应当书面通知并移交有权处理的部门、机构处理。有权处理的部门、机构应当及时处理,不得推诿。

第八十三条　【救济途径】用人单位或者个人认为社会保险费征收机构的

行为侵害自己合法权益的,可以依法申请行政复议或者提起行政诉讼。

用人单位或者个人对社会保险经办机构不依法办理社会保险登记、核定社会保险费、支付社会保险待遇、办理社会保险转移接续手续或者侵害其他社会保险权益的行为,可以依法申请行政复议或者提起行政诉讼。

个人与所在用人单位发生社会保险争议的,可以依法申请调解、仲裁,提起诉讼。用人单位侵害个人社会保险权益的,个人也可以要求社会保险行政部门或者社会保险费征收机构依法处理。

第十一章 法律责任

第八十四条 【不办理登记的责任】用人单位不办理社会保险登记的,由社会保险行政部门责令限期改正;逾期不改正的,对用人单位处应缴社会保险费数额一倍以上三倍以下的罚款,对其直接负责的主管人员和其他直接责任人员处五百元以上三千元以下的罚款。

第八十五条 【不出具证明的责任】用人单位拒不出具终止或者解除劳动关系证明的,依照《中华人民共和国劳动合同法》的规定处理。

第八十六条 【未按时足额缴费的责任】用人单位未按时足额缴纳社会保险费的,由社会保险费征收机构责令限期缴纳或者补足,并自欠缴之日起,按日加收万分之五的滞纳金;逾期仍不缴纳的,由有关行政部门处欠缴数额一倍以上三倍以下的罚款。

第八十七条 【骗取基金支出的责任】社会保险经办机构以及医疗机构、药品经营单位等社会保险服务机构以欺诈、伪造证明材料或者其他手段骗取社会保险基金支出的,由社会保险行政部门责令退回骗取的社会保险金,处骗取金额二倍以上五倍以下的罚款;属于社会保险服务机构的,解除服务协议;直接负责的主管人员和其他直接责任人员有执业资格的,依法吊销其执业资格。

第八十八条 【骗取保险待遇的责任】以欺诈、伪造证明材料或者其他手段骗取社会保险待遇的,由社会保险行政部门责令退回骗取的社会保险金,处骗取金额二倍以上五倍以下的罚款。

第八十九条 【经办机构的责任】社会保险经办机构及其工作人员有下列行为之一的,由社会保险行政部门责令改正;给社会保险基金、用人单位或者个人造成损失的,依法承担赔偿责任;对直接负责的主管人员和其他直接责任人员依法给予处分:

(一)未履行社会保险法定职责的;

(二)未将社会保险基金存入财政专户的;

(三)克扣或者拒不按时支付社会保险待遇的;

(四)丢失或者篡改缴费记录、享受社会保险待遇记录等社会保险数据、个人权益记录的;

(五)有违反社会保险法律、法规的其他行为的。

第九十条 【社会保险费征收机构的责任】社会保险费征收机构擅自更改社会保险费缴费基数、费率,导致少收或者多收社会保险费的,由有关行政部门责令其追缴应当缴纳的社会保险费或者退还不应当缴纳的社会保险费;对直接负责的主管人员和其他直接责任人员依法给予处分。

第九十一条 【侵占、挪用基金的责任】违反本法规定,隐匿、转移、侵占、挪用社会保险基金或者违规投资运营的,由社会保险行政部门、财政部门、审计机关责令追回;有违法所得的,没收违法所得;对直接负责的主管人员和其他直接责任人员依法给予处分。

第九十二条 【泄露信息的责任】社会保险行政部门和其他有关行政部门、社会保险经办机构、社会保险费征收机构及其工作人员泄露用人单位和个人信息的,对直接负责的主管人员和其他直接责任人员依法给予处分;给用人单位或者个人造成损失的,应当承担赔偿责任。

第九十三条 【国家工作人员的行政处分责任】国家工作人员在社会保险管理、监督工作中滥用职权、玩忽职守、徇私舞弊的,依法给予处分。

第九十四条 【刑事责任】违反本法规定,构成犯罪的,依法追究刑事责任。

第十二章 附　　则

第九十五条 【进城务工农村居民的社会保险】进城务工的农村居民依照本法规定参加社会保险。

第九十六条 【被征地农民的社会保险】征收农村集体所有的土地,应当足额安排被征地农民的社会保险费,按照国务院规定将被征地农民纳入相应的社会保险制度。

第九十七条 【外国人参加社会保险】外国人在中国境内就业的,参照本法规定参加社会保险。

第九十八条 【施行日期】本法自2011年7月1日起施行。

工伤保险条例

(2003年4月27日国务院令第375号公布 根据2010年12月20日国务院令第586号《关于修改〈工伤保险条例〉的决定》修订)

第一章 总 则

第一条 【立法目的】为了保障因工作遭受事故伤害或者患职业病的职工获得医疗救治和经济补偿,促进工伤预防和职业康复,分散用人单位的工伤风险,制定本条例。

第二条 【适用范围】中华人民共和国境内的企业、事业单位、社会团体、民办非企业单位、基金会、律师事务所、会计师事务所等组织和有雇工的个体工商户(以下称用人单位)应当依照本条例规定参加工伤保险,为本单位全部职工或者雇工(以下称职工)缴纳工伤保险费。

中华人民共和国境内的企业、事业单位、社会团体、民办非企业单位、基金会、律师事务所、会计师事务所等组织的职工和个体工商户的雇工,均有依照本条例的规定享受工伤保险待遇的权利。

第三条 【保险费征缴的法律适用】工伤保险费的征缴按照《社会保险费征缴暂行条例》关于基本养老保险费、基本医疗保险费、失业保险费的征缴规定执行。

第四条 【用人单位基本义务】用人单位应当将参加工伤保险的有关情况在本单位内公示。

用人单位和职工应当遵守有关安全生产和职业病防治的法律法规,执行安全卫生规程和标准,预防工伤事故发生,避免和减少职业病危害。

职工发生工伤时,用人单位应当采取措施使工伤职工得到及时救治。

第五条 【工作管理与承办】国务院社会保险行政部门负责全国的工伤保险工作。

县级以上地方各级人民政府社会保险行政部门负责本行政区域内的工伤保险工作。

社会保险行政部门按照国务院有关规定设立的社会保险经办机构(以下称经办机构)具体承办工伤保险事务。

第六条 【意见征求】社会保险行政部门等部门制定工伤保险的政策、标准,应当征求工会组织、用人单位代表的意见。

第二章　工伤保险基金

第七条 【基金构成】工伤保险基金由用人单位缴纳的工伤保险费、工伤保险基金的利息和依法纳入工伤保险基金的其他资金构成。

第八条 【费率的确定】工伤保险费根据以支定收、收支平衡的原则,确定费率。

国家根据不同行业的工伤风险程度确定行业的差别费率,并根据工伤保险费使用、工伤发生率等情况在每个行业内确定若干费率档次。行业差别费率及行业内费率档次由国务院社会保险行政部门制定,报国务院批准后公布施行。

统筹地区经办机构根据用人单位工伤保险费使用、工伤发生率等情况,适用所属行业内相应的费率档次确定单位缴费费率。

第九条 【费率的调整】国务院社会保险行政部门应当定期了解全国各统筹地区工伤保险基金收支情况,及时提出调整行业差别费率及行业内费率档次的方案,报国务院批准后公布施行。

第十条 【保险费的缴纳】用人单位应当按时缴纳工伤保险费。职工个人不缴纳工伤保险费。

用人单位缴纳工伤保险费的数额为本单位职工工资总额乘以单位缴费费率之积。

对难以按照工资总额缴纳工伤保险费的行业,其缴纳工伤保险费的具体方式,由国务院社会保险行政部门规定。

第十一条 【基金的统筹】工伤保险基金逐步实行省级统筹。

跨地区、生产流动性较大的行业,可以采取相对集中的方式异地参加统筹地区的工伤保险。具体办法由国务院社会保险行政部门会同有关行业的主管部门制定。

第十二条 【基金的提取和使用】工伤保险基金存入社会保障基金财政专户,用于本条例规定的工伤保险待遇,劳动能力鉴定,工伤预防的宣传、培训等费用,以及法律、法规规定的用于工伤保险的其他费用的支付。

工伤预防费用的提取比例、使用和管理的具体办法,由国务院社会保险行政部门会同国务院财政、卫生行政、安全生产监督管理等部门规定。

任何单位或者个人不得将工伤保险基金用于投资运营、兴建或者改建办公场所、发放奖金,或者挪作其他用途。

第十三条 【储备金】工伤保险基金应当留有一定比例的储备金,用于统筹地区重大事故的工伤保险待遇支付;储备金不足支付的,由统筹地区的人民政府垫付。储备金占基金总额的具体比例和储备金的使用办法,由省、自治区、直辖市人民政府规定。

第三章 工 伤 认 定

第十四条 【应当认定为工伤的情形】职工有下列情形之一的,应当认定为工伤:

(一)在工作时间和工作场所内,因工作原因受到事故伤害的;

(二)工作时间前后在工作场所内,从事与工作有关的预备性或者收尾性工作受到事故伤害的;

(三)在工作时间和工作场所内,因履行工作职责受到暴力等意外伤害的;

(四)患职业病的;

(五)因工外出期间,由于工作原因受到伤害或者发生事故下落不明的;

(六)在上下班途中,受到非本人主要责任的交通事故或者城市轨道交通、客运轮渡、火车事故伤害的;

(七)法律、行政法规规定应当认定为工伤的其他情形。

第十五条 【视同工伤的情形与待遇】职工有下列情形之一的,视同工伤:

(一)在工作时间和工作岗位,突发疾病死亡或者在48小时之内经抢救无效死亡的;

(二)在抢险救灾等维护国家利益、公共利益活动中受到伤害的;

(三)职工原在军队服役,因战、因公负伤致残,已取得革命伤残军人证,到用人单位后旧伤复发的。

职工有前款第(一)项、第(二)项情形的,按照本条例的有关规定享受工伤保险待遇;职工有前款第(三)项情形的,按照本条例的有关规定享受除一次性伤残补助金以外的工伤保险待遇。

第十六条 【不为工伤的情形】职工符合本条例第十四条、第十五条的规定,但是有下列情形之一的,不得认定为工伤或者视同工伤:

(一)故意犯罪的;

(二)醉酒或者吸毒的;

(三)自残或者自杀的。

第十七条 【工伤认定的申请】职工发生事故伤害或者按照职业病防治法规定被诊断、鉴定为职业病,所在单位应当自事故伤害发生之日或者被诊断、鉴定为职业病之日起 30 日内,向统筹地区社会保险行政部门提出工伤认定申请。遇有特殊情况,经报社会保险行政部门同意,申请时限可以适当延长。

用人单位未按前款规定提出工伤认定申请的,工伤职工或者其近亲属、工会组织在事故伤害发生之日或者被诊断、鉴定为职业病之日起 1 年内,可以直接向用人单位所在地统筹地区社会保险行政部门提出工伤认定申请。

按照本条第一款规定应当由省级社会保险行政部门进行工伤认定的事项,根据属地原则由用人单位所在地的设区的市级社会保险行政部门办理。

用人单位未在本条第一款规定的时限内提交工伤认定申请,在此期间发生符合本条例规定的工伤待遇等有关费用由该用人单位负担。

第十八条 【工伤认定申请材料】提出工伤认定申请应当提交下列材料:

(一)工伤认定申请表;

(二)与用人单位存在劳动关系(包括事实劳动关系)的证明材料;

(三)医疗诊断证明或者职业病诊断证明书(或者职业病诊断鉴定书)。

工伤认定申请表应当包括事故发生的时间、地点、原因以及职工伤害程度等基本情况。

工伤认定申请人提供材料不完整的,社会保险行政部门应当一次性书面告知工伤认定申请人需要补正的全部材料。申请人按照书面告知要求补正材料后,社会保险行政部门应当受理。

第十九条 【对工伤事故的调查核实】社会保险行政部门受理工伤认定申请后,根据审核需要可以对事故伤害进行调查核实,用人单位、职工、工会组织、医疗机构以及有关部门应当予以协助。职业病诊断和诊断争议的鉴定,依照职业病防治法的有关规定执行。对依法取得职业病诊断证明书或者职业病诊断鉴定书的,社会保险行政部门不再进行调查核实。

职工或者其近亲属认为是工伤,用人单位不认为是工伤的,由用人单位承担举证责任。

第二十条 【工伤认定决定的作出】社会保险行政部门应当自受理工伤认定申请之日起 60 日内作出工伤认定的决定,并书面通知申请工伤认定的职工或者其近亲属和该职工所在单位。

社会保险行政部门对受理的事实清楚、权利义务明确的工伤认定申请,应当在 15 日内作出工伤认定的决定。

作出工伤认定决定需要以司法机关或者有关行政主管部门的结论为依据的,在司法机关或者有关行政主管部门尚未作出结论期间,作出工伤认定决定的时限中止。

社会保险行政部门工作人员与工伤认定申请人有利害关系的,应当回避。

第四章　劳动能力鉴定

第二十一条　【进行鉴定的条件】职工发生工伤,经治疗伤情相对稳定后存在残疾、影响劳动能力的,应当进行劳动能力鉴定。

第二十二条　【鉴定的等级和标准】劳动能力鉴定是指劳动功能障碍程度和生活自理障碍程度的等级鉴定。

劳动功能障碍分为十个伤残等级,最重的为一级,最轻的为十级。

生活自理障碍分为三个等级:生活完全不能自理、生活大部分不能自理和生活部分不能自理。

劳动能力鉴定标准由国务院社会保险行政部门会同国务院卫生行政部门等部门制定。

第二十三条　【鉴定的申请】劳动能力鉴定由用人单位、工伤职工或者其近亲属向设区的市级劳动能力鉴定委员会提出申请,并提供工伤认定决定和职工工伤医疗的有关资料。

第二十四条　【鉴定委员会的组成】省、自治区、直辖市劳动能力鉴定委员会和设区的市级劳动能力鉴定委员会分别由省、自治区、直辖市和设区的市级社会保险行政部门、卫生行政部门、工会组织、经办机构代表以及用人单位代表组成。

劳动能力鉴定委员会建立医疗卫生专家库。列入专家库的医疗卫生专业技术人员应当具备下列条件:

(一)具有医疗卫生高级专业技术职务任职资格;

(二)掌握劳动能力鉴定的相关知识;

(三)具有良好的职业品德。

第二十五条　【鉴定结论的作出】设区的市级劳动能力鉴定委员会收到劳动能力鉴定申请后,应当从其建立的医疗卫生专家库中随机抽取3名或者5名相关专家组成专家组,由专家组提出鉴定意见。设区的市级劳动能力鉴定委员会根据专家组的鉴定意见作出工伤职工劳动能力鉴定结论;必要时,可以委托具备资格的医疗机构协助进行有关的诊断。

设区的市级劳动能力鉴定委员会应当自收到劳动能力鉴定申请之日起60日内作出劳动能力鉴定结论,必要时,作出劳动能力鉴定结论的期限可以延长30日。劳动能力鉴定结论应当及时送达申请鉴定的单位和个人。

第二十六条　【再次鉴定】申请鉴定的单位或者个人对设区的市级劳动能

力鉴定委员会作出的鉴定结论不服的,可以在收到该鉴定结论之日起15日内向省、自治区、直辖市劳动能力鉴定委员会提出再次鉴定申请。省、自治区、直辖市劳动能力鉴定委员会作出的劳动能力鉴定结论为最终结论。

第二十七条 【鉴定工作原则】劳动能力鉴定工作应当客观、公正。劳动能力鉴定委员会组成人员或者参加鉴定的专家与当事人有利害关系的,应当回避。

第二十八条 【复查鉴定】自劳动能力鉴定结论作出之日起1年后,工伤职工或者其近亲属、所在单位或者经办机构认为伤残情况发生变化的,可以申请劳动能力复查鉴定。

第二十九条 【再次鉴定与复查鉴定的期限】劳动能力鉴定委员会依照本条例第二十六条和第二十八条的规定进行再次鉴定和复查鉴定的期限,依照本条例第二十五条第二款的规定执行。

第五章 工伤保险待遇

第三十条 【工伤医疗待遇】职工因工作遭受事故伤害或者患职业病进行治疗,享受工伤医疗待遇。

职工治疗工伤应当在签订服务协议的医疗机构就医,情况紧急时可以先到就近的医疗机构急救。

治疗工伤所需费用符合工伤保险诊疗项目目录、工伤保险药品目录、工伤保险住院服务标准的,从工伤保险基金支付。工伤保险诊疗项目目录、工伤保险药品目录、工伤保险住院服务标准,由国务院社会保险行政部门会同国务院卫生行政部门、食品药品监督管理部门等部门规定。

职工住院治疗工伤的伙食补助费,以及经医疗机构出具证明,报经办机构同意,工伤职工到统筹地区以外就医所需的交通、食宿费用从工伤保险基金支付,基金支付的具体标准由统筹地区人民政府规定。

工伤职工治疗非工伤引发的疾病,不享受工伤医疗待遇,按照基本医疗保险办法处理。

工伤职工到签订服务协议的医疗机构进行工伤康复的费用,符合规定的,从工伤保险基金支付。

第三十一条 【复议与诉讼不停止支付医疗费用】社会保险行政部门作出认定为工伤的决定后发生行政复议、行政诉讼的,行政复议和行政诉讼期间不停止支付工伤职工治疗工伤的医疗费用。

第三十二条 【辅助器具的配置】工伤职工因日常生活或者就业需要,经劳动能力鉴定委员会确认,可以安装假肢、矫形器、假眼、假牙和配置轮椅等辅助器具,所需费用按照国家规定的标准从工伤保险基金支付。

第三十三条 【停工留薪期待遇】职工因工作遭受事故伤害或者患职业病需要暂停工作接受工伤医疗的,在停工留薪期内,原工资福利待遇不变,由所在单位按月支付。

停工留薪期一般不超过 12 个月。伤情严重或者情况特殊,经设区的市级劳动能力鉴定委员会确认,可以适当延长,但延长不得超过 12 个月。工伤职工评定伤残等级后,停发原待遇,按照本章的有关规定享受伤残待遇。工伤职工在停工留薪期满后仍需治疗的,继续享受工伤医疗待遇。

生活不能自理的工伤职工在停工留薪期需要护理的,由所在单位负责。

第三十四条 【伤残职工的生活护理费】工伤职工已经评定伤残等级并经劳动能力鉴定委员会确认需要生活护理的,从工伤保险基金按月支付生活护理费。

生活护理费按照生活完全不能自理、生活大部分不能自理或者生活部分不能自理 3 个不同等级支付,其标准分别为统筹地区上年度职工月平均工资的 50%、40% 或者 30%。

第三十五条 【一至四级伤残待遇】职工因工致残被鉴定为一级至四级伤残的,保留劳动关系,退出工作岗位,享受以下待遇:

(一)从工伤保险基金按伤残等级支付一次性伤残补助金,标准为:一级伤残为 27 个月的本人工资,二级伤残为 25 个月的本人工资,三级伤残为 23 个月的本人工资,四级伤残为 21 个月的本人工资;

(二)从工伤保险基金按月支付伤残津贴,标准为:一级伤残为本人工资的 90%,二级伤残为本人工资的 85%,三级伤残为本人工资的 80%,四级伤残为本人工资的 75%。伤残津贴实际金额低于当地最低工资标准的,由工伤保险基金补足差额;

(三)工伤职工达到退休年龄并办理退休手续后,停发伤残津贴,按照国家有关规定享受基本养老保险待遇。基本养老保险待遇低于伤残津贴的,由工伤保险基金补足差额。

职工因工致残被鉴定为一级至四级伤残的,由用人单位和职工个人以伤残津贴为基数,缴纳基本医疗保险费。

第三十六条 【五至六级伤残待遇】职工因工致残被鉴定为五级、六级伤残的,享受以下待遇:

(一)从工伤保险基金按伤残等级支付一次性伤残补助金,标准为:五级伤残为 18 个月的本人工资,六级伤残为 16 个月的本人工资;

（二）保留与用人单位的劳动关系，由用人单位安排适当工作。难以安排工作的，由用人单位按月发给伤残津贴，标准为：五级伤残为本人工资的70%，六级伤残为本人工资的60%，并由用人单位按照规定为其缴纳应缴纳的各项社会保险费。伤残津贴实际金额低于当地最低工资标准的，由用人单位补足差额。

经工伤职工本人提出，该职工可以与用人单位解除或者终止劳动关系，由工伤保险基金支付一次性工伤医疗补助金，由用人单位支付一次性伤残就业补助金。一次性工伤医疗补助金和一次性伤残就业补助金的具体标准由省、自治区、直辖市人民政府规定。

第三十七条 【七至十级伤残待遇】职工因工致残被鉴定为七级至十级伤残的，享受以下待遇：

（一）从工伤保险基金按伤残等级支付一次性伤残补助金，标准为：七级伤残为13个月的本人工资，八级伤残为11个月的本人工资，九级伤残为9个月的本人工资，十级伤残为7个月的本人工资；

（二）劳动、聘用合同期满终止，或者职工本人提出解除劳动、聘用合同的，由工伤保险基金支付一次性工伤医疗补助金，由用人单位支付一次性伤残就业补助金。一次性工伤医疗补助金和一次性伤残就业补助金的具体标准由省、自治区、直辖市人民政府规定。

第三十八条 【工伤复发的待遇】工伤职工工伤复发，确认需要治疗的，享受本条例第三十条、第三十二条和第三十三条规定的工伤待遇。

第三十九条 【因工死亡待遇】职工因工死亡，其近亲属按照下列规定从工伤保险基金领取丧葬补助金、供养亲属抚恤金和一次性工亡补助金：

（一）丧葬补助金为6个月的统筹地区上年度职工月平均工资；

（二）供养亲属抚恤金按照职工本人工资的一定比例发给由因工死亡职工生前提供主要生活来源、无劳动能力的亲属。标准为：配偶每月40%，其他亲属每人每月30%，孤寡老人或者孤儿每人每月在上述标准的基础上增加10%。核定的各供养亲属的抚恤金之和不应高于因工死亡职工生前的工资。供养亲属的具体范围由国务院社会保险行政部门规定；

（三）一次性工亡补助金标准为上一年度全国城镇居民人均可支配收入的20倍。

伤残职工在停工留薪期内因工伤导致死亡的，其近亲属享受本条第一款规定的待遇。

一级至四级伤残职工在停工留薪期满后死亡的，其近亲属可以享受本条第一款第（一）项、第（二）项规定的待遇。

第四十条 【待遇的调整】伤残津贴、供养亲属抚恤金、生活护理费由统筹地区社会保险行政部门根据职工平均工资和生活费用变化等情况适时调整。调整办法由省、自治区、直辖市人民政府规定。

第四十一条 【因工下落不明的待遇】职工因工外出期间发生事故或者在抢险救灾中下落不明的,从事故发生当月起3个月内照发工资,从第4个月起停发工资,由工伤保险基金向其供养亲属按月支付供养亲属抚恤金。生活有困难的,可以预支一次性工亡补助金的50%。职工被人民法院宣告死亡的,按照本条例第三十九条职工因工死亡的规定处理。

第四十二条 【停止享受待遇情形】工伤职工有下列情形之一的,停止享受工伤保险待遇:

(一)丧失享受待遇条件的;

(二)拒不接受劳动能力鉴定的;

(三)拒绝治疗的。

第四十三条 【用人单位变故与职工借调的工伤保险责任】用人单位分立、合并、转让的,承继单位应当承担原用人单位的工伤保险责任;原用人单位已经参加工伤保险的,承继单位应当到当地经办机构办理工伤保险变更登记。

用人单位实行承包经营的,工伤保险责任由职工劳动关系所在单位承担。

职工被借调期间受到工伤事故伤害的,由原用人单位承担工伤保险责任,但原用人单位与借调单位可以约定补偿办法。

企业破产的,在破产清算时依法拨付应当由单位支付的工伤保险待遇费用。

第四十四条 【出境工作的工伤保险处理】职工被派遣出境工作,依据前往国家或者地区的法律应当参加当地工伤保险的,参加当地工伤保险,其国内工伤保险关系中止;不能参加当地工伤保险的,其国内工伤保险关系不中止。

第四十五条 【再次工伤的待遇】职工再次发生工伤,根据规定应当享受伤残津贴的,按照新认定的伤残等级享受伤残津贴待遇。

第六章 监督管理

第四十六条 【经办机构的职责】经办机构具体承办工伤保险事务,履行下列职责:

(一)根据省、自治区、直辖市人民政府规定,征收工伤保险费;

(二)核查用人单位的工资总额和职工人数,办理工伤保险登记,并负责保存用人单位缴费和职工享受工伤保险待遇情况的记录;

(三)进行工伤保险的调查、统计;

（四）按照规定管理工伤保险基金的支出；

（五）按照规定核定工伤保险待遇；

（六）为工伤职工或者其近亲属免费提供咨询服务。

第四十七条　【服务协议】经办机构与医疗机构、辅助器具配置机构在平等协商的基础上签订服务协议，并公布签订服务协议的医疗机构、辅助器具配置机构的名单。具体办法由国务院社会保险行政部门分别会同国务院卫生行政部门、民政部门等部门制定。

第四十八条　【费用核查结算】经办机构按照协议和国家有关目录、标准对工伤职工医疗费用、康复费用、辅助器具费用的使用情况进行核查，并按时足额结算费用。

第四十九条　【公示与建议】经办机构应当定期公布工伤保险基金的收支情况，及时向社会保险行政部门提出调整费率的建议。

第五十条　【听取意见】社会保险行政部门、经办机构应当定期听取工伤职工、医疗机构、辅助器具配置机构以及社会各界对改进工伤保险工作的意见。

第五十一条　【行政监督】社会保险行政部门依法对工伤保险费的征缴和工伤保险基金的支付情况进行监督检查。

财政部门和审计机关依法对工伤保险基金的收支、管理情况进行监督。

第五十二条　【群众监督】任何组织和个人对有关工伤保险的违法行为，有权举报。社会保险行政部门对举报应当及时调查，按照规定处理，并为举报人保密。

第五十三条　【工会监督】工会组织依法维护工伤职工的合法权益，对用人单位的工伤保险工作实行监督。

第五十四条　【争议处理】职工与用人单位发生工伤待遇方面的争议，按照处理劳动争议的有关规定处理。

第五十五条　【行政复议与行政诉讼】有下列情形之一的，有关单位或者个人可以依法申请行政复议，也可以依法向人民法院提起行政诉讼：

（一）申请工伤认定的职工或者其近亲属、该职工所在单位对工伤认定申请不予受理的决定不服的；

（二）申请工伤认定的职工或者其近亲属、该职工所在单位对工伤认定结论不服的；

（三）用人单位对经办机构确定的单位缴费费率不服的；

（四）签订服务协议的医疗机构、辅助器具配置机构认为经办机构未履行有关协议或者规定的；

（五）工伤职工或者其近亲属对经办机构核定的工伤保险待遇有异议的。

第七章 法 律 责 任

第五十六条 【挪用工伤保险基金的责任】单位或者个人违反本条例第十二条规定挪用工伤保险基金,构成犯罪的,依法追究刑事责任;尚不构成犯罪的,依法给予处分或者纪律处分。被挪用的基金由社会保险行政部门追回,并入工伤保险基金;没收的违法所得依法上缴国库。

第五十七条 【社会保险行政部门工作人员的责任】社会保险行政部门工作人员有下列情形之一的,依法给予处分;情节严重,构成犯罪的,依法追究刑事责任:

(一)无正当理由不受理工伤认定申请,或者弄虚作假将不符合工伤条件的人员认定为工伤职工的;

(二)未妥善保管申请工伤认定的证据材料,致使有关证据灭失的;

(三)收受当事人财物的。

第五十八条 【经办机构的责任】经办机构有下列行为之一的,由社会保险行政部门责令改正,对直接负责的主管人员和其他责任人员依法给予纪律处分;情节严重,构成犯罪的,依法追究刑事责任;造成当事人经济损失的,由经办机构依法承担赔偿责任:

(一)未按规定保存用人单位缴费和职工享受工伤保险待遇情况记录的;

(二)不按规定核定工伤保险待遇的;

(三)收受当事人财物的。

第五十九条 【不正当履行服务协议的责任】医疗机构、辅助器具配置机构不按服务协议提供服务的,经办机构可以解除服务协议。

经办机构不按时足额结算费用的,由社会保险行政部门责令改正;医疗机构、辅助器具配置机构可以解除服务协议。

第六十条 【骗取工伤保险待遇的责任】用人单位、工伤职工或者其近亲属骗取工伤保险待遇,医疗机构、辅助器具配置机构骗取工伤保险基金支出的,由社会保险行政部门责令退还,处骗取金额2倍以上5倍以下的罚款;情节严重,构成犯罪的,依法追究刑事责任。

第六十一条 【劳动能力鉴定违法的责任】从事劳动能力鉴定的组织或者个人有下列情形之一的,由社会保险行政部门责令改正,处2000元以上1万元以下的罚款;情节严重,构成犯罪的,依法追究刑事责任:

(一)提供虚假鉴定意见的;

(二)提供虚假诊断证明的;

(三)收受当事人财物的。

第六十二条 【用人单位应参加而未参加工伤保险的责任】用人单位依照本条例规定应当参加工伤保险而未参加的,由社会保险行政部门责令限期参加,补缴应当缴纳的工伤保险费,并自欠缴之日起,按日加收万分之五的滞纳金;逾期仍不缴纳的,处欠缴数额1倍以上3倍以下的罚款。

依照本条例规定应当参加工伤保险而未参加工伤保险的用人单位职工发生工伤的,由该用人单位按照本条例规定的工伤保险待遇项目和标准支付费用。

用人单位参加工伤保险并补缴应当缴纳的工伤保险费、滞纳金后,由工伤保险基金和用人单位依照本条例的规定支付新发生的费用。

第六十三条 【用人单位不协助事故调查核实的责任】用人单位违反本条例第十九条的规定,拒不协助社会保险行政部门对事故进行调查核实的,由社会保险行政部门责令改正,处2000元以上2万元以下的罚款。

第八章　附　则

第六十四条 【术语解释】本条例所称工资总额,是指用人单位直接支付给本单位全部职工的劳动报酬总额。

本条例所称本人工资,是指工伤职工因工作遭受事故伤害或者患职业病前12个月平均月缴费工资。本人工资高于统筹地区职工平均工资300%的,按照统筹地区职工平均工资的300%计算;本人工资低于统筹地区职工平均工资60%的,按照统筹地区职工平均工资的60%计算。

第六十五条 【公务员和参公事业单位、社会团体的工伤保险】公务员和参照公务员法管理的事业单位、社会团体的工作人员因工作遭受事故伤害或者患职业病的,由所在单位支付费用。具体办法由国务院社会保险行政部门会同国务院财政部门规定。

第六十六条 【非法用工单位的一次性赔偿】无营业执照或者未经依法登记、备案的单位以及被依法吊销营业执照或者撤销登记、备案的单位的职工受到事故伤害或者患职业病的,由该单位向伤残职工或者死亡职工的近亲属给予一次性赔偿,赔偿标准不得低于本条例规定的工伤保险待遇;用人单位不得使用童工,用人单位使用童工造成童工伤残、死亡的,由该单位向童工或者童工的近亲属给予一次性赔偿,赔偿标准不得低于本条例规定的工伤保险待遇。具体办法由国务院社会保险行政部门规定。

前款规定的伤残职工或者死亡职工的近亲属就赔偿数额与单位发生争议的,以及前款规定的童工或者童工的近亲属就赔偿数额与单位发生争议的,按照处理劳动争议的有关规定处理。

第六十七条 【施行时间与溯及力】本条例自 2004 年 1 月 1 日起施行。本条例施行前已受到事故伤害或者患职业病的职工尚未完成工伤认定的,按照本条例的规定执行。

失业保险条例

(1999 年 1 月 22 日国务院令第 258 号发布施行)

第一章 总 则

第一条 为了保障失业人员失业期间的基本生活,促进其再就业,制定本条例。

第二条 城镇企业事业单位、城镇企业事业单位职工依照本条例的规定,缴纳失业保险费。

城镇企业事业单位失业人员依照本条例的规定,享受失业保险待遇。

本条所称城镇企业,是指国有企业、城镇集体企业、外商投资企业、城镇私营企业以及其他城镇企业。

第三条 国务院劳动保障行政部门主管全国的失业保险工作。县级以上地方各级人民政府劳动保障行政部门主管本行政区域内的失业保险工作。劳动保障行政部门按照国务院规定设立的经办失业保险业务的社会保险经办机构依照本条例的规定,具体承办失业保险工作。

第四条 失业保险费按照国家有关规定征缴。

第二章 失业保险基金

第五条 失业保险基金由下列各项构成:
(一)城镇企业事业单位、城镇企业事业单位职工缴纳的失业保险费;
(二)失业保险基金的利息;
(三)财政补贴;
(四)依法纳入失业保险基金的其他资金。

第六条 城镇企业事业单位按照本单位工资总额的百分之二缴纳失业保险费。城镇企业事业单位职工按照本人工资的百分之一缴纳失业保险费。城镇企业事业单位招用的农民合同制工人本人不缴纳失业保险费。

第七条　失业保险基金在直辖市和设区的市实行全市统筹；其他地区的统筹层次由省、自治区人民政府规定。

第八条　省、自治区可以建立失业保险调剂金。

失业保险调剂金以统筹地区依法应当征收的失业保险费为基数，按照省、自治区人民政府规定的比例筹集。

统筹地区的失业保险基金不敷使用时，由失业保险调剂金调剂、地方财政补贴。

失业保险调剂金的筹集、调剂使用以及地方财政补贴的具体办法，由省、自治区人民政府规定。

第九条　省、自治区、直辖市人民政府根据本行政区域失业人员数量和失业保险基金数额，报经国务院批准，可以适当调整本行政区域失业保险费的费率。

第十条　失业保险基金用于下列支出：

（一）失业保险金；

（二）领取失业保险金期间的医疗补助金；

（三）领取失业保险金期间死亡的失业人员的丧葬补助金和其供养的配偶、直系亲属的抚恤金；

（四）领取失业保险金期间接受职业培训、职业介绍的补贴，补贴的办法和标准由省、自治区、直辖市人民政府规定；

（五）国务院规定或者批准的与失业保险有关的其他费用。

第十一条　失业保险基金必须存入财政部门在国有商业银行开设的社会保障基金财政专户，实行收支两条线管理，由财政部门依法进行监督。

存入银行和按照国家规定购买国债的失业保险基金，分别按照城乡居民同期存款利率和国债利息计息。失业保险基金的利息并入失业保险基金。

失业保险基金专款专用，不得挪作他用，不得用于平衡财政收支。

第十二条　失业保险基金收支的预算、决算，由统筹地区社会保险经办机构编制，经同级劳动保障行政部门复核、同级财政部门审核，报同级人民政府审批。

第十三条　失业保险基金的财务制度和会计制度按照国家有关规定执行。

第三章　失业保险待遇

第十四条　具备下列条件的失业人员，可以领取失业保险金：

（一）按照规定参加失业保险，所在单位和本人已按照规定履行缴费义务满1年的；

（二）非因本人意愿中断就业的；

(三)已办理失业登记,并有求职要求的。

失业人员在领取失业保险金期间,按照规定同时享受其他失业保险待遇。

第十五条 失业人员在领取失业保险金期间有下列情形之一的,停止领取失业保险金,并同时停止享受其他失业保险待遇:

(一)重新就业的;

(二)应征服兵役的;

(三)移居境外的;

(四)享受基本养老保险待遇的;

(五)被判刑收监执行或者被劳动教养的;

(六)无正当理由,拒不接受当地人民政府指定的部门或者机构介绍的工作的;

(七)有法律、行政法规规定的其他情形的。

第十六条 城镇企业事业单位应当及时为失业人员出具终止或者解除劳动关系的证明,告知其按照规定享受失业保险待遇的权利,并将失业人员的名单自终止或者解除劳动关系之日起7日内报社会保险经办机构备案。

城镇企业事业单位职工失业后,应当持本单位为其出具的终止或者解除劳动关系的证明,及时到指定的社会保险经办机构办理失业登记。失业保险金自办理失业登记之日起计算。

失业保险金由社会保险经办机构按月发放。社会保险经办机构为失业人员开具领取失业保险金的单证,失业人员凭单证到指定银行领取失业保险金。

第十七条 失业人员失业前所在单位和本人按照规定累计缴费时间满1年不足5年的,领取失业保险金的期限最长为12个月;累计缴费时间满5年不足10年的,领取失业保险金的期限最长为18个月;累计缴费时间10年以上的,领取失业保险金的期限最长为24个月。重新就业后,再次失业的,缴费时间重新计算,领取失业保险金的期限可以与前次失业应领取而尚未领取的失业保险金的期限合并计算,但是最长不得超过24个月。

第十八条 失业保险金的标准,按照低于当地最低工资标准、高于城市居民最低生活保障标准的水平,由省、自治区、直辖市人民政府确定。

第十九条 失业人员在领取失业保险金期间患病就医的,可以按照规定向社会保险经办机构申请领取医疗补助金。医疗补助金的标准由省、自治区、直辖市人民政府规定。

第二十条 失业人员在领取失业保险金期间死亡的,参照当地对在职职工的规定,对其家属一次性发给丧葬补助金和抚恤金。

第二十一条 单位招用的农民合同制工人连续工作满1年,本单位并已缴纳失业保险费,劳动合同期满未续订或者提前解除劳动合同的,由社会保险经办机构根据其工作时间长短,对其支付一次性生活补助。补助的办法和标准由省、自治区、直辖市人民政府规定。

第二十二条 城镇企业事业单位成建制跨统筹地区转移,失业人员跨统筹地区流动的,失业保险关系随之转迁。

第二十三条 失业人员符合城市居民最低生活保障条件的,按照规定享受城市居民最低生活保障待遇。

第四章 管理和监督

第二十四条 劳动保障行政部门管理失业保险工作,履行下列职责:
(一)贯彻实施失业保险法律、法规;
(二)指导社会保险经办机构的工作;
(三)对失业保险费的征收和失业保险待遇的支付进行监督检查。

第二十五条 社会保险经办机构具体承办失业保险工作,履行下列职责:
(一)负责失业人员的登记、调查、统计;
(二)按照规定负责失业保险基金的管理;
(三)按照规定核定失业保险待遇,开具失业人员在指定银行领取失业保险金和其他补助金的单证;
(四)拨付失业人员职业培训、职业介绍补贴费用;
(五)为失业人员提供免费咨询服务;
(六)国家规定由其履行的其他职责。

第二十六条 财政部门和审计部门依法对失业保险基金的收支、管理情况进行监督。

第二十七条 社会保险经办机构所需经费列入预算,由财政拨付。

第五章 罚 则

第二十八条 不符合享受失业保险待遇条件,骗取失业保险金和其他失业保险待遇的,由社会保险经办机构责令退还;情节严重的,由劳动保障行政部门处骗取金额1倍以上3倍以下的罚款。

第二十九条 社会保险经办机构工作人员违反规定向失业人员开具领取失业保险金或者享受其他失业保险待遇单证,致使失业保险基金损失的,由劳动保障行政部门责令追回;情节严重的,依法给予行政处分。

第三十条 劳动保障行政部门和社会保险经办机构的工作人员滥用职权、徇私舞弊、玩忽职守,造成失业保险基金损失的,由劳动保障行政部门追回损失的失业保险基金;构成犯罪的,依法追究刑事责任;尚不构成犯罪的,依法给予行政处分。

第三十一条 任何单位、个人挪用失业保险基金的,追回挪用的失业保险基金;有违法所得的,没收违法所得,并入失业保险基金;构成犯罪的,依法追究刑事责任;尚不构成犯罪的,对直接负责的主管人员和其他直接责任人员依法给予行政处分。

第六章 附 则

第三十二条 省、自治区、直辖市人民政府根据当地实际情况,可以决定本条例适用于本行政区域内的社会团体及其专职人员、民办非企业单位及其职工、有雇工的城镇个体工商户及其雇工。

第三十三条 本条例自发布之日起施行。1993年4月12日国务院发布的《国有企业职工待业保险规定》同时废止。

五、劳动争议处理

1. 调 解

企业劳动争议协商调解规定

(2011年11月30日人力资源和社会保障部令第17号公布
自2012年1月1日起施行)

第一章 总 则

第一条 为规范企业劳动争议协商、调解行为,促进劳动关系和谐稳定,根据《中华人民共和国劳动争议调解仲裁法》,制定本规定。

第二条 企业劳动争议协商、调解,适用本规定。

第三条 企业应当依法执行职工大会、职工代表大会、厂务公开等民主管理制度,建立集体协商、集体合同制度,维护劳动关系和谐稳定。

第四条 企业应当建立劳资双方沟通对话机制,畅通劳动者利益诉求表达渠道。

劳动者认为企业在履行劳动合同、集体合同,执行劳动保障法律、法规和企业劳动规章制度等方面存在问题的,可以向企业劳动争议调解委员会(以下简称调解委员会)提出。调解委员会应当及时核实情况,协调企业进行整改或者向劳动者做出说明。

劳动者也可以通过调解委员会向企业提出其他合理诉求。调解委员会应当及时向企业转达,并向劳动者反馈情况。

第五条 企业应当加强对劳动者的人文关怀,关心劳动者的诉求,关注劳动者的心理健康,引导劳动者理性维权,预防劳动争议发生。

第六条 协商、调解劳动争议,应当根据事实和有关法律法规的规定,遵循平等、自愿、合法、公正、及时的原则。

第七条 人力资源和社会保障行政部门应当指导企业开展劳动争议预防调解工作,具体履行下列职责:

(一)指导企业遵守劳动保障法律、法规和政策;

(二)督促企业建立劳动争议预防预警机制;

(三)协调工会、企业代表组织建立企业重大集体性劳动争议应急调解协调机制,共同推动企业劳动争议预防调解工作;

(四)检查辖区内调解委员会的组织建设、制度建设和队伍建设情况。

第二章 协 商

第八条 发生劳动争议,一方当事人可以通过与另一方当事人约见、面谈等方式协商解决。

第九条 劳动者可以要求所在企业工会参与或者协助其与企业进行协商。工会也可以主动参与劳动争议的协商处理,维护劳动者合法权益。

劳动者可以委托其他组织或者个人作为其代表进行协商。

第十条 一方当事人提出协商要求后,另一方当事人应当积极做出口头或者书面回应。5日内不做出回应的,视为不愿协商。

协商的期限由当事人书面约定,在约定的期限内没有达成一致的,视为协商不成。当事人可以书面约定延长期限。

第十一条 协商达成一致,应当签订书面和解协议。和解协议对双方当事人具有约束力,当事人应当履行。

经仲裁庭审查,和解协议程序和内容合法有效的,仲裁庭可以将其作为证据使用。但是,当事人为达成和解的目的作出妥协所涉及的对争议事实的认可,不得在其后的仲裁中作为对其不利的证据。

第十二条 发生劳动争议,当事人不愿协商、协商不成或者达成和解协议后,一方当事人在约定的期限内不履行和解协议的,可以依法向调解委员会或者乡镇、街道劳动就业社会保障服务所(中心)等其他依法设立的调解组织申请调解,也可以依法向劳动人事争议仲裁委员会(以下简称仲裁委员会)申请仲裁。

第三章 调 解

第十三条 大中型企业应当依法设立调解委员会,并配备专职或者兼职工作人员。

有分公司、分店、分厂的企业,可以根据需要在分支机构设立调解委员会。总部调解委员会指导分支机构调解委员会开展劳动争议预防调解工作。

调解委员会可以根据需要在车间、工段、班组设立调解小组。

第十四条 小微型企业可以设立调解委员会,也可以由劳动者和企业共同推举人员,开展调解工作。

第十五条 调解委员会由劳动者代表和企业代表组成,人数由双方协商确定,双方人数应当对等。劳动者代表由工会委员会成员担任或者由全体劳动者推举产生,企业代表由企业负责人指定。调解委员会主任由工会委员会成员或者双方推举的人员担任。

第十六条 调解委员会履行下列职责:

(一)宣传劳动保障法律、法规和政策;

(二)对本企业发生的劳动争议进行调解;

(三)监督和解协议、调解协议的履行;

(四)聘任、解聘和管理调解员;

(五)参与协调履行劳动合同、集体合同、执行企业劳动规章制度等方面出现的问题;

(六)参与研究涉及劳动者切身利益的重大方案;

(七)协助企业建立劳动争议预防预警机制。

第十七条 调解员履行下列职责:

(一)关注本企业劳动关系状况,及时向调解委员会报告;

(二)接受调解委员会指派,调解劳动争议案件;

（三）监督和解协议、调解协议的履行；

（四）完成调解委员会交办的其他工作。

第十八条 调解员应当公道正派、联系群众、热心调解工作，具有一定劳动保障法律政策知识和沟通协调能力。调解员由调解委员会聘任的本企业工作人员担任，调解委员会成员均为调解员。

第十九条 调解员的聘期至少为1年，可以续聘。调解员不能履行调解职责时，调解委员会应当及时调整。

第二十条 调解员依法履行调解职责，需要占用生产或者工作时间的，企业应当予以支持，并按照正常出勤对待。

第二十一条 发生劳动争议，当事人可以口头或者书面形式向调解委员会提出调解申请。

申请内容应当包括申请人基本情况、调解请求、事实与理由。

口头申请的，调解委员会应当当场记录。

第二十二条 调解委员会接到调解申请后，对属于劳动争议受理范围且双方当事人同意调解的，应当在3个工作日内受理。对不属于劳动争议受理范围或者一方当事人不同意调解的，应当做好记录，并书面通知申请人。

第二十三条 发生劳动争议，当事人没有提出调解申请，调解委员会可以在征得双方当事人同意后主动调解。

第二十四条 调解委员会调解劳动争议一般不公开进行。但是，双方当事人要求公开调解的除外。

第二十五条 调解委员会根据案件情况指定调解员或者调解小组进行调解，在征得当事人同意后，也可以邀请有关单位和个人协助调解。

调解员应当全面听取双方当事人的陈述，采取灵活多样的方式方法，开展耐心、细致的说服疏导工作，帮助当事人自愿达成调解协议。

第二十六条 经调解达成调解协议的，由调解委员会制作调解协议书。调解协议书应当写明双方当事人基本情况、调解请求事项、调解的结果和协议履行期限、履行方式等。

调解协议书由双方当事人签名或者盖章，经调解员签名并加盖调解委员会印章后生效。

调解协议书一式三份，双方当事人和调解委员会各执一份。

第二十七条 生效的调解协议对双方当事人具有约束力，当事人应当履行。

双方当事人可以自调解协议生效之日起15日内共同向仲裁委员会提出仲

裁审查申请。仲裁委员会受理后,应当对调解协议进行审查,并根据《劳动人事争议仲裁办案规则》第五十四条规定,对程序和内容合法有效的调解协议,出具调解书。

第二十八条　双方当事人未按前条规定提出仲裁审查申请,一方当事人在约定的期限内不履行调解协议的,另一方当事人可以依法申请仲裁。

仲裁委员会受理仲裁申请后,应当对调解协议进行审查,调解协议合法有效且不损害公共利益或者第三人合法利益的,在没有新证据出现的情况下,仲裁委员会可以依据调解协议作出仲裁裁决。

第二十九条　调解委员会调解劳动争议,应当自受理调解申请之日起15日内结束。但是,双方当事人同意延期的可以延长。

在前款规定期限内未达成调解协议的,视为调解不成。

第三十条　当事人不愿调解、调解不成或者达成调解协议后,一方当事人在约定的期限内不履行调解协议的,调解委员会应当做好记录,由双方当事人签名或者盖章,并书面告知当事人可以向仲裁委员会申请仲裁。

第三十一条　有下列情形之一的,按照《劳动人事争议仲裁办案规则》第十条的规定属于仲裁时效中断,从中断时起,仲裁时效期间重新计算:

(一)一方当事人提出协商要求后,另一方当事人不同意协商或者在5日内不做出回应的;

(二)在约定的协商期限内,一方或者双方当事人不同意继续协商的;

(三)在约定的协商期限内未达成一致的;

(四)达成和解协议后,一方或者双方当事人在约定的期限内不履行和解协议的;

(五)一方当事人提出调解申请后,另一方当事人不同意调解的;

(六)调解委员会受理调解申请后,在第二十九条规定的期限内一方或者双方当事人不同意调解的;

(七)在第二十九条规定的期限内未达成调解协议的;

(八)达成调解协议后,一方当事人在约定期限内不履行调解协议的。

第三十二条　调解委员会应当建立健全调解登记、调解记录、督促履行、档案管理、业务培训、统计报告、工作考评等制度。

第三十三条　企业应当支持调解委员会开展调解工作,提供办公场所,保障工作经费。

第三十四条　企业未按照本规定成立调解委员会,劳动争议或者群体性事件频发,影响劳动关系和谐,造成重大社会影响的,由县级以上人力资源和社会保障行政部门予以通报;违反法律法规规定的,依法予以处理。

第三十五条　调解员在调解过程中存在严重失职或者违法违纪行为,侵害当事人合法权益的,调解委员会应当予以解聘。

第四章　附　　则

第三十六条　民办非企业单位、社会团体开展劳动争议协商、调解工作参照本规定执行。

第三十七条　本规定自2012年1月1日起施行。

劳动人事争议调解工作程序

(2014年3月5日人力资源和社会保障部办公厅发布
人社厅发〔2014〕30号)

一、**申请调解**。发生劳动人事争议,当事人可以口头或者书面形式向调解组织提出调解申请。

二、**受理调解申请**。调解组织接到调解申请后,应当及时对调解申请进行审查,在3个工作日内作出是否受理的决定。

三、**开展调解**。调解组织根据案情指定调解员或者调解小组进行调解,调解应当自收到调解申请之日起15日内结束。但是,双方当事人同意延期的可以延长。

四、**调解协议的仲裁审查确认**。达成调解协议的,双方当事人可以自调解协议生效之日起15日内共同向劳动人事争议仲裁委员会提出仲裁审查确认申请。

五、**告知申请仲裁的权利**。当事人不愿调解、调解不成或者达成调解协议后未经仲裁审查确认且不履行的,可以向劳动人事争议仲裁委员会申请仲裁。

2. 仲　裁

中华人民共和国劳动争议调解仲裁法

（2007年12月29日第十届全国人民代表大会常务委员会第三十一次会议通过 2007年12月29日中华人民共和国主席令第80号公布 自2008年5月1日起施行）

目　录

第一章　总　则
第二章　调　解
第三章　仲　裁
　第一节　一般规定
　第二节　申请和受理
　第三节　开庭和裁决
第四章　附　则

第一章　总　则

第一条　【立法目的】为了公正及时解决劳动争议,保护当事人合法权益,促进劳动关系和谐稳定,制定本法。

第二条　【调整范围】中华人民共和国境内的用人单位与劳动者发生的下列劳动争议,适用本法：

（一）因确认劳动关系发生的争议；

（二）因订立、履行、变更、解除和终止劳动合同发生的争议；

（三）因除名、辞退和辞职、离职发生的争议；

（四）因工作时间、休息休假、社会保险、福利、培训以及劳动保护发生的争议；

（五）因劳动报酬、工伤医疗费、经济补偿或者赔偿金等发生的争议；

（六）法律、法规规定的其他劳动争议。

（一）因确认劳动关系发生的争议

劳动关系，是指用人单位招用劳动者为其成员，劳动者在用人单位的管理下提供有报酬的劳动而产生的权利义务关系。因确认劳动关系是否存在而产生的争议属于劳动争议，适用《劳动争议调解仲裁法》。在实践中，一些用人单位不与劳动者签订劳动合同，一旦发生纠纷，劳动者往往因为拿不出劳动合同这一确定劳动关系存在的凭证而难以维权。为了更好地维护劳动者的合法权益，《劳动争议调解仲裁法》将因确认劳动关系发生的争议纳入了劳动争议的处理范围，劳动者可以就确认劳动关系是否存在这一事由，依法向劳动争议调解仲裁机构申请权利救济。

（二）因订立、履行、变更、解除和终止劳动合同发生的争议

劳动合同，是指劳动者与用人单位确立劳动关系、明确双方权利和义务的协议。用人单位与劳动者的劳动关系，涉及订立、履行、变更、解除和终止劳动合同的全过程。对于这一过程中任何一个环节发生的争议，都可以适用《劳动争议调解仲裁法》来解决。根据《劳动合同法》的规定，用人单位应当自用工之日起即与劳动者建立劳动关系，同时订立书面劳动合同。劳动合同的履行，是指劳动合同在依法订立生效后，双方当事人按照劳动合同约定的条款，完成劳动合同规定的义务，实现劳动合同规定的权利的活动。变更劳动合同，是指用人单位和劳动者双方对依法订立的劳动合同的条款所作的修改和增减，这是在履行劳动合同中发生的一种特殊情况。劳动合同的解除，是指用人单位和劳动者双方在合同期满前，提前终止劳动合同的法律效力，解除双方的权利义务关系的行为。劳动合同的终止，是指劳动合同规定的劳动合同履行期限届满，或者因为双方或者一方当事人出现法定的情形而使劳动合同无法履行，因而双方的劳动合同权利义务关系结束的情形。

（三）因除名、辞退和辞职、离职发生的争议

这一类劳动争议由于用人单位和劳动者解除和终止劳动关系而引发。根据《事业单位人事管理条例》规定，事业单位工作人员连续旷工超过15个工作日，或者1年内累计旷工超过30个工作日的，事业单位可以解除聘用合同。辞退，是指用人单位依照法律规定的条件和程序，解除与其工作人员的工作关系。辞职，是指劳动者根据本人意愿，请求辞去所担任的职务，解除与所在单位的工作关系的行为。离职，是指劳动者离开工作岗位，解除与所在单位的劳动关系的行为。因除名、辞退和辞职、离职发生的争议涉及解除和终止劳动关系，适用《劳动争议调解仲裁法》。

《劳动合同法》规定了过失性辞退和无过失性辞退的情形。《劳动合同法》

第 39 条规定,劳动者有下列情形之一的,用人单位可以解除劳动合同:(1)在试用期间被证明不符合录用条件的;(2)严重违反用人单位的规章制度的;(3)严重失职,营私舞弊,给用人单位造成重大损害的;(4)劳动者同时与其他用人单位建立劳动关系,对完成本单位的工作任务造成严重影响,或者经用人单位提出,拒不改正的;(5)因以欺诈、胁迫的手段或者乘人之危,使对方在违背真实意思的情况下订立或者变更劳动合同,致使劳动合同无效的;(6)被依法追究刑事责任的。《劳动合同法》第 40 条规定,有下列情形之一的,用人单位提前 30 日以书面形式通知劳动者本人或者额外支付劳动者 1 个月工资后,可以解除劳动合同:(1)劳动者患病或者非因工负伤,在规定的医疗期满后不能从事原工作,也不能从事由用人单位另行安排的工作的;(2)劳动者不能胜任工作,经过培训或者调整工作岗位,仍不能胜任工作的;(3)劳动合同订立时所依据的客观情况发生重大变化,致使劳动合同无法履行,经用人单位与劳动者协商,未能就变更劳动合同内容达成协议的。

(四)因工作时间、休息休假、社会保险、福利、培训以及劳动保护发生的争议

因工作时间、休息休假发生的争议,主要涉及用人单位规定的工作时间是否符合有关法律的规定,劳动者是否能够享受到国家规定的法定节假日和带薪休假的权利等而引起的争议。因社会保险发生的劳动争议,主要涉及用人单位是否依照有关法律、法规的规定为劳动者缴纳养老、工伤、医疗、失业、生育等社会保险费用而引起的争议。因福利、培训发生的劳动争议,主要涉及用人单位与劳动者因劳动合同中规定的有关福利待遇、培训等约定事项的履行而产生的争议。因劳动保护发生的劳动争议,主要涉及用人单位是否为劳动者提供符合法律规定的劳动安全、卫生条件等标准而产生的争议。

(五)因劳动报酬、工伤医疗费、经济补偿或者赔偿金等发生的争议

经济补偿,是指根据《劳动合同法》的规定,用人单位解除和终止劳动合同时,应给予劳动者的补偿。根据《劳动合同法》的规定,劳动者因用人单位的过错而单方提出与用人单位解除劳动合同的;或者用人单位因为劳动者存在过错之外的原因而单方决定与劳动者解除劳动合同的;或者用人单位提出动议,与劳动者协商一致解除劳动合同的,应当向劳动者支付经济补偿。同时,在用人单位与劳动者终止固定期限劳动合同或者发生企业破产、责令关闭、吊销执照、提前解散等情形时,也应当向劳动者支付经济补偿。

赔偿金,是指根据《劳动合同法》的规定,用人单位应当向劳动者支付的赔偿金和劳动者应当向用人单位支付的赔偿金。

（六）法律、法规规定的其他劳动争议

这是一项兜底的规定。除了上述劳动争议事项外，法律、行政法规或者地方性法规规定的其他劳动争议，也要纳入《劳动争议调解仲裁法》的调整范围。

第三条　【劳动争议处理的原则】解决劳动争议，应当根据事实，遵循合法、公正、及时、着重调解的原则，依法保护当事人的合法权益。

第四条　【劳动争议当事人的协商和解】发生劳动争议，劳动者可以与用人单位协商，也可以请工会或者第三方共同与用人单位协商，达成和解协议。

考虑到劳动者与用人单位相比，通常处于弱势地位，如果单纯由劳动者与用人单位进行协商和解，由于双方存在地位上的不平衡，通常很难达成和解协议，因此本法规定劳动者可以请工会或者第三方共同与用人单位进行协商，目的是通过工会和第三方的介入，促成用人单位与劳动者的协商，进而达成和解协议，充分发挥"协商"这一方式在处理劳动争议方面的作用。这里的"第三方"可以是本单位的人员，也可以是本单位以外的双方都信任的人员。

协商和解成功后，当事人双方应当签订和解协议。这里应当指出的是，协商这一程序，完全是建立在双方当事人自愿的基础上，任何一方，或者第三方都不得强迫另一方当事人进行协商。如果一方当事人不愿协商、协商不成或者达成和解协议后不履行的，另一方当事人仍然可以向劳动争议调解组织申请调解，或者向劳动争议仲裁机构申请仲裁。

第五条　【劳动争议处理的基本程序】发生劳动争议，当事人不愿协商、协商不成或者达成和解协议后不履行的，可以向调解组织申请调解；不愿调解、调解不成或者达成调解协议后不履行的，可以向劳动争议仲裁委员会申请仲裁；对仲裁裁决不服的，除本法另有规定的外，可以向人民法院提起诉讼。

"一调一裁两审"制度将仲裁作为诉讼的一个前置程序，不经仲裁，当事人不能直接向人民法院提起诉讼。

1. 申请调解。劳动争议的调解，是指在劳动争议调解委员会的主持下，在双方当事人自愿的基础上，通过宣传法律、法规、规章和政策，劝导当事人化解矛盾，自愿就争议事项达成协议，使劳动争议及时得到解决的一种活动。发生劳动争议，当事人不愿协商、协商不成或者达成和解协议后不履行的，可以向劳动调解组织申请调解。

2. 申请仲裁。发生劳动争议，当事人不愿调解、调解不成或者达成调解协议后不履行的，可以向劳动争议仲裁委员会申请仲裁。劳动仲裁，是指劳动争议仲裁机构对劳动争议当事人争议的事项，根据劳动方面的法律、法规、规章和政策的规定,依法作出裁决,从而解决劳动争议的一项劳动法律制度。劳动仲裁不同于《仲裁法》规定的一般经济纠纷的仲裁,二者的不同点在于:(1)申请程序不同。一般经济纠纷的仲裁,要求双方当事人在事先或事后达成仲裁协议,然后才能据此向仲裁机构提出仲裁申请;而劳动争议的仲裁,则不要求当事人事先或事后达成仲裁协议,只要当事人一方提出申请,有关仲裁机构即可受理。(2)仲裁机构设置不同。《仲裁法》规定的仲裁机构,主要在直辖市、省会城市及根据需要在其他设区的市设立;而劳动争议仲裁机构,主要是在省、自治区的市、县设立,或者在直辖市的区、县设立。(3)裁决的效力不同。《仲裁法》规定一般经济纠纷的仲裁,"实行一裁终局制度",即仲裁裁决作出后,当事人就同一纠纷再次申请仲裁或者向人民法院起诉的,仲裁委员会或者人民法院不予受理;劳动争议仲裁,当事人对裁决不服的,除《劳动争议调解仲裁法》规定的几类特殊劳动争议外,可以向人民法院提起诉讼。

3.向人民法院提起诉讼。如果当事人对劳动争议仲裁委员会的仲裁裁决不服,除本法另有规定的外,可以向人民法院提起诉讼。这里的"除本法另有规定的外",是指本法第47条规定的一裁终局的情形。

第六条 【举证责任】发生劳动争议,当事人对自己提出的主张,有责任提供证据。与争议事项有关的证据属于用人单位掌握管理的,用人单位应当提供;用人单位不提供的,应当承担不利后果。

举证责任的基本含义包括以下三层:第一,当事人对自己提出的主张,应当提出证据;第二,当事人对自己提供的证据,应当予以证明,以表明所提供的证据能够证明其主张;第三,若当事人对自己的主张不能提供证据或者提供证据后不能证明自己的主张,将可能导致对自己不利的法律后果。

1."谁主张,谁举证"。我国《民事诉讼法》第67条规定,当事人对自己提出的主张,有责任提供证据。劳动争议发生以后,调解、仲裁作为非诉讼程序,与诉讼活动一样首先应当查清事实真相,对于双方当事人主张的事实辨明真伪,才能进一步解决劳动争议,满足或者保护当事人合理的利益主张。在劳动争议的调解、仲裁阶段,当事人应当像参加诉讼活动一样,积极举证,提供证据证明自己所主张的事实。

2.用人单位的特殊举证责任。举证责任分配的基础是公平原则和当事人提供证据的可能性、现实性。公平原则要求举证责任在原告、被告之间的分配应当符合各自的能力要求,符合权利义务要求,并给予弱者一定的保护。

第七条 【劳动争议处理的代表人制度】发生劳动争议的劳动者一方在十人以上,并有共同请求的,可以推举代表参加调解、仲裁或者诉讼活动。

当事人必须推举他们之中的人做代表,而不能选当事人之外的人。关于劳动者推举出的代表人行为的效力,《劳动争议调解仲裁法》没有明确规定。作为一般的民事活动,推举代表人是当事人的意思表示,因此代表人一旦产生,其参加调解、仲裁、诉讼的行为对其所代表的当事人发生效力。但是在某些方面,代表人的行为对其所代表的当事人是无效的,可以参照《民事诉讼法》第56、57条的规定执行。

第八条 【劳动争议处理的协调劳动关系三方机制】县级以上人民政府劳动行政部门会同工会和企业方面代表建立协调劳动关系三方机制,共同研究解决劳动争议的重大问题。

第九条 【劳动监察】用人单位违反国家规定,拖欠或者未足额支付劳动报酬,或者拖欠工伤医疗费、经济补偿或者赔偿金的,劳动者可以向劳动行政部门投诉,劳动行政部门应当依法处理。

第二章 调 解

第十条 【调解组织】发生劳动争议,当事人可以到下列调解组织申请调解:

(一)企业劳动争议调解委员会;

(二)依法设立的基层人民调解组织;

(三)在乡镇、街道设立的具有劳动争议调解职能的组织。

企业劳动争议调解委员会由职工代表和企业代表组成。职工代表由工会成员担任或者由全体职工推举产生,企业代表由企业负责人指定。企业劳动争议调解委员会主任由工会成员或者双方推举的人员担任。

第十一条 【担任调解员的条件】劳动争议调解组织的调解员应当由公道正派、联系群众、热心调解工作,并具有一定法律知识、政策水平和文化水平的成年公民担任。

第十二条 【调解申请】当事人申请劳动争议调解可以书面申请,也可以口头申请。口头申请的,调解组织应当当场记录申请人基本情况、申请调解的争议事项、理由和时间。

书面申请就是采取书写调解申请书的方式,提出调解申请。本法对调解申请书的内容没有作明确规定,实践中,调解申请书应当包括以下内容:(1)申请人的姓名、住址、身份证件号码以及联系方式;被申请人的名称、地址以及法定代表人或者主要负责人的姓名、职务等。(2)发生争议的事实、申请人的主张和理由等。口头申请调解是一种比较灵活的处理劳动争议的形式。口头申请的,调解组织应当当场记录申请人的基本情况,申请调解的争议事项、理由和时间。由于调解程序有时限要求,根据本法第14条第3款的规定,自劳动争议调解组织收到调解申请之日起15日内未达成调解协议的,当事人可以依法申请仲裁。因此,口头申请需要记录申请时间,作为调解组织收到调解申请的时间依据。

第十三条 【调解方式】调解劳动争议,应当充分听取双方当事人对事实和理由的陈述,耐心疏导,帮助其达成协议。

第十四条 【调解协议】经调解达成协议的,应当制作调解协议书。

调解协议书由双方当事人签名或者盖章,经调解员签名并加盖调解组织印章后生效,对双方当事人具有约束力,当事人应当履行。

自劳动争议调解组织收到调解申请之日起十五日内未达成调解协议的,当事人可以依法申请仲裁。

第十五条 【申请仲裁】达成调解协议后,一方当事人在协议约定期限内不履行调解协议的,另一方当事人可以依法申请仲裁。

第十六条 【支付令】因支付拖欠劳动报酬、工伤医疗费、经济补偿或者赔偿金事项达成调解协议,用人单位在协议约定期限内不履行的,劳动者可以持调解协议书依法向人民法院申请支付令。人民法院应当依法发出支付令。

劳动者申请支付令适用《民事诉讼法》的有关规定。根据《民事诉讼法》的规定,申请支付令的程序是:

1. 向人民法院提交申请书。劳动者向人民法院提交的申请书应当写明请求给付劳动报酬、工伤医疗费、经济补偿或者赔偿金的数额和所根据的事实、证据。由于劳动者申请支付令的前提是达成了调解协议,因此,劳动者一般只需要提供调解协议书即可。

2. 向有管辖权的基层人民法院申请。《民事诉讼法》第24条规定:"因合同纠纷提起的诉讼,由被告住所地或者合同履行地人民法院管辖。"调解协议具有合同的性质,因此,劳动者可以按照《民事诉讼法》第24条的规定确定申请支付令的管辖法院,选择用人单位所在地或者合同履行地基层人民法院管辖。如果两个以上人民法院都有管辖权,根据《民事诉讼法》第36条的规定,劳动者可以向其中一个人民法院申请支付令,劳动者向两个以上有管辖权的人民法院申请支付令的,由最先立案的人民法院管辖。

3. 受理。一般来说,申请支付令属于本法列举的因支付拖欠劳动报酬、工伤医疗费、经济补偿或者赔偿金事项达成调解协议范围的,人民法院都应当受理。

4. 审查和决定。劳动者申请支付令的依据是劳动者与用人单位达成的调解协议，双方权利义务关系比较明确，因此，人民法院只要审查调解协议是否合法就可以了，一般只进行书面审查，不需要询问当事人和开庭审查。如果人民法院经过书面审查，认为调解协议合法，应当在15日内向用人单位发出支付令；如果调解协议不合法，就裁定予以驳回。

5. 清偿或者提出书面异议。支付令发出后，用人单位要么按照支付令的要求向劳动者支付拖欠劳动报酬、工伤医疗费、经济补偿或者赔偿金，要么提出书面异议。如果异议成立，人民法院就会裁定终结督促程序，支付令自行失效。

6. 申请执行。用人单位在收到人民法院发出的支付令之日起15日内不提出书面异议，又不履行支付令的，劳动者可以向人民法院申请执行，人民法院应当按照《民事诉讼法》规定的执行程序强制执行。

第三章 仲　　裁

第一节　一般规定

第十七条　【劳动争议仲裁委员会设立】劳动争议仲裁委员会按照统筹规划、合理布局和适应实际需要的原则设立。省、自治区人民政府可以决定在市、县设立；直辖市人民政府可以决定在区、县设立。直辖市、设区的市也可以设立一个或者若干个劳动争议仲裁委员会。劳动争议仲裁委员会不按行政区划层层设立。

第十八条　【制定仲裁规则及指导劳动争议仲裁工作】国务院劳动行政部门依照本法有关规定制定仲裁规则。省、自治区、直辖市人民政府劳动行政部门对本行政区域的劳动争议仲裁工作进行指导。

第十九条　【劳动争议仲裁委员会组成及职责】劳动争议仲裁委员会由劳动行政部门代表、工会代表和企业方面代表组成。劳动争议仲裁委员会组成人员应当是单数。

劳动争议仲裁委员会依法履行下列职责：

（一）聘任、解聘专职或者兼职仲裁员；

（二）受理劳动争议案件；

（三）讨论重大或者疑难的劳动争议案件；

（四）对仲裁活动进行监督。

劳动争议仲裁委员会下设办事机构，负责办理劳动争议仲裁委员会的日常工作。

第二十条　【仲裁员资格条件】劳动争议仲裁委员会应当设仲裁员名册。

仲裁员应当公道正派并符合下列条件之一：

(一)曾任审判员的;
(二)从事法律研究、教学工作并具有中级以上职称的;
(三)具有法律知识、从事人力资源管理或者工会等专业工作满五年的;
(四)律师执业满三年的。

第二十一条 【仲裁管辖】劳动争议仲裁委员会负责管辖本区域内发生的劳动争议。

劳动争议由劳动合同履行地或者用人单位所在地的劳动争议仲裁委员会管辖。双方当事人分别向劳动合同履行地和用人单位所在地的劳动争议仲裁委员会申请仲裁的,由劳动合同履行地的劳动争议仲裁委员会管辖。

劳动争议仲裁管辖,是指确定各个劳动争议仲裁委员会审理劳动争议案件的分工和权限,明确当事人应当到哪一个劳动争议仲裁委员会申请劳动争议仲裁,由哪一个劳动争议仲裁委员会受理的法律制度。

根据本条第2款的规定,劳动争议由劳动合同履行地或者用人单位所在地的劳动争议仲裁委员会管辖。这里的用人单位所在地一般是指用人单位的注册地,用人单位的注册地与经常营业地不一致的,用人单位所在地指用人单位经常营业地。

我国的劳动争议仲裁实行的是特殊地域管辖,不实行级别管辖或者协定管辖。特殊地域管辖,是指依照当事人之间的某一个特殊的联结点确定的管辖。本法以劳动合同履行地和用人单位所在地作为联结点确定劳动争议仲裁管辖,因此是特殊地域管辖。同时,本法不允许双方当事人协议选择劳动合同履行地或者用人单位所在地以外的其他劳动争议仲裁委员会进行管辖。

劳动争议仲裁不实行级别管辖。在出现管辖权争议时,法律明确规定由劳动合同履行地的劳动争议仲裁委员会管辖。

劳动争议的管辖还存在移送管辖情形。移送管辖,是指劳动争议仲裁委员会将已经受理的无管辖权的劳动争议案件移送给有管辖权的劳动争议仲裁委员会。当劳动争议仲裁委员会发现受理的劳动争议案件不属于本仲裁委员会管辖时,应当及时移送给有管辖权的劳动争议仲裁委员会。

第二十二条 【仲裁案件当事人】发生劳动争议的劳动者和用人单位为劳动争议仲裁案件的双方当事人。

劳务派遣单位或者用工单位与劳动者发生劳动争议的,劳务派遣单位和用工单位为共同当事人。

在认定被申请人资格时应注意以下几个问题:

第一,用人单位发生变更的,应以变更后的用人单位作为被申请人。用人单位与其他用人单位合并的,合并前发生的劳动争议,由合并后的用人单位作为当事人;用人单位分立为若干用人单位的,其分立前发生的劳动争议,由分立后承继其劳动权利和义务的实际用人单位作为当事人。用人单位分立为若干单位后,承继其劳动权利和义务的单位不明确的,分立后的单位均为当事人。

第二,用人单位终止的,应区分情况以用人单位的主管部门、开办单位或者依法成立的清算组作为被申请人。

第三,劳动者在其用人单位与其他平等主体之间的承包经营期间,与发包方和承包方双方或者一方发生劳动争议,发包方和承包方为劳动争议的共同当事人。

当事人申请劳动争议仲裁应当具备以下条件:(1)当事人必须是与申请仲裁的劳动争议有直接利害关系的劳动者或者用人单位;(2)申请仲裁的争议必须是劳动争议;(3)申请仲裁的劳动争议必须属于本法第2条规定的劳动争议仲裁的受案范围;(4)当事人必须向有管辖权的劳动争议仲裁委员会申请仲裁;(5)有明确的被申请人、具体的仲裁请求及事实依据;(6)除非遇到不可抗力或者有其他正当理由,申请仲裁必须在本法规定的时效期限内提出。

第二十三条 【仲裁案件第三人】与劳动争议案件的处理结果有利害关系的第三人,可以申请参加仲裁活动或者由劳动争议仲裁委员会通知其参加仲裁活动。

一般来说,劳动争议必须有申请人和被申请人两方当事人,但在个别情况下,也可能出现第三人参加劳动争议仲裁活动的情形。在第三人参加劳动争议仲裁活动时应注意以下几个方面的问题:(1)第三人与案件处理结果有法律上的利害关系。(2)第三人参加仲裁活动有两种方式,即第三人申请参加仲裁,或者由劳动争议仲裁委员会通知第三人参加仲裁。(3)第三人参加仲裁的时间应在劳动争议仲裁程序开始后且尚未作出仲裁裁决之前。(4)凡是涉及第三人利益的劳动争议仲裁案件,第三人未参加仲裁的,仲裁裁决对其不发生法律效力。(5)参加仲裁活动的第三人,如对仲裁裁决其承担责任不服,可以依法向人民法院提起诉讼。(6)在仲裁中,第三人的具体权利义务主要表现为:①有权了解申请人申诉、被申请人答辩的事实和理由;②有权要求查阅和复制案卷的有关材料,了解仲裁的进展情况;③有权陈述自己的意见,并向劳动争议仲裁委员会递交自己对该争议的意见书;④无权对案件的管辖权提出异议;⑤无权放弃或者变更申请人或者被申请人的仲裁请求;⑥无权撤回仲裁申请等。

另外,根据《劳动合同法》第91条的规定,用人单位招用与其他用人单位尚未解除或者终止劳动合同的劳动者,给其他用人单位造成损失的,应当承担连带赔偿责任。在这种情形下，原用人单位与劳动者发生劳动争议的，可以列新用人单位为第三人。

第二十四条　【委托代理】当事人可以委托代理人参加仲裁活动。委托他人参加仲裁活动，应当向劳动争议仲裁委员会提交有委托人签名或者盖章的委托书，委托书应当载明委托事项和权限。

第二十五条　【法定代理和指定代理】丧失或者部分丧失民事行为能力的劳动者，由其法定代理人代为参加仲裁活动；无法定代理人的，由劳动争议仲裁委员会为其指定代理人。劳动者死亡的，由其近亲属或者代理人参加仲裁活动。

第二十六条　【仲裁公开】劳动争议仲裁公开进行，但当事人协议不公开进行或者涉及国家秘密、商业秘密和个人隐私的除外。

第二节　申请和受理

第二十七条　【仲裁时效】劳动争议申请仲裁的时效期间为一年。仲裁时效期间从当事人知道或者应当知道其权利被侵害之日起计算。

前款规定的仲裁时效，因当事人一方向对方当事人主张权利，或者向有关部门请求权利救济，或者对方当事人同意履行义务而中断。从中断时起，仲裁时效期间重新计算。

因不可抗力或者有其他正当理由，当事人不能在本条第一款规定的仲裁时效期间申请仲裁的，仲裁时效中止。从中止时效的原因消除之日起，仲裁时效期间继续计算。

劳动关系存续期间因拖欠劳动报酬发生争议的，劳动者申请仲裁不受本条第一款规定的仲裁时效期间的限制；但是，劳动关系终止的，应当自劳动关系终止之日起一年内提出。

仲裁时效中断的法定事由有三种情形：(1)向对方当事人主张权利。例如，劳动者向用人单位讨要被拖欠的工资或者经济补偿。(2)向有关部门请求权利救济。例如，劳动者向劳动监察部门或者工会反映用人单位违法要求加班，请求保护休息权利；又如，劳动者或用人单位向劳动争议调解组织申请调解。(3)对方当事人同意履行义务。例如，劳动者向用人单位讨要被拖欠的工资，用人单位同意支付。需要注意的是，认定时效是否中断，需要由请求确认仲裁时效中断的一方当事人提供有上述三种情形之一的证据。因此，需要当事人有证据意识，注意保留和收集证据。

仲裁时效的中止，是指在仲裁时效进行中的某一阶段，因发生法定事由致使权利人不能行使请求权,暂停计算仲裁时效,待阻碍时效进行的事由消除后,继续进行仲裁时效期间的计算。仲裁时效的中止是因权利人不能行使请求权而发生,因而发生仲裁时效中止的事由应是阻碍权利人行使权利的客观事实及无法预知的客观障碍。在发生仲裁时效中止时,已经进行的诉讼时效仍然有效,而仲裁时效中止的时间不计入仲裁时效期间。也就是说,将仲裁时效中止前后仲裁时效进行的时间合并计算仲裁时效期间。

第二十八条 【仲裁申请】申请人申请仲裁应当提交书面仲裁申请,并按照被申请人人数提交副本。

仲裁申请书应当载明下列事项:

(一)劳动者的姓名、性别、年龄、职业、工作单位和住所,用人单位的名称、住所和法定代表人或者主要负责人的姓名、职务;

(二)仲裁请求和所根据的事实、理由;

(三)证据和证据来源、证人姓名和住所。

书写仲裁申请确有困难的,可以口头申请,由劳动争议仲裁委员会记入笔录,并告知对方当事人。

第二十九条 【仲裁申请的受理和不予受理】劳动争议仲裁委员会收到仲裁申请之日起五日内,认为符合受理条件的,应当受理,并通知申请人;认为不符合受理条件的,应当书面通知申请人不予受理,并说明理由。对劳动争议仲裁委员会不予受理或者逾期未作出决定的,申请人可以就该劳动争议事项向人民法院提起诉讼。

第三十条 【仲裁申请送达与仲裁答辩书的提供】劳动争议仲裁委员会受理仲裁申请后,应当在五日内将仲裁申请书副本送达被申请人。

被申请人收到仲裁申请书副本后,应当在十日内向劳动争议仲裁委员会提交答辩书。劳动争议仲裁委员会收到答辩书后,应当在五日内将答辩书副本送达申请人。被申请人未提交答辩书的,不影响仲裁程序的进行。

第三节 开庭和裁决

第三十一条 【仲裁庭组成】劳动争议仲裁委员会裁决劳动争议案件实行仲裁庭制。仲裁庭由三名仲裁员组成,设首席仲裁员。简单劳动争议案件可以由一名仲裁员独任仲裁。

第三十二条 【书面通知仲裁庭组成情况】劳动争议仲裁委员会应当在受理仲裁申请之日起五日内将仲裁庭的组成情况书面通知当事人。

第三十三条 【仲裁员回避】仲裁员有下列情形之一,应当回避,当事人也有权以口头或者书面方式提出回避申请：

（一）是本案当事人或者当事人、代理人的近亲属的；

（二）与本案有利害关系的；

（三）与本案当事人、代理人有其他关系，可能影响公正裁决的；

（四）私自会见当事人、代理人，或者接受当事人、代理人的请客送礼的。

劳动争议仲裁委员会对回避申请应当及时作出决定，并以口头或者书面方式通知当事人。

第三十四条 【仲裁员的法律责任】仲裁员有本法第三十三条第四项规定情形，或者有索贿受贿、徇私舞弊、枉法裁决行为的，应当依法承担法律责任。劳动争议仲裁委员会应当将其解聘。

第三十五条 【开庭通知与延期开庭】仲裁庭应当在开庭五日前，将开庭日期、地点书面通知双方当事人。当事人有正当理由的，可以在开庭三日前请求延期开庭。是否延期，由劳动争议仲裁委员会决定。

延期开庭，是指在仲裁庭通知当事人开庭审理日期后且开庭3日前，由于出现法定事由，导致仲裁审理程序无法按期进行的，当事人提出延期审理的请求，经仲裁委员会同意，将仲裁审理推延到另一日期进行的行为。延期开庭由当事人提出请求后，仲裁庭作出决定，这里的当事人指双方当事人，既可以是申请人，也可以是被申请人。

《民事诉讼法》第149条规定："有下列情形之一的，可以延期开庭审理：（一）必须到庭的当事人和其他诉讼参与人有正当理由没有到庭的；（二）当事人临时提出回避申请的；（三）需要通知新的证人到庭，调取新的证据，重新鉴定、勘验，或者需要补充调查的；（四）其他应当延期的情形。"正当理由主要包括以下几种情形：(1)当事人由于不可抗力的事由或其他特殊情况不能到庭的，如当事人患重大疾病或遭受其他身体伤害影响其行使权利的。(2)当事人在仲裁审理中临时提出回避申请的。申请回避是当事人的一项重要权利，一般来说当事人应当在知道仲裁庭成员名单后开庭之前提出回避申请。但是，当事人事先并不知道仲裁员存在应当回避的情形，或者当事人可以申请回避的情形，如仲裁员接受另一方当事人的贿赂等，发生在仲裁审理过程中的，当事人仍有权提出回避申请。(3)需要调取新的证据进行重新鉴定、勘验的。实践中，劳动争议仲裁委员会应当参照有关法律、法规的规定，结合实际情况，判断当事人的申请是否有正当理由。

第三十六条 【视为撤回仲裁申请和缺席裁决】申请人收到书面通知，无正当理由拒不到庭或者未经仲裁庭同意中途退庭的，可以视为撤回仲裁申请。

被申请人收到书面通知，无正当理由拒不到庭或者未经仲裁庭同意中途退庭的，可以缺席裁决。

视为撤回仲裁申请，是指劳动争议仲裁的申请人虽然未主动提出撤回仲裁的申请，但是，申请人出现法律规定的情形用行动已经表明其不愿意继续进行仲裁的，可以按照申请人撤回仲裁申请处理，从而终结劳动争议案件的仲裁。这里需要注意的是，申请人必须收到书面的开庭通知，无正当理由拒不到庭，或者申请人未经仲裁庭同意中途退庭的，才可视为撤回仲裁申请。否则，可能导致延期开庭，而不是视为撤回仲裁申请。

缺席裁决，是指只有申请人到庭参与仲裁审理时，仲裁庭仅就到庭人的申请进行调查，审查核实证据，听取意见，并对未到庭的被申请人提供的书面资料进行审查后，即作出仲裁裁决的仲裁活动。同样需要注意的是，被申请人必须是经仲裁庭书面通知，无正当理由拒不到庭或者未经仲裁庭同意中途退庭的，才可以进行缺席裁决，否则也可能导致延期开庭。

第三十七条 【鉴定】仲裁庭对专门性问题认为需要鉴定的，可以交由当事人约定的鉴定机构鉴定；当事人没有约定或者无法达成约定的，由仲裁庭指定的鉴定机构鉴定。

根据当事人的请求或者仲裁庭的要求，鉴定机构应当派鉴定人参加开庭。当事人经仲裁庭许可，可以向鉴定人提问。

第三十八条 【质证、辩论、陈述最后意见】当事人在仲裁过程中有权进行质证和辩论。质证和辩论终结时，首席仲裁员或者独任仲裁员应当征询当事人的最后意见。

第三十九条 【证据及举证责任】当事人提供的证据经查证属实的，仲裁庭应当将其作为认定事实的根据。

劳动者无法提供由用人单位掌握管理的与仲裁请求有关的证据，仲裁庭可以要求用人单位在指定期限内提供。用人单位在指定期限内不提供的，应当承担不利后果。

第四十条 【仲裁庭审笔录】仲裁庭应当将开庭情况记入笔录。当事人和其他仲裁参加人认为对自己陈述的记录有遗漏或者差错的，有权申请补正。如果不予补正，应当记录该申请。

笔录由仲裁员、记录人员、当事人和其他仲裁参加人签名或者盖章。

第四十一条 【当事人自行和解】当事人申请劳动争议仲裁后，可以自行和解。达成和解协议的，可以撤回仲裁申请。

劳动争议仲裁当事人自行和解，是指在劳动争议案件中，一方当事人申请劳动争议仲裁后,当事人之间通过协商就已经提交仲裁的劳动争议自行达成解决方案的行为。当事人申请劳动争议仲裁庭根据和解协议制作调解书的,仲裁庭在对和解协议依法进行审查,确认意思真实、合法有效后,可以根据和解协议制作调解书。仲裁庭对和解协议审查确认后制作的调解书,应当由仲裁员签名,并加盖劳动争议仲裁委员会的印章。调解书应当写明仲裁请求和当事人协议的结果。

当事人撤回仲裁申请后,如果一方当事人逾期不履行和解协议,另一方当事人可以向劳动争议仲裁机构重新申请仲裁。由于和解协议不具有强制执行力,因此当事人不能直接向人民法院申请强制执行。但是,仲裁庭根据当事人的申请,对和解协议进行审查确认后制作的调解书具有强制执行力,一方当事人逾期不履行的,另一方当事人可以依照《民事诉讼法》的有关规定直接向人民法院申请强制执行。

第四十二条 【仲裁庭调解】仲裁庭在作出裁决前,应当先行调解。

调解达成协议的,仲裁庭应当制作调解书。

调解书应当写明仲裁请求和当事人协议的结果。调解书由仲裁员签名,加盖劳动争议仲裁委员会印章,送达双方当事人。调解书经双方当事人签收后,发生法律效力。

调解不成或者调解书送达前,一方当事人反悔的,仲裁庭应当及时作出裁决。

调解书,是指仲裁庭制作的对当事人劳动争议进行调解的过程和结果进行记载的具有约束力的法律文书,是经双方当事人协商并经仲裁庭批准的协议。与裁决书一经作出就发生法律效力不同,调解书不是作出后马上生效,而是要由双方当事人签收后才生效。

调解书的法律效力主要表现在:(1)使仲裁程序终结。调解书一经生效,仲裁程序即告结束,仲裁机构不再对该案进行审理。这是调解书在程序上的法律后果。(2)纠纷当事人的权利义务关系被确定。这是调解书在实体上的法律后果。(3)任何机关或组织都要受调解书约束。也就是说,对于仲裁机构出具了调解书的争议,任何机关或组织都不得再作处理。

调解不成或调解书送达前一方当事人反悔的,仲裁庭应及时作出裁决。这是因为达成调解协议的过程就是仲裁庭的审理过程,制作调解书就意味着仲裁庭的审理已经完毕。若当事人拒绝签收调解书,仲裁庭没有必要再经过仲裁程序重复已经完成的审理,直接裁决即可。因当事人拒绝签收调解书而使调解无效时,仲裁庭可以直接作出裁决,以免久调不决,使当事人的权利义务关系长期处于不确定状态。

第四十三条 【仲裁审理时限及先行裁决】仲裁庭裁决劳动争议案件,应当自劳动争议仲裁委员会受理仲裁申请之日起四十五日内结束。案情复杂需要延期的,经劳动争议仲裁委员会主任批准,可以延期并书面通知当事人,但是延长期限不得超过十五日。逾期未作出仲裁裁决的,当事人可以就该劳动争议事项向人民法院提起诉讼。

仲裁庭裁决劳动争议案件时,其中一部分事实已经清楚,可以就该部分先行裁决。

第四十四条 【先予执行】仲裁庭对追索劳动报酬、工伤医疗费、经济补偿或者赔偿金的案件,根据当事人的申请,可以裁决先予执行,移送人民法院执行。

仲裁庭裁决先予执行的,应当符合下列条件:

(一)当事人之间权利义务关系明确;

(二)不先予执行将严重影响申请人的生活。

劳动者申请先予执行的,可以不提供担保。

先予执行的着眼点是满足申请人的迫切需要。仲裁庭审理劳动争议案件,从受理到作出仲裁裁决,从裁决生效到当事人主动履行或强制执行需要一个过程。在这段时间里,个别劳动者可能因为经济困难,难以维持正常的生活或者生产经营活动。先予执行制度就是为了解决当事人的燃眉之急,在最终裁决前由仲裁庭裁决被申请人先给付申请人一定数额的款项或者财物,以维持原告正常的生活或者生产。

《民事诉讼法》第109条规定:"人民法院对下列案件,根据当事人的申请,可以裁定先予执行:(一)追索赡养费、扶养费、抚育费、抚恤金、医疗费用的;(二)追索劳动报酬的;(三)因情况紧急需要先予执行的。"追索劳动报酬案件被列入可以裁定先予执行的案件之中,可见先予执行制度在处理劳动争议程序中的必要性。

本法所规定的先予执行,有以下几点需要注意:(1)仅对特定类型案件可以申请先予执行。这些特定类型案件,是指追索劳动报酬、工伤医疗费、经济补偿或者赔偿金的案件。其他类型的案件不适用先予执行。(2)必须根据当事人的申请。只有当事人进行了申请,仲裁庭才能作出先予执行的裁决。如果当事人不申请,仲裁庭不能主动作出先予执行的裁决。

一般来说,在劳动争议仲裁案件中,劳动者生活会面临暂时性困难,这时候再让劳动者提供担保对其来说无异于雪上加霜,考虑到这种实际情况,本条规定:"劳动者申请先予执行的,可以不提供担保。"

第四十五条 【作出裁决】裁决应当按照多数仲裁员的意见作出,少数仲裁员的不同意见应当记入笔录。仲裁庭不能形成多数意见时,裁决应当按照首席仲裁员的意见作出。

第四十六条 【裁决书】裁决书应当载明仲裁请求、争议事实、裁决理由、裁决结果和裁决日期。裁决书由仲裁员签名,加盖劳动争议仲裁委员会印章。对裁决持不同意见的仲裁员,可以签名,也可以不签名。

第四十七条 【终局裁决】下列劳动争议,除本法另有规定的外,仲裁裁决为终局裁决,裁决书自作出之日起发生法律效力:

(一)追索劳动报酬、工伤医疗费、经济补偿或者赔偿金,不超过当地月最低工资标准十二个月金额的争议;

(二)因执行国家的劳动标准在工作时间、休息休假、社会保险等方面发生的争议。

适用一裁终局的劳动争议仲裁案件有两类:一是小额仲裁案件;二是标准明确的仲裁案件。这两类案件在全部劳动争议案件总数中所占比例较大,因此,一裁终局可以解决多数劳动争议案件处理周期长的问题。

1.小额仲裁案件。小额仲裁案件包括以下几种:(1)追索劳动报酬的案件。劳动报酬,是指劳动者从用人单位得到的全部工资收入。这类案件具有案件频发、涉及人数众多、社会影响大等特点,因此能否及时高效地解决这类案件直接关系到社会的和谐稳定。(2)追索工伤医疗费的案件。工伤医疗费是工伤保险待遇的一项,主要包括以下内容:①工伤职工治疗工伤或者治疗职业病所需的挂号费、住院费、医疗费、药费、就医路费全额报销。②工伤职工需要住院治疗的,按照当地因公出差伙食补助标准的2/3发给住院伙食补助费;经批准转外地治疗的,所需交通、食宿费用按照本企业职工因公出差标准报销。(3)追索经济补偿的案件。参见《劳动合同法》第46、47条。(4)追索赔偿金的案件。参见《劳动合同法》第48、83、85、87条。

2.标准明确的仲裁案件。国家劳动标准,是指国家对劳动领域内规律性出现的事物或行为进行规范,以定量或定性形式所作出的统一规定。我国对劳动标准建设一直相当重视,形成了以《劳动法》为核心的劳动标准体系,基本涵盖了劳动领域的主要方面。国家劳动标准包括工作时间、休息休假、社会保险等方面。国家劳动标准具有以下特点:(1)通过规范性文件加以规定。(2)标准明确。往往用定量的方式对国家劳动标准加以规定。(3)适用范围广泛。国家劳动标准涵盖了劳动领域的主要方面。

第四十八条 【劳动者提起诉讼】劳动者对本法第四十七条规定的仲裁裁决不服的,可以自收到仲裁裁决书之日起十五日内向人民法院提起诉讼。

理解本条,应注意以下几个方面:(1)诉讼申请人只能是劳动者,用人单位不能直接提起诉讼。(2)本条对劳动者提起诉讼没有法定条件的限制,只规定了劳动者对本法第47条规定的仲裁裁决不服的,就可以提起诉讼。劳动者对诉与不诉有选择权。劳动者认为仲裁裁决对其有利,可以选择仲裁生效;劳动者认为仲裁裁决对其不利,可以继续提起诉讼。(3)本条规定的诉讼期间是自收到仲裁裁决书之日起15日内。(4)劳动者期满不起诉的,视为放弃诉权,裁决书对劳动者发生法律效力。

第四十九条 【用人单位申请撤销终局裁决】用人单位有证据证明本法第四十七条规定的仲裁裁决有下列情形之一,可以自收到仲裁裁决书之日起三十日内向劳动争议仲裁委员会所在地的中级人民法院申请撤销裁决:

(一)适用法律、法规确有错误的;

(二)劳动争议仲裁委员会无管辖权的;

(三)违反法定程序的;

(四)裁决所根据的证据是伪造的;

(五)对方当事人隐瞒了足以影响公正裁决的证据的;

(六)仲裁员在仲裁该案时有索贿受贿、徇私舞弊、枉法裁决行为的。

人民法院经组成合议庭审查核实裁决有前款规定情形之一的,应当裁定撤销。

仲裁裁决被人民法院裁定撤销的,当事人可以自收到裁定书之日起十五日内就该劳动争议事项向人民法院提起诉讼。

一裁终局的裁决发生法律效力后,用人单位不得就同一争议事项再次向仲裁委员会申请仲裁或向人民法院起诉。为了保护用人单位的救济权利,本条规定用人单位可以向人民法院申请撤销仲裁裁决。

申请撤销仲裁裁决的情形如下:

1.适用法律、法规确有错误的。主要是指:(1)适用已失效或尚未生效的法律、法规的;(2)援引法条错误的;(3)违反法律关于溯及力规定的。

2.劳动争议仲裁委员会无管辖权的。本法第21条规定,劳动争议仲裁委员会负责管辖本区域内发生的劳动争议。劳动争议由劳动合同履行地或者用人单位所在地的劳动争议仲裁委员会管辖。双方当事人分别向劳动合同履行地和用人单位所在地的劳动争议仲裁委员会申请仲裁的,由劳动合同履行地的劳动争议仲裁委员会管辖。

3.违反法定程序的。主要是指:(1)仲裁庭的组成不合法的;(2)违反了有关回避规定的;(3)违反了有关期间规定的;(4)审理程序违法的,等等。

4.裁决所根据的证据是伪造的。伪造证据,是指制造虚假的证据,对证据内容进行篡改,使其与真实情况不符。例如,制造虚假的书证、物证、鉴定意见等。

5.对方当事人隐瞒了足以影响公正裁决的证据的。足以影响公正裁决的证据包括证明案件基本事实的证据、证明主体之间权利义务关系的证据等。

6.仲裁员在仲裁该案时有索贿受贿、徇私舞弊、枉法裁决行为的。索贿是受贿人以公开或暗示的方法,主动向行贿人索取贿赂,有的甚至公然以要挟的方式迫使当事人行贿。受贿,是指仲裁员利用职务上的便利,收受他人财物并为他人谋取利益的行为。徇私舞弊,是指仲裁员利用职务上的便利为他人谋取利益。枉法裁决,是指依法承担仲裁职责的人员,在仲裁活动中故意违背事实和法律作枉法裁决。

第五十条 【不服仲裁裁决提起诉讼】当事人对本法第四十七条规定以外的其他劳动争议案件的仲裁裁决不服,可以自收到仲裁裁决书之日起十五日内向人民法院提起诉讼;期满不起诉的,裁决书发生法律效力。

对一裁终局以外的其他劳动争议,当事人不愿协商、协商不成或者达成和解协议后不履行的,可以向调解组织申请调解;不愿调解、调解不成或者达成调解协议后不履行的,可以向劳动争议仲裁委员会申请仲裁;对仲裁裁决不服的,可以向人民法院提起诉讼。也就是说,对一裁终局以外的其他劳动争议,采用"一调一裁两审,仲裁前置"的模式。

仲裁裁决作出后,当事人对仲裁裁决不服的,可以自收到裁决书之日起15日内向人民法院提起诉讼;期满不起诉的,裁决书发生法律效力。裁决书发生法律效力后的法律后果表现在两个方面:(1)裁决书具有既判力。裁决书发生法律效力后,当事人不能就同一争议事项再向人民法院起诉,也不能再申请仲裁机构仲裁。(2)裁决书具有执行力。当事人对发生法律效力的裁决书,应当依照规定的期限履行。一方当事人逾期不履行的,另一方当事人可以依照《民事诉讼法》的有关规定向人民法院申请执行。

第五十一条 【生效调解书、裁决书的执行】当事人对发生法律效力的调解书、裁决书,应当依照规定的期限履行。一方当事人逾期不履行的,另一方当事人可以依照民事诉讼法的有关规定向人民法院申请执行。受理申请的人民法院应当依法执行。

第四章　附　　则

第五十二条　【事业单位劳动争议的处理】事业单位实行聘用制的工作人员与本单位发生劳动争议的,依照本法执行;法律、行政法规或者国务院另有规定的,依照其规定。

第五十三条　【仲裁不收费】劳动争议仲裁不收费。劳动争议仲裁委员会的经费由财政予以保障。

第五十四条　【施行日期】本法自2008年5月1日起施行。

关于劳动人事争议仲裁与诉讼衔接有关问题的意见(一)

(2022年2月21日　人社部发〔2022〕9号)

各省、自治区、直辖市人力资源社会保障厅(局)、高级人民法院,解放军军事法院,新疆生产建设兵团人力资源社会保障局、新疆维吾尔自治区高级人民法院生产建设兵团分院:

为贯彻党中央关于健全社会矛盾纠纷多元预防调处化解综合机制的要求,落实《人力资源社会保障部最高人民法院关于加强劳动人事争议仲裁与诉讼衔接机制建设的意见》(人社部发〔2017〕70号),根据相关法律规定,结合工作实践,现就完善劳动人事争议仲裁与诉讼衔接有关问题,提出如下意见。

一、劳动人事争议仲裁委员会对调解协议仲裁审查申请不予受理或者经仲裁审查决定不予制作调解书的,当事人可依法就协议内容中属于劳动人事争议仲裁受理范围的事项申请仲裁。当事人直接向人民法院提起诉讼的,人民法院不予受理,但下列情形除外:

(一)依据《中华人民共和国劳动争议调解仲裁法》第十六条规定申请支付令被人民法院裁定终结督促程序后,劳动者依据调解协议直接提起诉讼的;

(二)当事人在《中华人民共和国劳动争议调解仲裁法》第十条规定的调解组织主持下仅就劳动报酬争议达成调解协议,用人单位不履行调解协议约定的给付义务,劳动者直接提起诉讼的;

(三)当事人在经依法设立的调解组织主持下就支付拖欠劳动报酬、工伤医疗费、经济补偿或者赔偿金事项达成调解协议,双方当事人依据《中华人民共和国民事诉讼法》第二百零一条的规定共同向人民法院申请司法确认,人民法院不予确认,劳动者依据调解协议直接提起诉讼的。

二、经依法设立的调解组织调解达成的调解协议生效后,当事人可以共同向有管辖权的人民法院申请确认调解协议效力。

三、用人单位根依据《中华人民共和国劳动合同法》第九十条规定,要求劳动者承担赔偿责任的,劳动人事争议仲裁委员会应当依法受理。

四、申请人撤回仲裁申请后向人民法院起诉的,人民法院应当裁定不予受理;已经受理的,应当裁定驳回起诉。

申请人再次申请仲裁的,劳动人事争议仲裁委员会应当受理。

五、劳动者请求用人单位支付违法解除或者终止劳动合同赔偿金,劳动人事争议仲裁委员会、人民法院经审查认为用人单位系合法解除劳动合同应当支付经济补偿的,可以依法裁决或者判决用人单位支付经济补偿。

劳动者基于同一事实在仲裁辩论终结前或者人民法院一审辩论终结前将仲裁请求、诉讼请求由要求用人单位支付经济补偿变更为支付赔偿金的,劳动人事争议仲裁委员会、人民法院应予准许。

六、当事人在仲裁程序中认可的证据,经审判人员在庭审中说明后,视为质证过的证据。

七、依法负有举证责任的当事人,在诉讼期间提交仲裁中未提交的证据的,人民法院应当要求其说明理由。

八、在仲裁或者诉讼程序中,一方当事人陈述的于己不利的事实,或者对己不利的事实明确表示承认的,另一方当事人无需举证证明,但下列情形不适用有关自认的规定:

(一)涉及可能损害国家利益、社会公共利益的;

(二)涉及身份关系的;

(三)当事人有恶意串通损害他人合法权益可能的;

(四)涉及依职权追加当事人、中止仲裁或者诉讼、终结仲裁或者诉讼、回避等程序性事项的。

当事人自认的事实与已经查明的事实不符的,劳动人事争议仲裁委员会、人民法院不予确认。

九、当事人在诉讼程序中否认在仲裁程序中自认事实的,人民法院不予支持,但下列情形除外:

(一)经对方当事人同意的;

(二)自认是在受胁迫或者重大误解情况下作出的。

十、仲裁裁决涉及下列事项,对单项裁决金额不超过当地月最低工资标准十二个月金额的,劳动人事争议仲裁委员会应当适用终局裁决:
（一）劳动者在法定标准工作时间内提供正常劳动的工资;
（二）停工留薪期工资或者病假工资;
（三）用人单位未提前通知劳动者解除劳动合同的一个月工资;
（四）工伤医疗费;
（五）竞业限制的经济补偿;
（六）解除或者终止劳动合同的经济补偿;
（七）《中华人民共和国劳动合同法》第八十二条规定的第二倍工资;
（八）违法约定试用期的赔偿金;
（九）违法解除或者终止劳动合同的赔偿金;
（十）其他劳动报酬、经济补偿或者赔偿金。

十一、裁决事项涉及确认劳动关系的,劳动人事争议仲裁委员会就同一案件应当作出非终局裁决。

十二、劳动人事争议仲裁委员会按照《劳动人事争议仲裁办案规则》第五十条第四款规定对不涉及确认劳动关系的案件分别作出终局裁决和非终局裁决,劳动者对终局裁决向基层人民法院提起诉讼、用人单位向中级人民法院申请撤销终局裁决、劳动者或者用人单位对非终局裁决向基层人民法院提起诉讼的,有管辖权的人民法院应当依法受理。

审理申请撤销终局裁决案件的中级人民法院认为该案件必须以非终局裁决案件的审理结果为依据,另案尚未审结的,可以中止诉讼。

十三、劳动者不服终局裁决向基层人民法院提起诉讼,中级人民法院对用人单位撤销终局裁决的申请不予受理或者裁定驳回申请,用人单位主张终局裁决存在《中华人民共和国劳动争议调解仲裁法》第四十九条第一款规定情形的,基层人民法院应当一并审理。

十四、用人单位申请撤销终局裁决,当事人对部分终局裁决事项达成调解协议的,中级人民法院可以对达成调解协议的事项出具调解书;对未达成调解协议的事项进行审理,作出驳回申请或者撤销仲裁裁决的裁定。

十五、当事人就部分裁决事项向人民法院提起诉讼的,仲裁裁决不发生法律效力。当事人提起诉讼的裁决事项属于人民法院受理的案件范围的,人民法院应当进行审理。当事人未提起诉讼的裁决事项属于人民法院受理的案件范围的,人民法院应当在判决主文中予以确认。

十六、人民法院根据案件事实对劳动关系是否存在及相关合同效力的认定与当事人主张、劳动人事争议仲裁委员会裁决不一致的,人民法院应当将法律关系性质或者民事行为效力作为焦点问题进行审理,但法律关系性质对裁判理由及结果没有影响,或者有关问题已经当事人充分辩论的除外。

当事人根据法庭审理情况变更诉讼请求的,人民法院应当准许并可以根据案件的具体情况重新指定举证期限。

不存在劳动关系且当事人未变更诉讼请求的,人民法院应当判决驳回诉讼请求。

十七、对符合简易处理情形的案件,劳动人事争议仲裁委员会按照《劳动人事争议仲裁办案规则》第六十条规定,已经保障当事人陈述意见的权利,根据案件情况确定举证期限、开庭日期、审理程序、文书制作等事项,作出终局裁决,用人单位以违反法定程序为由申请撤销终局裁决的,人民法院不予支持。

十八、劳动人事争议仲裁委员会认为已经生效的仲裁处理结果确有错误,可以依法启动仲裁监督程序,但当事人提起诉讼,人民法院已经受理的除外。

劳动人事争议仲裁委员会重新作出处理结果后,当事人依法提起诉讼的,人民法院应当受理。

十九、用人单位因劳动者违反诚信原则,提供虚假学历证书、个人履历等与订立劳动合同直接相关的基本情况构成欺诈解除劳动合同,劳动者主张解除劳动合同经济补偿或者赔偿金的,劳动人事争议仲裁委员会、人民法院不予支持。

二十、用人单位自用工之日起满一年未与劳动者订立书面劳动合同,视为自用工之日起满一年的当日已经与劳动者订立无固定期限劳动合同。

存在前款情形,劳动者以用人单位未订立书面劳动合同为由要求用人单位支付自用工之日起满一年之后的第二倍工资的,劳动人事争议仲裁委员会、人民法院不予支持。

二十一、当事人在劳动合同或者保密协议中约定了竞业限制和经济补偿,劳动合同解除或者终止后,因用人单位的原因导致三个月未支付经济补偿,劳动者请求解除竞业限制约定的,劳动人事争议仲裁委员会、人民法院应予支持。

3. 诉　　讼

最高人民法院关于审理劳动争议案件适用法律问题的解释(一)

(2020年12月25日最高人民法院审判委员会第1825次会议通过　2020年12月29日公布　法释〔2020〕26号　自2021年1月1日起施行)

为正确审理劳动争议案件,根据《中华人民共和国民法典》《中华人民共和国劳动法》《中华人民共和国劳动合同法》《中华人民共和国劳动争议调解仲裁法》《中华人民共和国民事诉讼法》等相关法律规定,结合审判实践,制定本解释。

第一条　劳动者与用人单位之间发生的下列纠纷,属于劳动争议,当事人不服劳动争议仲裁机构作出的裁决,依法提起诉讼的,人民法院应予受理:

(一)劳动者与用人单位在履行劳动合同过程中发生的纠纷;

(二)劳动者与用人单位之间没有订立书面劳动合同,但已形成劳动关系后发生的纠纷;

(三)劳动者与用人单位因劳动关系是否已经解除或者终止,以及应否支付解除或者终止劳动关系经济补偿金发生的纠纷;

(四)劳动者与用人单位解除或者终止劳动关系后,请求用人单位返还其收取的劳动合同定金、保证金、抵押金、抵押物发生的纠纷,或者办理劳动者的人事档案、社会保险关系等移转手续发生的纠纷;

(五)劳动者以用人单位未为其办理社会保险手续,且社会保险经办机构不能补办导致其无法享受社会保险待遇为由,要求用人单位赔偿损失发生的纠纷;

(六)劳动者退休后,与尚未参加社会保险统筹的原用人单位因追索养老金、医疗费、工伤保险待遇和其他社会保险待遇而发生的纠纷;

(七)劳动者因为工伤、职业病,请求用人单位依法给予工伤保险待遇发生

的纠纷;

(八)劳动者依据劳动合同法第八十五条规定,要求用人单位支付加付赔偿金发生的纠纷;

(九)因企业自主进行改制发生的纠纷。

第二条 下列纠纷不属于劳动争议:

(一)劳动者请求社会保险经办机构发放社会保险金的纠纷;

(二)劳动者与用人单位因住房制度改革产生的公有住房转让纠纷;

(三)劳动者对劳动能力鉴定委员会的伤残等级鉴定结论或者对职业病诊断鉴定委员会的职业病诊断鉴定结论的异议纠纷;

(四)家庭或者个人与家政服务人员之间的纠纷;

(五)个体工匠与帮工、学徒之间的纠纷;

(六)农村承包经营户与受雇人之间的纠纷。

第三条 劳动争议案件由用人单位所在地或者劳动合同履行地的基层人民法院管辖。

劳动合同履行地不明确的,由用人单位所在地的基层人民法院管辖。

法律另有规定的,依照其规定。

第四条 劳动者与用人单位均不服劳动争议仲裁机构的同一裁决,向同一人民法院起诉的,人民法院应当并案审理,双方当事人互为原告和被告,对双方的诉讼请求,人民法院应当一并作出裁决。在诉讼过程中,一方当事人撤诉的,人民法院应当根据另一方当事人的诉讼请求继续审理。双方当事人就同一仲裁裁决分别向有管辖权的人民法院起诉的,后受理的人民法院应当将案件移送给先受理的人民法院。

第五条 劳动争议仲裁机构以无管辖权为由对劳动争议案件不予受理,当事人提起诉讼的,人民法院按照以下情形分别处理:

(一)经审查认为该劳动争议仲裁机构对案件确无管辖权的,应当告知当事人向有管辖权的劳动争议仲裁机构申请仲裁;

(二)经审查认为该劳动争议仲裁机构有管辖权的,应当告知当事人申请仲裁,并将审查意见书面通知该劳动争议仲裁机构;劳动争议仲裁机构仍不受理,当事人就该劳动争议事项提起诉讼的,人民法院应予受理。

第六条 劳动争议仲裁机构以当事人申请仲裁的事项不属于劳动争议为由,作出不予受理的书面裁决、决定或者通知,当事人不服依法提起诉讼的,人民法院应当分别情况予以处理:

(一)属于劳动争议案件的,应当受理;

（二）虽不属于劳动争议案件，但属于人民法院主管的其他案件，应当依法受理。

第七条 劳动争议仲裁机构以申请仲裁的主体不适格为由，作出不予受理的书面裁决、决定或者通知，当事人不服依法提起诉讼，经审查确属主体不适格的，人民法院不予受理；已经受理的，裁定驳回起诉。

第八条 劳动争议仲裁机构为纠正原仲裁裁决错误重新作出裁决，当事人不服依法提起诉讼的，人民法院应当受理。

第九条 劳动争议仲裁机构仲裁的事项不属于人民法院受理的案件范围，当事人不服依法提起诉讼的，人民法院不予受理；已经受理的，裁定驳回起诉。

第十条 当事人不服劳动争议仲裁机构作出的预先支付劳动者劳动报酬、工伤医疗费、经济补偿或者赔偿金的裁决，依法提起诉讼的，人民法院不予受理。

用人单位不履行上述裁决中的给付义务，劳动者依法申请强制执行的，人民法院应予受理。

第十一条 劳动争议仲裁机构作出的调解书已经发生法律效力，一方当事人反悔提起诉讼的，人民法院不予受理；已经受理的，裁定驳回起诉。

第十二条 劳动争议仲裁机构逾期未作出受理决定或仲裁裁决，当事人直接提起诉讼的，人民法院应受理，但申请仲裁的案件存在下列事由的除外：

（一）移送管辖的；

（二）正在送达或者送达延误的；

（三）等待另案诉讼结果、评残结论的；

（四）正在等待劳动争议仲裁机构开庭的；

（五）启动鉴定程序或者委托其他部门调查取证的；

（六）其他正当事由。

当事人以劳动争议仲裁机构逾期未作出仲裁裁决为由提起诉讼的，应当提交该仲裁机构出具的受理通知书或者其他已接受仲裁申请的凭证、证明。

第十三条 劳动者依据劳动合同法第三十条第二款和调解仲裁法第十六条规定向人民法院申请支付令，符合民事诉讼法第十七章督促程序规定的，人民法院应予受理。

依据劳动合同法第三十条第二款规定申请支付令被人民法院裁定终结督促程序后，劳动者就劳动争议事项直接提起诉讼的，人民法院应当告知其先向劳动争议仲裁机构申请仲裁。

依据调解仲裁法第十六条规定申请支付令被人民法院裁定终结督促程序

后,劳动者依据调解协议直接提起诉讼的,人民法院应予受理。

第十四条 人民法院受理劳动争议案件后,当事人增加诉讼请求的,如该诉讼请求与讼争的劳动争议具有不可分性,应当合并审理;如属独立的劳动争议,应当告知当事人向劳动争议仲裁机构申请仲裁。

第十五条 劳动者以用人单位的工资欠条为证据直接提起诉讼,诉讼请求不涉及劳动关系其他争议的,视为拖欠劳动报酬争议,人民法院按照普通民事纠纷受理。

第十六条 劳动争议仲裁机构作出仲裁裁决后,当事人对裁决中的部分事项不服,依法提起诉讼的,劳动争议仲裁裁决不发生法律效力。

第十七条 劳动争议仲裁机构对多个劳动者的劳动争议作出仲裁裁决后,部分劳动者对仲裁裁决不服,依法提起诉讼的,仲裁裁决对提起诉讼的劳动者不发生法律效力;对未提起诉讼的部分劳动者,发生法律效力,如其申请执行的,人民法院应当受理。

第十八条 仲裁裁决的类型以仲裁裁决书确定为准。仲裁裁决书未载明该裁决为终局裁决或者非终局裁决,用人单位不服该仲裁裁决向基层人民法院提起诉讼的,应当按照以下情形分别处理:

(一)经审查认为该仲裁裁决为非终局裁决的,基层人民法院应予受理;

(二)经审查认为该仲裁裁决为终局裁决的,基层人民法院不予受理,但应告知用人单位可以自收到不予受理裁定书之日起三十日内向劳动争议仲裁机构所在地的中级人民法院申请撤销该仲裁裁决;已经受理的,裁定驳回起诉。

第十九条 仲裁裁决书未载明该裁决为终局裁决或者非终局裁决,劳动者依据调解仲裁法第四十七条第一项规定,追索劳动报酬、工伤医疗费、经济补偿或者赔偿金,如果仲裁裁决涉及数项,每项确定的数额均不超过当地月最低工资标准十二个月金额的,应当按照终局裁决处理。

第二十条 劳动争议仲裁机构作出的同一仲裁裁决同时包含终局裁决事项和非终局裁决事项,当事人不服该仲裁裁决向人民法院提起诉讼的,应当按照非终局裁决处理。

第二十一条 劳动者依据调解仲裁法第四十八条规定向基层人民法院提起诉讼,用人单位依据调解仲裁法第四十九条规定向劳动争议仲裁机构所在地的中级人民法院申请撤销仲裁裁决的,中级人民法院应当不予受理;已经受理的,应当裁定驳回申请。

被人民法院驳回起诉或者劳动者撤诉的,用人单位可以自收到裁定书之日起三十日内,向劳动争议仲裁机构所在地的中级人民法院申请撤销仲裁裁决。

第二十二条　用人单位依据调解仲裁法第四十九条规定向中级人民法院申请撤销仲裁裁决，中级人民法院作出的驳回申请或者撤销仲裁裁决的裁定为终审裁定。

第二十三条　中级人民法院审理用人单位申请撤销终局裁决的案件，应当组成合议庭开庭审理。经过阅卷、调查和询问当事人，对没有新的事实、证据或者理由，合议庭认为不需要开庭审理的，可以不开庭审理。

中级人民法院可以组织双方当事人调解。达成调解协议的，可以制作调解书。一方当事人逾期不履行调解协议的，另一方可以申请人民法院强制执行。

第二十四条　当事人申请人民法院执行劳动争议仲裁机构作出的发生法律效力的裁决书、调解书，被申请人提出证据证明劳动争议仲裁裁决书、调解书有下列情形之一，并经审查核实的，人民法院可以根据民事诉讼法第二百三十七条规定，裁定不予执行：

（一）裁决的事项不属于劳动争议仲裁范围，或者劳动争议仲裁机构无权仲裁的；

（二）适用法律、法规确有错误的；

（三）违反法定程序的；

（四）裁决所根据的证据是伪造的；

（五）对方当事人隐瞒了足以影响公正裁决的证据的；

（六）仲裁员在仲裁该案时有索贿受贿、徇私舞弊、枉法裁决行为的；

（七）人民法院认定执行该劳动争议仲裁裁决违背社会公共利益的。

人民法院在不予执行的裁决书中，应当告知当事人在收到裁定书之次日起三十日内，可以就该劳动争议事项向人民法院提起诉讼。

第二十五条　劳动争议仲裁机构作出终局裁决，劳动者向人民法院申请执行，用人单位向劳动争议仲裁机构所在地的中级人民法院申请撤销的，人民法院应当裁定中止执行。

用人单位撤回撤销终局裁决申请或者其申请被驳回的，人民法院应当裁定恢复执行。仲裁裁决被撤销的，人民法院应当裁定终结执行。

用人单位向人民法院申请撤销仲裁裁决被驳回后，又在执行程序中以相同理由提出不予执行抗辩的，人民法院不予支持。

第二十六条　用人单位与其它单位合并的，合并前发生的劳动争议，由合并后的单位为当事人；用人单位分立为若干单位的，其分立前发生的劳动争议，由分立后的实际用人单位为当事人。

用人单位分立为若干单位后，具体承受劳动权利义务的单位不明确的，分立后的单位均为当事人。

第二十七条 用人单位招用尚未解除劳动合同的劳动者，原用人单位与劳动者发生的劳动争议，可以列新的用人单位为第三人。

原用人单位以新的用人单位侵权为由提起诉讼的，可以列劳动者为第三人。

原用人单位以新的用人单位和劳动者共同侵权为由提起诉讼的，新的用人单位和劳动者列为共同被告。

第二十八条 劳动者在用人单位与其他平等主体之间的承包经营期间，与发包方和承包方双方或者一方发生劳动争议，依法提起诉讼的，应当将承包方和发包方作为当事人。

第二十九条 劳动者与未办理营业执照、营业执照被吊销或者营业期限届满仍继续经营的用人单位发生争议的，应当将用人单位或者其出资人列为当事人。

第三十条 未办理营业执照、营业执照被吊销或者营业期限届满仍继续经营的用人单位，以挂靠等方式借用他人营业执照经营的，应当将用人单位和营业执照出借方列为当事人。

第三十一条 当事人不服劳动争议仲裁机构作出的仲裁裁决，依法提起诉讼，人民法院审查认为仲裁裁决遗漏了必须共同参加仲裁的当事人的，应当依法追加遗漏的人为诉讼当事人。

被追加的当事人应当承担责任的，人民法院应当一并处理。

第三十二条 用人单位与其招用的已经依法享受养老保险待遇或者领取退休金的人员发生用工争议而提起诉讼的，人民法院应当按劳务关系处理。

企业停薪留职人员、未达到法定退休年龄的内退人员、下岗待岗人员以及企业经营性停产放长假人员，因与新的用人单位发生用工争议而提起诉讼的，人民法院应当按劳动关系处理。

第三十三条 外国人、无国籍人未依法取得就业证件即与中华人民共和国境内的用人单位签订劳动合同，当事人请求确认与用人单位存在劳动关系的，人民法院不予支持。

持有《外国专家证》并取得《外国人来华工作许可证》的外国人，与中华人民共和国境内的用人单位建立用工关系的，可以认定为劳动关系。

第三十四条 劳动合同期满后，劳动者仍在原用人单位工作，原用人单位未表示异议的，视为双方同意以原条件继续履行劳动合同。一方提出终止劳动关系的，人民法院应予支持。

根据劳动合同法第十四条规定,用人单位应当与劳动者签订无固定期限劳动合同而未签订的,人民法院可以视为双方之间存在无固定期限劳动合同关系,并以原劳动合同确定双方的权利义务关系。

第三十五条 劳动者与用人单位就解除或者终止劳动合同办理相关手续、支付工资报酬、加班费、经济补偿或者赔偿金等达成的协议,不违反法律、行政法规的强制性规定,且不存在欺诈、胁迫或者乘人之危情形的,应当认定有效。

前款协议存在重大误解或者显失公平情形,当事人请求撤销的,人民法院应予支持。

第三十六条 当事人在劳动合同或者保密协议中约定了竞业限制,但未约定解除或者终止劳动合同后给予劳动者经济补偿,劳动者履行了竞业限制义务,要求用人单位按照劳动者在劳动合同解除或者终止前十二个月平均工资的30%按月支付经济补偿的,人民法院应予支持。

前款规定的月平均工资的30%低于劳动合同履行地最低工资标准的,按照劳动合同履行地最低工资标准支付。

第三十七条 当事人在劳动合同或者保密协议中约定了竞业限制和经济补偿,当事人解除劳动合同时,除另有约定外,用人单位要求劳动者履行竞业限制义务,或者劳动者履行了竞业限制义务后要求用人单位支付经济补偿的,人民法院应予支持。

第三十八条 当事人在劳动合同或者保密协议中约定了竞业限制和经济补偿,劳动合同解除或者终止后,因用人单位的原因导致三个月未支付经济补偿,劳动者请求解除竞业限制约定的,人民法院应予支持。

第三十九条 在竞业限制期限内,用人单位请求解除竞业限制协议的,人民法院应予支持。

在解除竞业限制协议时,劳动者请求用人单位额外支付劳动者三个月的竞业限制经济补偿的,人民法院应予支持。

第四十条 劳动者违反竞业限制约定,向用人单位支付违约金后,用人单位要求劳动者按照约定继续履行竞业限制义务的,人民法院应予支持。

第四十一条 劳动合同被确认为无效,劳动者已付出劳动的,用人单位应当按照劳动合同法第二十八条、第四十六条、第四十七条的规定向劳动者支付劳动报酬和经济补偿。

由于用人单位原因订立无效劳动合同,给劳动者造成损害的,用人单位应当赔偿劳动者因合同无效所造成的经济损失。

第四十二条 劳动者主张加班费的,应当就加班事实的存在承担举证责任。但劳动者有证据证明用人单位掌握加班事实存在的证据，用人单位不提供的，由用人单位承担不利后果。

第四十三条 用人单位与劳动者协商一致变更劳动合同，虽未采用书面形式，但已经实际履行了口头变更的劳动合同超过一个月，变更后的劳动合同内容不违反法律、行政法规且不违背公序良俗，当事人以未采用书面形式为由主张劳动合同变更无效的，人民法院不予支持。

第四十四条 因用人单位作出的开除、除名、辞退、解除劳动合同、减少劳动报酬、计算劳动者工作年限等决定而发生的劳动争议，用人单位负举证责任。

第四十五条 用人单位有下列情形之一，迫使劳动者提出解除劳动合同的，用人单位应当支付劳动者的劳动报酬和经济补偿，并可支付赔偿金：

（一）以暴力、威胁或者非法限制人身自由的手段强迫劳动的；

（二）未按照劳动合同约定支付劳动报酬或者提供劳动条件的；

（三）克扣或者无故拖欠劳动者工资的；

（四）拒不支付劳动者延长工作时间工资报酬的；

（五）低于当地最低工资标准支付劳动者工资的。

第四十六条 劳动者非因本人原因从原用人单位被安排到新用人单位工作，原用人单位未支付经济补偿，劳动者依据劳动合同法第三十八条规定与新用人单位解除劳动合同，或者新用人单位向劳动者提出解除、终止劳动合同，在计算支付经济补偿或赔偿金的工作年限时，劳动者请求把在原用人单位的工作年限合并计算为新用人单位工作年限的，人民法院应予支持。

用人单位符合下列情形之一的，应当认定属于"劳动者非因本人原因从原用人单位被安排到新用人单位工作"：

（一）劳动者仍在原工作场所、工作岗位工作，劳动合同主体由原用人单位变更为新用人单位；

（二）用人单位以组织委派或任命形式对劳动者进行工作调动；

（三）因用人单位合并、分立等原因导致劳动者工作调动；

（四）用人单位及其关联企业与劳动者轮流订立劳动合同；

（五）其他合理情形。

第四十七条 建立了工会组织的用人单位解除劳动合同符合劳动合同法第三十九条、第四十条规定，但未按照劳动合同法第四十三条规定事先通知工会，劳动者以用人单位违法解除劳动合同为由请求用人单位支付赔偿金的，人民法院应予支持，但起诉前用人单位已经补正有关程序的除外。

第四十八条 劳动合同法施行后，因用人单位经营期限届满不再继续经营导致劳动合同不能继续履行,劳动者请求用人单位支付经济补偿的,人民法院应予支持。

第四十九条 在诉讼过程中,劳动者向人民法院申请采取财产保全措施,人民法院经审查认为申请人经济确有困难,或者有证据证明用人单位存在欠薪逃匿可能的,应当减轻或者免除劳动者提供担保的义务,及时采取保全措施。

人民法院作出的财产保全裁定中,应当告知当事人在劳动争议仲裁机构的裁决书或者在人民法院的裁判文书生效后三个月内申请强制执行。逾期不申请的,人民法院应当裁定解除保全措施。

第五十条 用人单位根据劳动合同法第四条规定,通过民主程序制定的规章制度,不违反国家法律、行政法规及政策规定,并已向劳动者公示的,可以作为确定双方权利义务的依据。

用人单位制定的内部规章制度与集体合同或者劳动合同约定的内容不一致,劳动者请求优先适用合同约定的,人民法院应予支持。

第五十一条 当事人在调解仲裁法第十条规定的调解组织主持下达成的具有劳动权利义务内容的调解协议,具有劳动合同的约束力,可以作为人民法院裁判的根据。

当事人在调解仲裁法第十条规定的调解组织主持下仅就劳动报酬争议达成调解协议,用人单位不履行调解协议确定的给付义务,劳动者直接提起诉讼的,人民法院可以按照普通民事纠纷受理。

第五十二条 当事人在人民调解委员会主持下仅就给付义务达成的调解协议,双方认为有必要的,可以共同向人民调解委员会所在地的基层人民法院申请司法确认。

第五十三条 用人单位对劳动者作出的开除、除名、辞退等处理,或者因其他原因解除劳动合同确有错误的,人民法院可以依法判决予以撤销。

对于追索劳动报酬、养老金、医疗费以及工伤保险待遇、经济补偿金、培训费及其他相关费用等案件,给付数额不当的,人民法院可以予以变更。

第五十四条 本解释自 2021 年 1 月 1 日起施行。

最高人民法院关于在民事审判工作中适用《中华人民共和国工会法》若干问题的解释

［2003年1月9日最高人民法院审判委员会第1263次会议通过、2003年6月25日公布、自2003年7月9日起施行(法释〔2003〕11号）根据2020年12月23日最高人民法院审判委员会第1823次会议通过、2020年12月29日公布、自2021年1月1日起施行的《最高人民法院关于修改〈最高人民法院关于在民事审判工作中适用《中华人民共和国工会法》若干问题的解释〉等二十七件民事类司法解释的决定》（法释〔2020〕17号）修正］

为正确审理涉及工会经费和财产、工会工作人员权利的民事案件，维护工会和职工的合法权益，根据《中华人民共和国民法典》《中华人民共和国工会法》和《中华人民共和国民事诉讼法》等法律的规定，现就有关法律的适用问题解释如下：

第一条 人民法院审理涉及工会组织的有关案件时，应当认定依照工会法建立的工会组织的社团法人资格。具有法人资格的工会组织依法独立享有民事权利，承担民事义务。建立工会的企业、事业单位、机关与所建工会以及工会投资兴办的企业，根据法律和司法解释的规定，应当分别承担各自的民事责任。

第二条 根据工会法第十八条规定，人民法院审理劳动争议案件，涉及确定基层工会专职主席、副主席或者委员延长的劳动合同期限的，应当自上述人员工会职务任职期限届满之日起计算，延长的期限等于其工会职务任职的期间。

工会法第十八条规定的"个人严重过失"，是指具有《中华人民共和国劳动法》第二十五条第（二）项、第（三）项或者第（四）项规定的情形。

第三条 基层工会或者上级工会依照工会法第四十三条规定向人民法院申请支付令的，由被申请人所在地的基层人民法院管辖。

第四条 人民法院根据工会法第四十三条的规定受理工会提出的拨缴工会经费的支付令申请后，应当先行征询被申请人的意见。被申请人仅对应拨缴经费数额有异议的,人民法院应当就无异议部分的工会经费数额发出支付令。

人民法院在审理涉及工会经费的案件中,需要按照工会法第四十二条第一款第(二)项规定的"全部职工""工资总额"确定拨缴数额的,"全部职工""工资总额"的计算,应当按照国家有关部门规定的标准执行。

第五条 根据工会法第四十三条和民事诉讼法的有关规定,上级工会向人民法院申请支付令或者提起诉讼,要求企业、事业单位拨缴工会经费的,人民法院应当受理。基层工会要求参加诉讼的,人民法院可以准许其作为共同申请人或者共同原告参加诉讼。

第六条 根据工会法第五十二条规定,人民法院审理涉及职工和工会工作人员因参加工会活动或者履行工会法规定的职责而被解除劳动合同的劳动争议案件,可以根据当事人的请求裁判用人单位恢复其工作,并补发被解除劳动合同期间应得的报酬;或者根据当事人的请求裁判用人单位给予本人年收入二倍的赔偿,并根据劳动合同法第四十六条、第四十七条规定给予解除劳动合同时的经济补偿。

第七条 对于企业、事业单位无正当理由拖延或者拒不拨缴工会经费的,工会组织向人民法院请求保护其权利的诉讼时效期间,适用民法典第一百八十八条的规定。

第八条 工会组织就工会经费的拨缴向人民法院申请支付令的,应当按照《诉讼费用交纳办法》第十四条的规定交纳申请费;督促程序终结后,工会组织另行起诉的,按照《诉讼费用交纳办法》第十三条规定的财产案件受理费标准交纳诉讼费用。

附录二 文书范本

劳动合同
（通用）

甲方(用人单位)：_____
乙方(劳动者)：_____
签订日期：_____年___月___日

注意事项

一、本合同文本供用人单位与建立劳动关系的劳动者签订劳动合同时使用。

二、用人单位应当与招用的劳动者自用工之日起一个月内依法订立书面劳动合同,并就劳动合同的内容协商一致。

三、用人单位应当如实告知劳动者工作内容、工作条件、工作地点、职业危害、安全生产状况、劳动报酬以及劳动者要求了解的其他情况;用人单位有权了解劳动者与劳动合同直接相关的基本情况,劳动者应当如实说明。

四、依法签订的劳动合同具有法律效力,双方应按照劳动合同的约定全面履行各自的义务。

五、劳动合同应使用蓝、黑钢笔或签字笔填写,字迹清楚,文字简练、准确,不得涂改。确需涂改的,双方应在涂改处签字或盖章确认。

六、签订劳动合同,用人单位应加盖公章,法定代表人(主要负责人)或委托代理人签字或盖章;劳动者应本人签字,不得由他人代签。劳动合同由双方各执一份,交劳动者的不得由用人单位代为保管。

甲方(用人单位):＿＿＿＿＿＿＿＿＿＿＿＿＿＿＿＿＿＿＿＿

统一社会信用代码:＿＿＿＿＿＿＿＿＿＿＿＿＿＿＿＿＿＿＿

法定代表人(主要负责人)或委托代理人:＿＿＿＿＿＿＿＿＿＿

注 册 地:＿＿＿＿＿＿＿＿＿＿＿＿＿＿＿＿＿＿＿＿＿＿＿

经 营 地:＿＿＿＿＿＿＿＿＿＿＿＿＿＿＿＿＿＿＿＿＿＿＿

联系电话:＿＿＿＿＿＿＿＿＿＿＿＿＿＿＿＿＿＿＿＿＿＿＿

乙方(劳动者):＿＿＿＿＿＿＿＿＿＿＿＿＿＿＿＿＿＿＿＿＿

居民身份证号码:＿＿＿＿＿＿＿＿＿＿＿＿＿＿＿＿＿＿＿＿

(或其他有效证件名称:＿＿＿＿＿＿ 证件号:＿＿＿＿＿＿＿＿)

户籍地址:＿＿＿＿＿＿＿＿＿＿＿＿＿＿＿＿＿＿＿＿＿＿＿

经常居住地(通讯地址):＿＿＿＿＿＿＿＿＿＿＿＿＿＿＿＿＿

联系电话:＿＿＿＿＿＿＿＿＿＿＿＿＿＿＿＿＿＿＿＿＿＿＿

根据《中华人民共和国劳动法》《中华人民共和国劳动合同法》等法律法规政策规定,甲乙双方遵循合法、公平、平等自愿、协商一致、诚实信用的原则订立本合同。

一、劳动合同期限

第一条 甲乙双方自用工之日起建立劳动关系,双方约定按下列第___种方式确定劳动合同期限:

1. 固定期限:自_____年___月___日起至_____年___月___日止,其中,试用期从用工之日至_____年___月___日止。

2. 无固定期限:自_____年___月___日起至依法解除、终止劳动合同时止,其中,试用期从用工之日至_____年___月___日止。

3. 以完成一定工作任务为期限:自_____年___月___日起至_____工作任务完成时止。甲方应当以书面形式通知乙方工作任务完成。

二、工作内容和工作地点

第二条 乙方工作岗位是_____,岗位职责为_____。乙方的工作地点为_____。

乙方应爱岗敬业、诚实守信,保守甲方商业秘密,遵守甲方依法制定的劳动规章制度,认真履行岗位职责,按时保质完成工作任务。乙方违反劳动纪律,甲方可依据依法制定的劳动规章制度给予相应处理。

三、工作时间和休息休假

第三条 根据乙方工作岗位的特点,甲方安排乙方执行以下第___种工时制度:

1. 标准工时工作制。每日工作时间不超过 8 小时,每周工作时间不超过 40 小时。由于生产经营需要,经依法协商后可以延长工作时间,一般每日不得超过 1 小时,特殊原因每日不得超过 3 小时,每月不得超过 36 小时。甲方不得强迫或者变相强迫乙方加班加点。

2. 依法实行以_____为周期的综合计算工时工作制。综合计算周期内的总实际工作时间不应超过总法定标准工作时间。甲方应采取适当方式保障乙方的休息休假权利。

3. 依法实行不定时工作制。甲方应采取适当方式保障乙方的休息休假权利。

第四条 甲方安排乙方加班的,应依法安排补休或支付加班工资。

第五条 乙方依法享有法定节假日、带薪年休假、婚丧假、产假等假期。

四、劳动报酬

第六条 甲方采用以下第___种方式向乙方以货币形式支付工资,于每月___日前足额支付:

1. 月工资_____元。

2. 计件工资。计件单价为_____,甲方应合理制定劳动定额,保证乙方在提供正常劳动情况下,获得合理的劳动报酬。

3. 基本工资和绩效工资相结合的工资分配办法,乙方月基本工资_____元,绩效工资计发办法为_____。

4. 双方约定的其他方式_____。

第七条 乙方在试用期间的工资计发标准为_____或_____元。

第八条 甲方应合理调整乙方的工资待遇。乙方从甲方获得的工资依法承担的个人所得税由甲方从其工资中代扣代缴。

五、社会保险和福利待遇

第九条 甲乙双方依法参加社会保险,甲方为乙方办理有关社会保险手续,并承担相应社会保险义务,乙方应当缴纳的社会保险费由甲方从乙方的工资中代扣代缴。

第十条 甲方依法执行国家有关福利待遇的规定。

第十一条 乙方因工负伤或患职业病的待遇按国家有关规定执行。乙方患病或非因工负伤的,有关待遇按国家有关规定和甲方依法制定的有关规章制度执行。

六、职业培训和劳动保护

第十二条 甲方应对乙方进行工作岗位所必需的培训。乙方应主动学习,积极参加甲方组织的培训,提高职业技能。

第十三条 甲方应当严格执行劳动安全卫生相关法律法规规定,落实国家关于女职工、未成年工的特殊保护规定,建立健全劳动安全卫生制度,对乙方进行劳动安全卫生教育和操作规程培训,为乙方提供必要的安全防护设施和劳动保护用品,努力改善劳动条件,减少职业危害。乙方从事接触职业病危害作业的,甲方应依法告知乙方工作过程中可能产生的职业病危害及其后果,提供职业病防护措施,在乙方上岗前、在岗期间和离岗时对乙方进行职业健康检查。

第十四条 乙方应当严格遵守安全操作规程,不违章作业。乙方对甲方管理人员违章指挥、强令冒险作业,有权拒绝执行。

七、劳动合同的变更、解除、终止

第十五条 甲乙双方应当依法变更劳动合同,并采取书面形式。

第十六条 甲乙双方解除或终止本合同,应当按照法律法规规定执行。

第十七条 甲乙双方解除终止本合同的,乙方应当配合甲方办理工作交接手续。甲方依法应向乙方支付经济补偿的,在办结工作交接时支付。

第十八条 甲方应当在解除或终止本合同时,为乙方出具解除或者终止劳动合同的证明,并在十五日内为乙方办理档案和社会保险关系转移手续。

八、双方约定事项

第十九条 乙方工作涉及甲方商业秘密和与知识产权相关的保密事项的,甲方可以与乙方依法协商约定保守商业秘密或竞业限制的事项,并签订保守商业秘密协议或竞业限制协议。

第二十条 甲方出资对乙方进行专业技术培训,要求与乙方约定服务期的,应当征得乙方同意,并签订协议,明确双方权利义务。

第二十一条 双方约定的其它事项:＿＿＿。

九、劳动争议处理

第二十二条 甲乙双方因本合同发生劳动争议时,可以按照法律法规的规定,进行协商、申请调解或仲裁。对仲裁裁决不服的,可以依法向有管辖权的人民法院提起诉讼。

十、其他

第二十三条 本合同中记载的乙方联系电话、通讯地址为劳动合同期内通知相关事项和送达书面文书的联系方式、送达地址。如发生变化,乙方应当及时告知甲方。

第二十四条 双方确认:均已详细阅读并理解本合同内容,清楚各自的权利、义务。本合同未尽事宜,按照有关法律法规和政策规定执行。

第二十五条 本合同双方各执一份,自双方签字(盖章)之日起生效,双方应严格遵照执行。

甲方(盖章)　　　　　　　　　乙方(签字)
法定代表人(主要负责人)
或委托代理人(签字或盖章)
　　年　月　日　　　　　　　　年　月　日

附件1

续订劳动合同

经甲乙双方协商同意,续订本合同。

一、甲乙双方按以下第____种方式确定续订合同期限：

  1. 固定期限：自_____年____月____日起至_____年____月____日止。

  2. 无固定期限：自_____年____月____日起至依法解除或终止劳动合同时止。

二、双方就有关事项约定如下：

  1._____;

  2._____;

  3._____。

三、除以上约定事项外，其他事项仍按照双方于_____年____月____日签订的劳动合同中的约定继续履行。

　　甲方(盖章)　　　　　　　　　乙方(签字)
　　法定代表人(主要负责人)
　　或委托代理人(签字或盖章)
　　　年　月　日　　　　　　　　　年　月　日

附件2

变更劳动合同

一、经甲乙双方协商同意,自_____年____月____日起,对本合同作如下变更：

  1._____;

  2._____;

  3._____。

二、除以上约定事项外，其他事项仍按照双方于_____年____月____日签订的劳动合同中的约定继续履行。

　　甲方(盖章)　　　　　　　　　乙方(签字)
　　法定代表人(主要负责人)
　　或委托代理人(签字或盖章)
　　　年　月　日　　　　　　　　　年　月　日

劳动合同
（劳务派遣）

甲方(劳务派遣单位)：_____
乙方(劳动者)：_____
签 订 日 期：_____年____月____日

注 意 事 项

一、本合同文本供劳务派遣单位与被派遣劳动者签订劳动合同时使用。

二、劳务派遣单位应当向劳动者出具依法取得的《劳务派遣经营许可证》。

三、劳务派遣单位不得与被派遣劳动者签订以完成一定任务为期限的劳动合同,不得以非全日制用工形式招用被派遣劳动者。

四、劳务派遣单位应当将其与用工单位签订的劳务派遣协议内容告知劳动者。劳务派遣单位不得向被派遣劳动者收取费用。

五、劳动合同应使用蓝、黑钢笔或签字笔填写,字迹清楚、文字简练、准确,不得涂改。确需涂改的,双方应在涂改处签字或盖章确认。

六、签订劳动合同,劳务派遣单位应加盖公章,法定代表人(主要负责人)或委托代理人应签字或盖章;被派遣劳动者应本人签字,不得由他人代签。劳动合同交由劳动者的,劳务派遣单位、用工单位不得代为保管。

甲方(劳务派遣单位):_____
统一社会信用代码:_____
劳务派遣许可证编号:_____
法定代表人(主要负责人)或委托代理人:_____
注 册 地:_____
经 营 地:_____
联系电话:_____
乙方(劳动者):_____
居民身份证号码:_____
(或其他有效证件名称:_____ 证件号:_____)
户籍地址:_____
经常居住地(通讯地址):_____
联系电话:_____

根据《中华人民共和国劳动法》《中华人民共和国劳动合同法》等法律法规政策规定,甲乙双方遵循合法、公平、平等自愿、协商一致、诚实信用的原则订立本合同。

一、劳动合同期限

第一条 甲乙双方约定按下列第____种方式确定劳动合同期限:

1. 二年以上固定期限合同：自＿＿＿＿年＿＿月＿＿日起至＿＿＿＿年＿＿＿月＿＿＿日止。其中，试用期从用工之日起至＿＿＿＿＿年＿＿月＿＿日止。

2. 无固定期限的劳动合同：自＿＿＿＿年＿＿月＿＿日起至依法解除或终止劳动合同止。其中，试用期从用工之日起至＿＿＿＿＿年＿＿月＿＿日止。

试用期至多约定一次。

二、工作内容和工作地点

第二条 乙方同意由甲方派遣到＿＿＿＿＿＿＿＿＿＿（用工单位名称）工作，用工单位注册地＿＿＿＿＿＿＿＿＿＿＿，用工单位法定代表人或主要负责人＿＿＿＿＿。派遣期限为＿＿＿＿，从＿＿＿＿年＿＿月＿＿日起至＿＿＿＿＿年＿＿月＿＿日止。乙方的工作地点为＿＿＿＿＿＿。

第三条 乙方同意在用工单位＿＿＿＿＿＿岗位工作，属于临时性/辅助性/替代性工作岗位，岗位职责为＿＿＿＿＿＿＿＿＿＿＿＿＿＿＿。

第四条 乙方同意服从甲方和用工单位的管理，遵守甲方和用工单位依法制定的劳动规章制度，按照用工单位安排的工作内容及要求履行劳动义务，按时完成规定的工作数量，达到相应的质量要求。

三、工作时间和休息休假

第五条 乙方同意根据用工单位工作岗位执行下列第＿＿＿种工时制度：

1. 标准工时工作制，每日工作时间不超过 8 小时，平均每周工作时间不超过 40 小时，每周至少休息 1 天。

2. 依法实行以＿＿＿为周期的综合计算工时工作制。

3. 依法实行不定时工作制。

第六条 甲方应当要求用工单位严格遵守关于工作时间的法律规定，保证乙方的休息权利与身心健康，确因工作需要安排乙方加班加点的，经依法协商后可以延长工作时间，并依法安排乙方补休或支付加班工资。

第七条 乙方依法享有法定节假日、带薪年休假、婚丧假、产假等假期。

四、劳动报酬和福利待遇

第八条 经甲方与用工单位商定，甲方采用以下第＿＿＿种方式向乙方以货币形式支付工资，于每月＿＿＿日前足额支付：

1. 月工资＿＿＿＿＿元。

2. 计件工资。计件单价为＿＿＿＿＿＿＿＿＿＿＿＿＿＿＿＿。

3. 基本工资和绩效工资相结合的工资分配办法，乙方月基本工资＿＿＿＿＿元，绩效工资计发办法为＿＿＿＿＿＿＿＿＿＿＿＿＿＿＿＿＿。

4. 约定的其他方式＿＿＿＿＿＿＿＿＿＿＿＿＿＿＿＿＿＿＿。

第九条　乙方在试用期期间的工资计发标准为_____或_____元。

第十条　甲方不得克扣用工单位按照劳务派遣协议支付给被派遣劳动者的劳动报酬。乙方从甲方获得的工资依法承担的个人所得税由甲方从其工资中代扣代缴。

第十一条　甲方未能安排乙方工作或者被用工单位退回期间，甲方应按照不低于甲方所在地最低工资标准按月向乙方支付报酬。

第十二条　甲方应当要求用工单位对乙方实行与用工单位同类岗位的劳动者相同的劳动报酬分配办法，向乙方提供与工作岗位相关的福利待遇。用工单位无同类岗位劳动者的，参照用工单位所在地相同或者相近岗位劳动者的劳动报酬确定。

第十三条　甲方应当要求用工单位合理确定乙方的劳动定额。用工单位连续用工的，甲方应当要求用工单位对乙方实行正常的工资调整机制。

五、社会保险

第十四条　甲乙双方依法在用工单位所在地参加社会保险。甲方应当按月将缴纳社会保险费的情况告知乙方，并为乙方依法享受社会保险待遇提供帮助。

第十五条　如乙方发生工伤事故，甲方应当会同用工单位及时救治，并在规定时间内，向人力资源社会保障行政部门提出工伤认定申请，为乙方依法办理劳动能力鉴定，并为其享受工伤待遇履行必要的义务。甲方未按规定提出工伤认定申请的，乙方或者其近亲属、工会组织在事故伤害发生之日或者乙方被诊断、鉴定为职业病之日起1年内，可以直接向甲方所在地人力资源社会保障行政部门提请工伤认定申请。

六、职业培训和劳动保护

第十六条　甲方应当为乙方提供必需的职业能力培训，在乙方劳务派遣期间，督促用工单位对乙方进行工作岗位所必需的培训。乙方应主动学习，积极参加甲方和用工单位组织的培训，提高职业技能。

第十七条　甲方应当为乙方提供符合国家规定的劳动安全卫生条件和必要的劳动保护用品，落实国家有关女职工、未成年工的特殊保护规定，并在乙方劳务派遣期间督促用工单位执行国家劳动标准，提供相应的劳动条件和劳动保护。

第十八条　甲方如派遣乙方到可能产生职业危害的岗位，应当事先告知乙方。甲方应督促用工单位依法告知乙方工作过程中可能产生的职业病危害及其后果,对乙方进行劳动安全卫生教育和培训,提供必要的职业危害防护措施和待遇,预防劳动过程中的事故,减少职业危害,为劳动者建立职业健康监护档案,在乙方上岗前、派遣期间、离岗时对乙方进行职业健康检查。

第十九条 乙方应当严格遵守安全操作规程,不违章作业。乙方对用工单位管理人员违章指挥、强令冒险作业,有权拒绝执行。

七、劳动合同的变更、解除和终止

第二十条 甲乙双方应当依法变更劳动合同,并采取书面形式。

第二十一条 因乙方派遣期满或出现其他法定情形被用工单位退回甲方的,甲方可以对其重新派遣,对符合法律法规规定情形的,甲方可以依法与乙方解除劳动合同。乙方同意重新派遣的,双方应当协商派遣单位、派遣期限、工作地点、工作岗位、工作时间和劳动报酬等内容,并以书面形式变更合同相关内容;乙方不同意重新派遣的,依照法律法规有关规定执行。

第二十二条 甲乙双方解除或终止本合同,应当按照法律法规规定执行。甲方应在解除或者终止本合同时,为乙方出具解除或者终止劳动合同的证明,并在十五日内为乙方办理档案和社会保险关系转移手续。

第二十三条 甲乙双方解除终止本合同的,乙方应当配合甲方办理工作交接手续。甲方依法应向乙方支付经济补偿的,在办结工作交接时支付。

八、劳动争议处理

第二十四条 甲乙双方因本合同发生劳动争议时,可以按照法律法规的规定,进行协商、申请调解或仲裁。对仲裁裁决不服的,可以依法向有管辖权的人民法院提起诉讼。

第二十五条 用工单位给乙方造成损害的,甲方和用工单位承担连带赔偿责任。

九、其他

第二十六条 本合同中记载的乙方联系电话、通讯地址为劳动合同期内通知相关事项和送达书面文书的联系方式、送达地址。如发生变化,乙方应当及时告知甲方。

第二十七条 双方确认:均已详细阅读并理解本合同内容,清楚各自的权利、义务。本合同未尽事宜,按照有关法律法规和政策规定执行。

第二十八条 本劳动合同一式( )份,双方至少各执一份,自签字(盖章)之日起生效,双方应严格遵照执行。

甲方(盖章)　　　　　　　　　乙方(签字)
法定代表人(主要负责人)
或委托代理人(签字或盖章)
　　　年　月　日　　　　　　　年　月　日

附件1

续订劳动合同

经甲乙双方协商同意,续订本合同。

一、甲乙双方按以下第____种方式确定续订合同期限:

1. 固定期限:自_____年____月____日起至_____年____月____日止。

2. 无固定期限:自_____年____月____日起至依法解除或终止劳动合同时止。

二、双方就有关事项约定如下:

1. _____;
2. _____;
3. _____。

三、除以上约定事项外,其他事项仍按照双方于_____年____月____日签订的劳动合同中的约定继续履行。

甲方(盖章)　　　　　　　　　乙方(签字)
法定代表人(主要负责人)
或委托代理人(签字或盖章)
　　　年　月　日　　　　　　　年　月　日

附件2

变更劳动合同

一、经甲乙双方协商同意,自_____年____月____日起,对本合同作如下变更:

1. _____；
2. _____；
3. _____。
　　二、除以上约定事项外,其他事项仍按照双方于_____年__月__日签订的劳动合同中的约定继续履行。

甲方(盖章)　　　　　　　　乙方(签字)
法定代表人(主要负责人)
或委托代理人(签字或盖章)
　　年　月　日　　　　　　　　年　月　日

附录三 劳动争议处理流程图

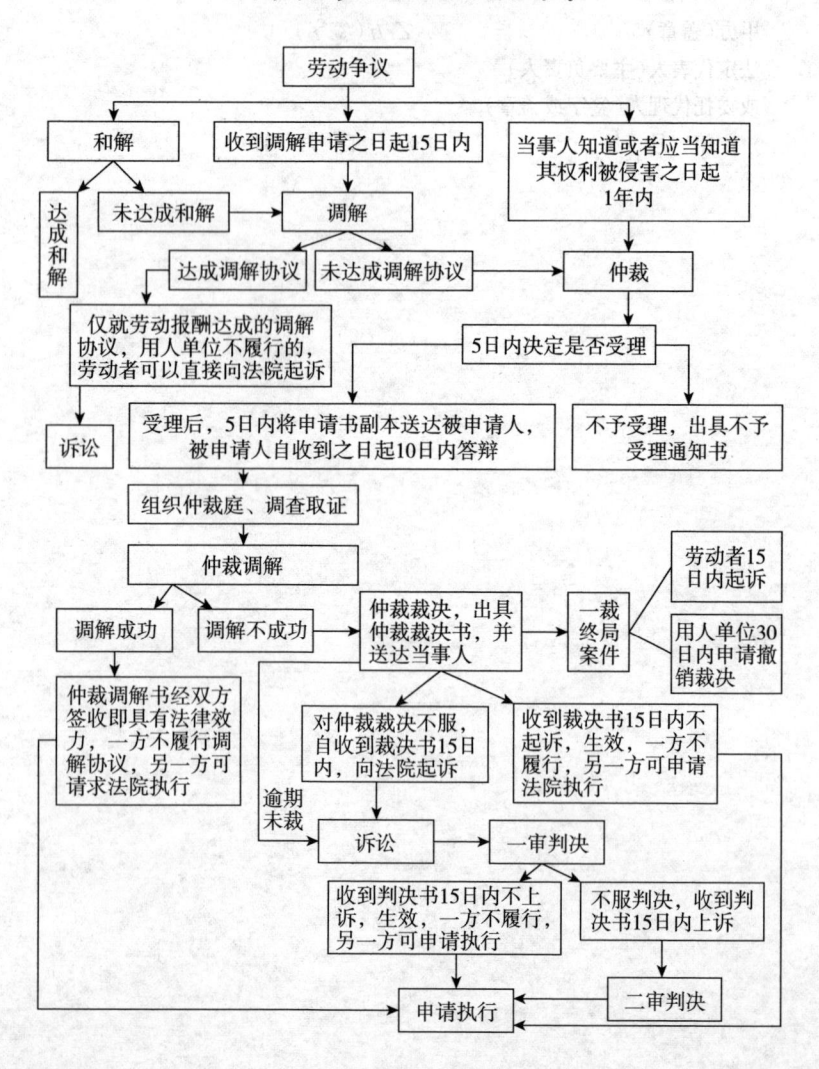

劳动争议处理流程图

```
                            劳动争议
          ┌────────────────────┼────────────────────┐
          ↓                    ↓                    ↓
         和解          收到调解申请之日起15日内    当事人知道或者应当知道
          │                    │                  其权利被侵害之日起
    ┌─────┴─────┐              ↓                      1年内
    ↓           ↓            调解                     ↓
  达成       未达成    ┌──────┴──────┐              仲裁
  和解       和解      ↓             ↓                │
    │              达成调解协议  未达成调解协议        ↓
    │                  │             │         5日内决定是否受理
    │          仅就劳动报酬达成的调解             │
    │          协议,用人单位不履行的,             │
    │          劳动者可以直接向法院起诉      不予受理,出具不予
    ↓                  │                       受理通知书
   诉讼         受理后,5日内将申请书副本送达被申请人,
                被申请人自收到之日起10日内答辩
                         │
                组织仲裁庭、调查取证
                         │
                      仲裁调解
                ┌────────┴────────┐
                ↓                 ↓
             调解成功          调解不成功                  劳动者15
                │                 │                       日内起诉
        仲裁调解书经双方      仲裁裁决,出具    ┌─一裁─┤
        签收即具有法律效      仲裁裁决书,并    │ 终局  │用人单位30
        力,一方不履行调      送达当事人      │ 案件  │日内申请撤
        解协议,另一方可                      │      │销裁决
        请求法院执行                          └──────┘
                │         ┌───────┴───────┐
                │    对仲裁裁决不服,    收到裁决书15日内不
                │    自收到裁决书15日    起诉,生效,一方不
                │    内,向法院起诉     履行,另一方可申请
                │         │              法院执行
                │       逾期
                │       未裁
                │         ↓         ↓
                │        诉讼 ─→ 一审判决
                │                ┌───┴───┐
                │        收到判决书15日内不上  不服判决,收到判
                │        诉,生效,一方不履行,  决书15日内上诉
                │        另一方可申请执行
                │                │              ↓
                │                │           二审判决
                └────────────────┴──→ 申请执行 ←─┘
```